同爱共辉

袁缉辉王爱珠执教50年暨金婚钻石婚纪念

袁缉辉　王爱珠 等 著

上海大学出版社
·上海·

图书在版编目（CIP）数据

同爱共辉：袁缉辉王爱珠执教50年暨金婚钻石婚纪念 / 袁缉辉等著. —上海：上海大学出版社，2020.10
ISBN 978-7-5671-3961-9

Ⅰ.①同… Ⅱ.①袁… Ⅲ.①袁缉辉—传记 ②王爱珠—传记 Ⅳ.①K825.46

中国版本图书馆CIP数据核字（2020）第190727号

责任编辑　刘　强
封面设计　柯国富
技术编辑　金　鑫　钱宇坤

同爱共辉：袁缉辉王爱珠执教50年暨金婚钻石婚纪念

袁缉辉　王爱珠　等　著

出版发行	上海大学出版社
社　　址	上海市上大路99号
邮政编码	200444
网　　址	www.shupress.cn
发行热线	021-66135112
出 版 人	戴骏豪
印　　刷	江苏凤凰数码印务有限公司
经　　销	各地新华书店
开　　本	787mm×960mm　1/16
印　　张	20.25
字　　数	320千字
版　　次	2020年12月第1版
印　　次	2020年12月第1次
书　　号	ISBN 978-7-5671-3961-9/K·224
定　　价	80.00元

钻石婚全家福（2015年1月）

双羊80留影于美国洛杉矶女儿家

双羊80留影于美国洛杉矶女儿家

双羊85留影于美国洛杉矶女儿家

美国洛杉矶莱西公园留影（2010年）

参加复旦大学经济学院为70、80、90岁老人祝寿活动留影（2011年）

在美国南加州复旦大学校友会2014年春节联欢会留影

在美国洛杉矶市中心最高楼前（2019年）

庆祝88岁米寿

四世同堂贺米寿

巴黎游留影(2014年,右一为儿媳许良村,右二为儿子袁道唯)

女儿一家(2009年,右起:女儿王玮、女婿徐曙光、孙儿和宁、孙女和安)

袁道唯

格美集团董事长徐曙光(左四)

孙女袁永诤、孙女婿申伟结婚庆典(2015年)

孙女袁永谐、孙女婿吴伟仁结婚庆典(2016年)

曾祖抱曾孙乐开怀（2019年，曾祖父抱馨蕊，曾祖母抱馨成）

馨强（生于2020年10月16日，摄于10月25日）

馨元（生于2020年3月16日，摄于6月21日）

出 版 说 明

一、2005年，复旦大学出版社出版《同爱共辉》第一版（简体），并于同年4月在复旦百年校庆金婚庆典首发。2006年，台湾秀威资讯科技股份有限公司出版《同爱共辉》增订本（繁体），后于2009年出版增订二版（繁体）。

二、本版以复旦大学出版社2005年版为基础，做了较多增删。

三、本版所收录的部分曾在其他出版物上发表的文章，原则上根据原载出版物录入，除将繁体字改为简化字，删除参考文献，删减部分内容，订正少数有碍阅读和理解的明显错误的文字、标点、信息之外，其余如文字表述、标题层级、数字用法等一仍其旧，尽可能保持其原汁原味。原载出版物寻不到的，则根据复旦大学出版社2005年版录入。

四、本版所收录的部分初次发表即载于前几版《同爱共辉》的内容，以及专为本版所撰的新内容，本版收录时对其体例、文字、表述等做了统一规范处理。

五、本版所收录的传略、部分已明示撰写或发表时间的文章等，其中有些内容和信息确已失去时效性，有些信息也确实可以更新。但因一些主客观条件的限制，加之某些信息是否更新，并不会对全书主旨的呈现造成实质影响，故本版暂不予考证更新或注释说明。

六、本版所收录的图片，部分扫描自原始照片，部分因原始照片寻不到而扫描自印刷品，故不少图片质量不佳。但由于这些照片十分珍贵，所以本版仍予收录，献给读者，留史存证。图片多非文献原载出版物所配，本版收录时多将其置于关系密切或有一定关联意义的内容附近。

目录

序一　祝贺《同爱共辉》问世　蒋学模　/001
序二　祝贺袁缉辉、王爱珠伉俪金婚钻石婚之喜暨《同爱共辉》
　　　出版　邬沧萍　/003
序三　祝贺《同爱共辉》出版　邓伟志　/007
序四　最好的金婚钻石婚纪念
　　　——来自一位晚辈的祝福　袁志刚　/009
序五　贺《同爱共辉》再版　同庆金婚钻石婚　王鹤鸣　/011

传略　携手走过50年
——袁缉辉、王爱珠教授的人生之旅　宋路霞　/001

三重豪门中走出的叛逆之子　/004
连跳两级的王家二小姐　/008
激情燃烧的岁月　/010
相遇在美丽的复旦校园　/011
小小爱巢的诞生　/014
把思想问题当成反革命,这样好不好?　/016
朝气蓬勃的"蒋学模之流"　/019
"大革命"中的小家庭　/021
开拓社会学领域的三个"第一"　/023

为使老年人生活得更美好 / 027
从南斯拉夫看世界 / 029
开创老年经济学的新天地 / 032
捅了一个"马蜂窝" / 034
幸福和谐的大家庭 / 036

第一篇　社会学学科的重建与发展　/ 043

心路回眸　袁缉辉　/ 044
学术撷英　/ 046
1. 复旦大学分校社会学系的建立与发展　/ 046
2. 是恢复社会学研究的时候了　/ 049
3. 也评胡绳同志对社会学的"批判"　/ 053
见证历史　/ 061
1. 筚路蓝缕　功在人心　胡申生　/ 061
2. 见证历史，继往开来　王　勋　/ 065
3. 同结共系复旦情　孙嘉明　/ 070

第二篇　社会主义经济理论与体制比较研究　/ 073

心路回眸　王爱珠　/ 074
学术撷英　/ 076
1. 关于按劳分配的客观必然性　/ 076
2. 从奥地利的社会经济看几个基本理论问题　/ 085
3. 关于社会主义国家经济职能的几个问题　/ 092
见证历史　/ 102
1. 王爱珠教授的主要学术思想：社会主义经济理论　顾钰民　/ 102
2. 不懈耕耘　不断创新　袁　平　/ 107

第三篇　推进老年社会学在我国的教学与研究　/ 111

心路回眸　袁缉辉　/ 112

学术撷英 /114
1. 老龄问题是当今世界重大的社会问题 /114
2. 人口老龄化问题不能不成为中国关注的重大课题 /122
3. 老年学的建立与发展 /124

见证历史 /132
1. 师恩难忘　当涌泉相报　张钟汝 /132
2. 探究符合中国国情的养老模式　狄菊馨 /134
3. 见证老年社会学的发展　吴　蓓 /137

第四篇　开创老年经济学在中国的研究 /141

心路回眸　王爱珠 /142

学术撷英 /145
1. 发展老年经济，开展老年经济学研究 /145
2. 从经济看代际矛盾的转移和化解 /155
3. 退休金实质和形式的矛盾
　　——兼论21世纪退休金改革方向 /165
4. 老年人共享社会发展成果的理论思考 /172

见证历史 /182
1. 我国老年经济学研究的开拓者　李洁明 /182
2. 评介王爱珠新作《老年经济学》　蒋学模 /184
3. 亟待开发的新课题
　　——我国第一部《老年经济学》面世　裘逸娟 /186
4. 紧密联系实际的理论专著
　　——写在《老年经济学》再版之时　赵宝华 /191
5. 桃李不言　下自成蹊
　　——写在《同爱共辉》（2020年）出版之际　许晓茵 /192

第五篇　正确理解家庭养老与社会养老的科学含义 /197

心路回眸　袁缉辉　王爱珠 /198

学术撷英 /201
 1. 建立居家养老的导向机制 /201
 2. 发展新型老年公寓　迎接人口老龄化高峰 /206
 3. 正确理解家庭养老和社会养老的科学涵义
  ——评《中华人民共和国老年人权益保障法释义》若干观点 /211

见证历史 /219
 1. 老龄研究工作中的"三同"伉俪　桂世勋 /219
 2. 伉俪教授　心系老年学　吴锡耕 /222
 3. 抚今追昔，鉴往知来
  ——忆当年养老概念之争　沈　妍 /225

第六篇　老，也可以很快乐　/229

心路回眸　袁缉辉　王爱珠 /230
金色晚晴 /232
 1. 打造金色年华 /232
 2. 想追回自己失去的美是有可能的 /234
 3. 人生最美夕阳红 /238
见证历史 /244
 1. 同爱共辉　张广智 /244
 2. 人老心不老　王　玮 /245
 3. 欢乐的时刻　叶玉桐 /246

第七篇　百年校庆　金婚庆典　/249

心路回眸　王爱珠　袁缉辉 /250
金色晚晴 /252
 1. 校庆献礼：《同爱共辉》 /252
 2. 复旦大学首届金婚庆典 /252
 3. 金婚夫妇代表讲话 /253
 4. 美国南加州复旦大学校友会庆母校百年华诞 /255
 5. 为老人举办金婚庆典 /256

6. 悄然兴起的婚补消费 /258
见证历史 /259
1. 相伴50年，同庆金婚日　许可臻 /259
2. 金婚贺词　马成冬　黄妙琴　吉　人 /261

第八篇　从金婚到钻石婚 /263

心路回眸　王爱珠　袁缉辉 /264
金色晚晴 /266
1. 老有所养 /266
2. 老有所学 /267
3. 老有所为 /267
4. 老有所乐 /271
5. 老有所居 /273
6. 老有所医 /273
7. 双羊八十 /274
8. 钻石婚全家福 /275
9. 孙辈长大成材 /275
10. 四世同堂贺米寿 /276
见证历史 /277
1. 伉俪教授的金色晚年　王　俊 /277
2. 昌烨持猴照　李道钧　朱莉华 /279
3. 各人择之，爱不释手　复旦大学历史学系1959级学生 /280

附　录 /281

袁缉辉教授主要著作、论文目录（截至2004年） /281
王爱珠教授主要著作、论文目录（截至2000年） /285

跋　史家定 /291

序 一
祝贺《同爱共辉》问世

蒋学模

袁缉辉、王爱珠与蒋学模教授夫妇合影

《同爱共辉》这本书是王爱珠和袁缉辉这对贤伉俪半个世纪以来笔耕成果的展示和介绍。他们两位都是1953年毕业于复旦大学经济学系,至今足足有51年了。"金婚"表明他们俩结婚已有50年了,当年他们是毕业典礼与结婚典礼差不多同时进行的。这一点也不奇怪。当时是计划经济体制,大学

同爱共辉 TONGAI GONGHUI

生毕业后到哪里工作，完全由组织分配。只有毕业前已结婚或明确就将结婚，两人才能分配在同一单位或同一地区。不然，如果一个分配到黑龙江，一个分配到广东，婚后要改变两地分居，调到一处来，是非常困难的。这种情况，现在的中老年人是完全能够理解的，青年朋友们恐怕就不知道了。

王爱珠和袁缉辉毕业后都留校，但不在一个系。王爱珠留在经济学系。我与她既是师生关系，又长期是同事关系，都在经济学系政治经济学教研组。从20世纪50年代到80年代，一同讲课，一同编写教材（包括本科生教材和研究生教材），多次一同到外地讲学（远到黑龙江）。当然，这期间，也一同经受了十年"文革"动乱的煎熬。王爱珠是以"蒋学模之流"的罪名遭到了派性批斗的。将近40年的同甘共苦，应该说，我同王爱珠同志因而同袁缉辉同志是相知很深的。

王爱珠生性聪颖，思维敏捷，讲话速度极快，因而获得"机关枪"的外号。她留校不久便在《解放日报》上发表文章，是留校青年助教中发表文章最早、提升讲师职称最早的一个。她大部分时间从事政治经济学基础理论的研究，本书第二篇中搜集的一些论文，反映了她在这一领域中的部分成果。大约从20世纪90年代起，可能是受了袁缉辉的影响，她开始开辟老年经济学研究，是我国在这一领域中的先行者。本书第四篇所搜集的文章，反映了她在这一方面的成就。

王爱珠和袁缉辉现在都已进入古稀之年了，至今仍笔耕不辍。在他们金婚之际，出版一本反映他们的学术成果的文集，是可喜可贺的。生命不止，笔耕不辍，我愿与他们共勉。

2004年岁末

（作者已于2008年逝世，作此文时为复旦大学经济学院教授）

序 二

祝贺袁缉辉、王爱珠伉俪
金婚钻石婚之喜暨《同爱共辉》出版

邬沧萍

袁缉辉（前排左一）、王爱珠（前排左三）、邬沧萍（前排左四）参加第15届国际老年学大会，此为中国代表团合影

作为袁缉辉、王爱珠伉俪的同行和老朋友，我对他们的金婚之庆致以最诚挚的祝贺！对他们合作出版的这本论文集表示由衷的敬意！

金婚在国内外都是令人羡慕的。且不说在"人生七十古来稀"的年代，就是在今天，金婚仍然是为数不多的。联合国秘书长安南提出当代为长寿时代，2002年世界卫生组织总干事布仑兰特（Brundlant）夫人确认人类在20世纪平均寿命延长了30岁。虽说发达地区人口平均寿命已进入80岁的时代，但并不是说很多人都能活到80岁。这是按照现在的经济社会条件和生活环境下生存，人们按照现在的生活方式和行为方式存活下来的概率计算出的平均预期寿命，而非现在存活的人的"平均寿命"。两者有一定的差距。在本世纪初能庆祝金婚的人几乎都是20世纪30年代及以前出生的一代，他们的同龄人存活下来的人数并不多。我根据当时有关资料推算，我国活到75岁的人口不到全部出生人口的2%，活到80岁的还不到1%。要求夫妇双方都能够存活到金婚的年龄，概率就更低了。何况其中还有离异、分居、再婚等。发达地区寿命较长的国家的人口能够达到75岁或者80岁的，在人口中分别约为5%—7%和3%—5%，但由于他们的婚姻不如中国稳定，金婚仍然属于罕见的。中国民间流传着"少年夫妻老来伴儿"，这是对老年人情感需要的深刻概括。孤独和寂寞在人生晚晴中是最可怕的，也不大可能完全避免。有"老来伴儿"在很大程度上能够排除寂寞和孤独感，因此对提高老年人生活质量有它的不可替代性。无怪西方社会虽有不少人视婚姻关系如儿戏，但在大多数人的道德规范和人生感悟中，仍然把白头偕老珍惜如银（银婚）、如金（金婚）、如钻石（钻石婚）。

　　袁、王伉俪的金婚有两点是令许多人，甚至已经度过金婚的人（包括我在内）羡慕的。一是袁、王伉俪不但达到金婚高龄而且两人身体健康，生活不仅能够自理，而且还能够在国内外长途旅行和居住，承担第三代的培养和教育。这是许多金婚夫妇的健康状况所不许的。在我国为数不多的金婚夫妇中，常常是有一方甚至双方生命质量不高，生活不能完全自理，需要对方照护，或者双方都需要第三人照护，但双方彼此之间的精神慰藉仍然有不可替代的作用。现在袁缉辉和王爱珠夫妇都很健康，这是难能可贵的。我祝愿他们能够顺利度过钻石婚，并且能够继续保持健康，白头偕老到百岁。在人类进入长寿时代的今天，他们两人在2015年又迎来了钻石婚。愿我们所有的老年朋友、老同志共勉！

　　二是他们志同道合。袁、王伉俪在进入中老年后共同探索老年学这个新领域，使他们在中老年时期事业上有了一个共同目标。他们有许多同行朋友，有共同的话题、共同的关注和切磋。更令同行们羡慕的是，最近十多年来他们俩经常出双入对参加许多国内外老年学的学术讨论会。他们俩既是生活上的伴侣，也是学术上的知己。他们相互支持和鼓励的事例令许多人羡慕

序二 祝贺袁缉辉、王爱珠伉俪金婚钻石婚之喜暨《同爱共辉》出版

不已。

袁缉辉曾在上海为恢复社会学而奔走呼吁,当时在南斯拉夫进修的王爱珠抽出时间与人合译了南斯拉夫大专院校教材《社会学》,以示对重建中国社会学的支持。这在很大程度上也是对袁缉辉的鼓励。在我国极"左"思潮肆虐年代,社会学曾经被错误地认为是反马克思主义的伪科学,这一谬论在20世纪80年代使一些知识分子对开展社会学研究心有余悸。那时,为恢复社会学科学地位的袁缉辉,是多么需要这个支持!王爱珠有深厚的政治经济学功底,多次参加我国政治经济学统一教材的编写工作。她在80年代后期讲授和研究苏东比较经济学和经济改革问题。1989年苏东各国政治解体,她对今后的研究道路如何走感到迷茫。在她徘徊之际,袁缉辉以他执着研究老年学的决心,影响王爱珠转入"老年经济学"这一块肥沃的新垦地来。在当时从事政治经济学这门必修课教学和研究的教授,毅然决然转到当时还是鲜为人知的老年学,需要有多大的远见和决心。王爱珠欣然接受了袁缉辉的建议,这是多么难能可贵!他们这两次相互支持隐含着多少感情上、政治上、学术上的升华。

从本书中,袁缉辉给我最深刻的印象是他在政治思想和学术思想上的敏锐,善于观察和捕捉形势,敢于创新,敢为天下之先,认准的事情能一以贯之,务求事有所成。他在获悉邓小平提出在我国高等院校恢复社会学和其他几门学科的教学和研究后,便不遗余力在上海参与筹办恢复社会学系、筹建上海社会学学会和筹办我国第一本社会学杂志——《社会》。他参与筹建的社会学系、社会学学会和社会学杂志都是我国的"第一"和"率先"。我认为袁缉辉在恢复我国社会学学科地位方面做出了很大的贡献。同样地,他在我国推动创建老年学也是功不可没的。

他在社会问题研究中很早就关注老年人生活。早在1979年他便关注中国离退休老年人,与上海总工会宣传部筹组"上海老年人问题研究会"。1983年作为交换学者他到美国耶鲁大学访问,在社会学领域中就选择老年人问题为突破口,与戴维斯·弗里德曼(耶鲁大学社会学系主任)共同合作研究老年人问题。1985年他参加国际老年学学会在纽约召开的第13届年会。他是我国社会科学工作者中最早参加国际老年学学术交流的学者之一。在此以前我国只有少数老年医学学者参加国际老年学的学术交流。从事社会科学

研究的学者在1982年我国全国老龄委员会成立前，很少公开讨论研究人口老龄化问题。当时有一时期，我国不少人认为过早讨论老龄化会妨碍严格控制人口增长，不利于推行计划生育这项国策。的确，虽然我从人口学角度很早就预见到低生育率势必会加速人口老龄化，但是鉴于当时的形势，自己总是回避公开讨论人口老龄化问题，直到全国老龄委成立后才公开指导学生研究人口老龄化问题。袁缉辉从社会学角度很早就注意到老年人问题，可以说是独具慧眼。他与王因为、徐勤合写的《当代老年社会学》（复旦大学出版社1989版）也是我国最早的老年学著述之一。值得提出的是，袁缉辉十几年前提出由上海市老龄委与高校和社会科学院合作建立上海市老龄科学研究中心的建议，并付诸实践，使其成为我国第一个地方老龄科研机构。这一建议把理论与实践紧密结合起来，十几年的实践已见成效，充分证明把上海市的研究力量整合起来是有远见的。其后北京、浙江也先后成立了类似的老龄科研中心，说明袁缉辉的建议是切合实际的。

王爱珠以她在政治经济学方面的深厚功底、参加经济改革研究的宽广阅历，毅然决然地从热门的比较经济学领域转入老年经济学这个在经济学研究者看来无足轻重的领域，表明她高瞻远瞩，看到人口老龄化是人类社会发展的必然趋势。她以马克思主义为指导，以老年群体为研究对象，老年经济关系为研究内容，揭示人类群体老龄化和个体老龄化过程中形成的诸多经济关系和经济问题，在理论上很有新意。在马克思在世年代，人类还未认识到群体老龄化的必然趋势，但是王爱珠能够利用马克思主义关于扩大再生产的生产、分配、流通、消费四个环节为体系分析老年人口的经济过程是一种创新。在体系上，与西方老龄化经济学（Economics of Aging）研究人口老龄化对经济的宏观影响的体系有所不同，不失为一家之言。人口老龄化对经济发展和社会进步的影响归根到底在于如何满足日益庞大的老年人口的各种需要的问题，希望王爱珠同志能够继续以她的真知灼见结合她在国外接触的老年人群生活，进一步开垦老年经济学这块尚待进一步开发的处女地。

请允许我再一次祝愿袁缉辉、王爱珠伉俪白头偕老，直到百岁！

2004年末初稿，2019年末二稿

（作者现为中国人民大学荣誉一级教授）

序 三

祝贺《同爱共辉》出版

邓伟志

拜读袁缉辉、王爱珠两位老师的书稿《同爱共辉》时,首先映入眼帘的是袁缉辉老师1979年撰写的有关社会学的文章。

1979年,对非社会学专业的学人来说,是平常的一年,不会有什么特殊的感觉,可是,对社会学圈内的人来讲,则非同小可。1979年,在袁缉辉做社会学研究时,中国的高校中有社会学系吗?没有。1979年,在袁缉辉做社会学研究时,中国的科学研究机构中有社会学研究所吗?没有。没有社会学教

邓伟志在庆祝复旦大学分校建校40年联谊活动上做报告(2019年)

学与研究机构,怎么会一论、再论起社会学来?这就是袁缉辉的学术前沿性,也是袁缉辉的政治敏锐性。在这一年,邓小平提出社会学要赶快补课。话是说给大家听的,各条各块是均衡地向下传的。可是,听者不是一起动的。袁缉辉是社会学界走在最前面的一位。不,当时社会学还构不成"界",充其量就那么屈指可数的几位研究者。他们是先行者。袁缉辉在几位不畏艰险的学者型领导同志的带动和支持下,在"文革"后率先设置了中国第一个社会学系,率先成立了中国第一个社会学研究所,率先创办了中国第一本社会学杂志。也许后来者可以居上,但是,第一永远是第一。袁缉辉的这三个

同爱共辉 TONGAI GONGHUI

第一，是载入中国社会学史册的。他是一位只问耕耘，不问收获的人。

男人的成功有女人的一半。袁缉辉的成功有他夫人王爱珠的一半。我认识王爱珠比认识袁缉辉早得多。我记得很清楚，那是在1960年春天，我毕业分配在上海社会科学院学习室工作。办公地点在位于瑞金二路与复兴中路交汇处的瑞金花园。当时这个花园里有三幢洋房。学习室在一号楼，撰写技术革命和编写政治经济学的一帮人在二号楼。在二号楼里就有一位王爱珠。鉴于他们都是当了多年老师的，我们几位刚毕业的都称呼她王老师。师生之间差距比较大，本不该有很多接触，可是，有一个原因促使我多次向王爱珠老师行注目礼。学习室里有位我大学的老师叫邢念祖，他是王爱珠丈夫的同学。他指着被尊称为才女的王爱珠对我们说：王爱珠的丈夫姓袁，是李鸿章的血统后代，由于过继给了袁世凯的后代，因此，同时又是袁世凯的后人。20世纪50年代的人都不会忘记，出于查三代的需要，那时候成天填履历表。邢念祖对我们讲，他曾跟王爱珠的丈夫开玩笑说："我们不能不填，你就不用填了，你的社会关系书上都有……"于是，我们便对这位袁、李两家的富有才华的媳妇格外注意。当然，更想见识见识王爱珠的丈夫，只是没有机会罢了。

没想到20年后，1979年冬，王爱珠的丈夫袁缉辉先生，还有他的同事姚汉荣先生，陪同他们的复旦大学分校校长王中到我所在的中国大百科全书出版社上海分社来商调我去任教。谁知道我的领导陈虞孙却对他的老朋友王中说："你看我的讨饭篮里就那么几个窝窝头，你怎么忍心再给我拿走一个？"商调不成，陈虞老却同意了我去袁缉辉任系主任的社会学系兼课，讲授"家庭社会学"。这就是我跨入社会学的第一步。袁缉辉是我社会学的引路人。

今天是兼职教师为系主任的书作，是学弟为学长，是社会学界的老顽童为自己的社会学引路人写序。我乐意！

2004年

（作者作此文时为中国社会学学会副会长、上海市社会学学会会长、上海大学社会学系主任、教授）

序 四

最好的金婚钻石婚纪念

——来自一位晚辈的祝福

袁志刚

银婚、金婚、钻石婚纪念由西方传入中国，渐成风气。近年来国泰民安，庆祝者日众，但其中的金婚特别是钻石婚庆祝实为不易。王爱珠、袁缉辉两位教授的金婚和钻石婚纪念更是与众不同：将他们两人50年来的论著共同编辑出版，以《同爱共辉》书名问世，值得我们庆贺。

王爱珠教授是我的前辈，她与她的先生袁缉辉教授1953年共同毕业于复旦大学经济学系，毕业后留在经济学系工作，成为该系少有的女教授。1984年我考入复旦大学经济学系读研究生，王老师曾给我们授课，她在政治经济学、苏东经济问题的研究等方面的论著和逻辑精密的授课风格给我留下了深刻的印象，是一位我所敬仰的老师。1988年我出国留学，1993年学成回复旦大学经济学系工作。我按照西方的习惯推理，认为王老师应该是退休养老，安享晚年

袁志刚在办公室

了。然而不曾想，五年不见的王老师退而不休，根据其对中国老龄化社会即将到来的先知先觉，上下奔走，竟然创全国之先，在复旦大学开办了老年经济研究所，1996年又出版了32万字的《老年经济学》，接着有关老年经济学的课题、老年经济学的论文、老年经济学的调查报告接踵而至，在王老师的影响下，复旦大学一支研究老年经济学的中青年队伍逐渐形成。

  我是研究宏观经济学的，近年来，从宏观经济动态增长的角度研究我国的养老保险问题，在研究过程中也拜读了王老师撰写的《老年经济学》和有关的论文。我发现，她在马克思主义基本原理的基础上，揭示人口老龄化之后一个社会中经济关系的演变和特殊经济问题的出现，根据马克思的理论体系从生产、分配、流通和消费等社会生产和再生产过程的诸环节，展开对老年经济学问题的研究，其分析在理论上是十分深刻和到位的。同时她的研究又不仅仅止于理论层面，她利用到国外探亲考察的机会，结合国外人口老龄化与中国人口老龄化的问题，有的放矢，提出许多解决老龄化问题的具体办法和建议，如怎样制定人口老龄化政策，如何发挥老年人口的潜力，如何建立有中国特色的养老模式，等等，具有十分重要的实践意义。

  复旦大学是一所著名大学，名教授云集其中，名人逸事多多。同窗、夫妻、同为教授、同在一个领域里耕耘探索，携手出版共同的著作，为复旦园再添异彩，是一件何等浪漫的事情。作为晚辈，我们为他们的幸福感到高兴，同时也为他们道上一句深深的祝福：祝你们两位身体健康，理论思维永远年轻！

2018年

（作者原为复旦大学经济学院院长，现为复旦大学教授、
教育部"长江学者奖励计划"特聘教授）

序　五

贺《同爱共辉》再版
同庆金婚钻石婚

王鹤鸣

王鹤鸣夫妇

我是1959年9月自上海中学毕业考入复旦大学历史系学习的，当时袁老师是我们的马列主义基础课教员兼年级辅导员。我在复旦五年本科、三年研究生的学习期间，上课的笔记本共有40余本，一直保存在身边。今天我打开当年袁老师讲授《共产党宣言》时的笔记，凡讲课的章节标题，均用红墨水书写，各章节内容则以蓝墨水笔记，每页右边留有些许空白，以备阅读参考书摘记或书写心得体会。今天，捧起这本封面有些发黄的当年袁老师讲授《共产党宣言》时的笔记本，真是感慨万端。60年前，袁老师为我们讲授《共产党宣言》的情景，就在眼前。

袁老师担任我们年级政治辅导员的时间也是三年。每当课外活动时间直至晚自修前的几个小时，我们经常会在宿舍走道或6号楼东面的篮球场旁边，看到袁老师与年级干部商量工作或与同学谈心的身影。当时正是三年困难时

同爱共辉 TONGAI GONGHUI

期，袁老师关心同学，嘘寒问暖，帮助同学解决实际困难。他作风民主，讲究方法，工作细致，平易近人，与年级同学打成一片，给我们留下了良好的印象。

近几十年来，我们历史系年级老同学活动时，如袁老师在上海，往往会邀请袁老师参加我们的活动，袁老师到外地出差或旅行也不忘探视59级老同学或举行团聚活动。

2005年是复旦百年校庆。袁缉辉、王爱珠老师为回报母校复旦大学的多年辛勤培育和体现百年校庆"学术为魂 庆典为体"的宗旨，撰写了《同爱共辉——袁缉辉、王爱珠教授执教50年暨金婚纪念》一书，及时送到"百年校庆 金婚庆典"会场，作为向母校百年校庆的献礼。

我们年级老同学人手一册《同爱共辉》，深受教育，得益匪浅。

《同爱共辉》出版15年后的今天，正当袁、王老师从金婚进入钻石婚岁月之时，两位老师准备在保留《同爱共辉》2005年复旦版主体部分的基础上，在上海大学出版社再版时增加"百年校庆 金婚庆典""从金婚到钻石婚"等章节。

袁、王老师不仅是老年学的研究者，更是老年学的忠实实践者。在"从金婚到钻石婚"一篇里，两位老师重点介绍了他们如何做到老有所养、老有所学、老有所为、老有所乐、老有所医的心得与体会，从而将新版的《同爱共辉》内容升华到了一个新的高度。

我们复旦历史系59级同学大多是1940年前后出生的，大多已从金婚开始进入钻石婚的岁月。拿我来说，去年就由子女为我与冯凤珍举办了金婚庆典活动。今天，当我们捧起新版的《同爱共辉》阅读时，一定能从中获得诸多新的启示和教益。

今年是我们年级96位同学入学复旦60周年。我们年级拟定9月25日举办"复旦大学历史系59级进校60周年座谈会"。这是我们年级第七次举办全国性的老同学活动，来自全国各地的老同学再次走进复旦园，相聚在历史系会议室，畅叙友谊，回忆1959年进入复旦时的种种情景，交流60年来在共和国的风雨兼程中走过的历程，再次聆听当年任课老师的教诲，我们都会情不自禁地抒发肺腑之言：不忘初心，感恩复旦，感恩历史系，感恩袁老师！

袁老师给"复旦大学历史系59级进校60周年座谈会"发来了贺信：

贺复旦大学历史系1959级60周年庆
袁缉辉

一

亦师亦友六十载，东西南北入大海，
各行各业显身手，业绩满筐庆归来。

二

儿孙绕膝常欢笑，营养运动很重要，
发挥余热不可少，健康长寿兼备好。

2019年9月3日于洛杉矶

袁缉辉老师从1959年为我们讲授《共产党宣言》，到今天为"复旦大学历史系59级进校60周年座谈会"发来贺信，以反映他与王爱珠老师毕生业绩的《同爱共辉》为教材，教育了我们整整一个甲子。

2019年8月7日初稿，9月7日定稿

（作者原为上海图书馆党委书记兼历史文献研究所所长，研究员）

携手走过50年

传 略

——袁缉辉、王爱珠教授的人生之旅

宋路霞

1935年3月,段祺瑞夫人和女儿、女婿等于上海市霞飞路(今淮海中路)1487弄段公馆合影

张佩蘅(中坐者),袁世凯及夫人于氏之养女。由袁氏夫妇作主嫁给段祺瑞为继配夫人,生女段式彬、段式巽、段式筠、段式荃

李国源(左五),段祺瑞大女婿,李鸿章六弟李昭庆之孙、李经叙之子。英国留学生,曾任国民政府驻仰光代总领事。段李两家系世交,故段祺瑞将其夫人吴氏所生长女段式萱嫁给李国源。段式萱生子李家曜、女李家明,早逝。陈琪玉(右五),外交官陈篆之妹,李国源继配夫人,生子李家昶、李家昌、李家景、李家晖、李家晨,生女李家晋、李家星。在段府仍尊为大小姐

段式彬(右四),段祺瑞二女儿。张道宏(左四),段祺瑞二女婿。美国西点军校毕业,曾任国民政府农林部司长

段式巽(右三),段祺瑞三女儿。袁家鼐(左三),段祺瑞三女婿,袁世凯五弟袁世辅之孙、袁克庄之子。由袁段两家长辈作主娶段式巽为妻

段式筠(右二),段祺瑞四女儿。奚伦(左二),段祺瑞四女婿。曾任中国实业银行总经理

段式荃(右一),段祺瑞六女儿。傅霖(左一),段祺瑞六女婿

段宏纲(左六),段祺瑞侄。段宏纲夫人(右六)

段宏炳(中立孩童),段祺瑞侄

注:李家晖即袁缉辉,生于1932年1月15日。生父李国源(左五)、生母陈琪玉(右五),养父袁家鼐(左三)、养母段式巽(右三)

李国源、陈琪玉夫妇全家福（1941年）。前排右起：李家明、李国源、李家星、陈琪玉、李家晨、魏诗芸（李家曜夫人）；后排右起：李家晖、李家景、李家昶、王志涵（李家明丈夫）、李家晋、李家曜、李家昌、刘广琴（李国珍与刘攻芸长女）

袁缉辉（左三）4岁时与段家外孙、外孙女合影于上海市霞飞路（今淮海中路）1487弄段公馆。左一为傅明夷（段式荃女儿），左二为奚会皑（段式筠儿子），左四为张中柱（段式彬儿子），左五为张若玫（段式彬儿女儿），左六为奚会旸（段式筠儿子），左七为张其秀（段式彬女儿），左八为奚汝梅（段式筠女儿）

岁月如水，朗心如月，往事如歌。
五十年风雨，他们携手走过。
几多艰辛，几多纯真，几多执着……
新中国培养的第一批学人，
如今步入金婚季节。

——题记

三重豪门中走出的叛逆之子

袁缉辉教授是复旦大学的出名人物，在上海学术界也享有名望。他出名的原因很多，有学术上的，工作上的，家庭上的，最初，竟是由于他那复杂而有趣的出身。

复旦中学1950届部分校友合影（后排左一为袁缉辉）

他的同学、同事谈起他，第一个反应往往是——他是袁世凯的曾孙！

他的朋友们背后议论……看不出，好像不太像，文质彬彬，没有霸气。

他的五六十年代的学生知道后往往一脸疑惑——袁世凯的曾孙？他怎么能当我们的辅导员？怎么会教《共产党宣言》？怎么……

其实这些话充其量只说对了三分之一，只说对了袁缉辉"三重豪门身份"的一部分，另外三分之二则是李鸿章家族和段祺瑞家族。这个"家底"也只能在当前政治清明的、真正的大好形势下才能抖搂出来，要是在30多年前的"唯成分论"的年代，怕是他的"名气"还要大呢！

袁缉辉原本不姓袁而姓李，叫李家晖，根子上是李鸿章家族的人，是李鸿章的六弟李昭庆的曾孙。由于他的曾祖李昭庆和祖父李经叙都去世较早，而伯祖李经方又过继给了李鸿章为长子，所以他的父亲李国源早年就得到了李经方的关照，留学英国，并于麦伦斯科学院毕业回国后，先在外交界任职（曾任驻仰光代理总领事），后又步入实业界（抗战前参加创建江南铁路局，1950年在沪创办侨商碳酸钙厂），这无疑为李家晖兄弟的生活注入了最初的"开放细胞"和"洋务细胞"。

他们家住在霞飞路（今淮海中路）兴业里，邻近亚尔培路（今陕西南路），那正是尘嚣万丈的商业中心，也是上海滩豪门望族的居住地。兴业里那条弄堂先后不知走出了多少知名人物。现在香港政府财政长官唐英年先生一家人当年也住在此。

李家晖之所以又姓袁了，是大家族之间豪门联姻引起的，尤其与段祺瑞家有直接的关系，这里还有段有趣的"夺子大战"。

李家晖的生父李国源的原配夫人是段祺瑞的大小姐段式萱。段氏生下两个儿女后，不几年就因病去世了。李国源又续娶了福建陈家的小姐陈琪玉（陈篆的妹妹），接连生了七个孩子，李家晖排行老五。

按照过去世家旧族的不成文的规矩，李国源虽然后来成了陈家的女婿，但是名分上他仍是段家的大女婿，凡是段家的红白喜庆等事情，他这个女婿仍是不能少的，而且，陈琪玉也要像段家的女儿一样，过门后还得去段家请安、拜年，好像是自己的娘家一样。这样一来，段家与李家就仍旧走动得勤快。

大约在1935年，段祺瑞的妹妹在合肥过生日，大家都去祝寿，李国源夫妇带着3岁的李家晖也去了。这期间，段家三小姐段式巽见李家晖长得聪明伶俐，十分喜欢，就提出要带他去南京自己家玩几天，李氏夫妇鉴于段三小姐那时没有儿子，只有一个女儿，又真心喜欢自己的儿子，没假思索就同意了。

段家三小姐段式巽嫁的是袁世凯的侄孙袁家骝，因丈夫性格内向，从不出去工作，全靠吃家当，段三小姐就尤其希望有个男孩子。谁知她将李家晖带入他们当时在南京的家后，关上门就告诉他，他是袁家的孩子，从此改名叫袁缉辉。3岁的孩子相信了，从此叫她为娘。等到李国源夫妇上门领孩子的时候，段三小姐却怎么也不肯交还了，声言："你们要把他带回去，先拿手枪把我打死好了！"

段三小姐不是拿手枪吓唬吓唬他们的，她还真的玩得起手枪。段祺瑞住在北京"空府"时有一度处境危险，还亏得三小姐日夜持枪守卫在侧。陈琪玉没有思想准备，哪里舍得把亲生儿子送给别人？两个妈妈一时争得不可开交。僵持中，李国源对妻子讲，他们没有男孩子，喜欢家晖是很自然的，家晖在袁家也不会吃亏的。何况，三妹身体这么弱，待她以后去世了再要回来也不迟……于是李家晖就真的成了袁缉辉了。但是陈琪玉仍是放心不下，在李家晖过10岁生日时，给了他最衷心的祝福，并且设法让他知道，他的确是李家的孩子……

也不知李家晖小时候长得到底有多灵气，弄得两个妈妈为他的"名分"抢来抢去，真是操碎了心。从此他虽然生活在袁家，但李家的兄弟姐妹仍把他当自家人，相互间时有来往。新中国成立前几年袁家骝、段式巽夫妇搬到苏州去住了几年，袁缉辉仍在上海读书，就回到李家住了。在后来的"三年自然灾害"时期，他的亲生父母在香港，十分关心在大陆的子女，常给他们邮寄食品，袁缉辉也有一份。直到袁缉辉在复旦大学工作以后，那时袁家父亲袁家骝已经去世了，才又把段氏母亲接来，一起生活了一段时间。

段三小姐虽性情刚烈，但喜欢中国古典文学，曾请了晚清时代的旧文人来家讲解《左传》和《聊斋》。尤其喜欢国画，请了老师汪声远教她学石涛的泼墨笔法，所以无论他们家搬到哪里，房间里总有她一张大画桌。来往的朋友不是前清遗老，就是国学根底很深的老学究。这些对袁缉辉文人气质的形成，当不乏影响。所以说起家庭出身，别人至多是双重豪门，而袁缉辉则是李家、袁家、段家，近代中国的顶级三重豪门。

谁知人算不如天算，后来李国源、陈琪玉夫妇分别于1974年和1965年病逝于香港，而段家三小姐段式巽病恹恹的却活到了1993年，享有92岁高寿，病逝前为上海市文史馆馆员。到了晚年她的画已经画得很不错了，还常有人来向她索画。那套著名的"洪宪瓷"（即袁世凯当皇帝时定制的"居仁堂"款七夕图餐具，共102件，每一件都用纸包好，放在一个专门的大箱子里），最后就是从她屋里搬出来，经她手捐献故宫博物院的。据说这种底部镌有红色篆书"居仁堂"三字的餐具（即"洪宪瓷"）总共三套，这是唯一保存下来的一套。可见其非等闲之辈。

按说李家晖也好，袁缉辉也好，他应当成长为一个淮海路上的小开才合乎逻辑。但是不然，他中学时期就成了一名进步学生，在复旦中学投入了迎接解放军大军进城的诸多活动。究其原因，又跟段家有些关系。

原来，段祺瑞只有一个亲生儿子叫段宏业，在1933年段祺瑞南下上海的时候没有跟来上海，仍住天津，负责打理段家在北方的企业。随老段来沪的是他的侄子段宏纲一家和段氏的几个小姐。除了段家大小姐段式萱与五小姐去世得早些外，段二小姐段式彬嫁的是安徽人张道宏，曾任国民党农林部司长。段三小姐即袁缉辉的娘段式巽。段四小姐段式筠嫁的是中国实业银行的总经理奚伦（即奚东曙）。六小姐段式筌，嫁湖南人傅霖。

袁缉辉与二姨家的独养儿子张中柱及四姨家的奚会凯很要好，从小一起玩，因为年龄一样大，都是属羊的，各相差三个月。袁缉辉最小，是个"羊尾巴"，总是跟在两个哥哥后面转。奚家的奚会凯和奚会旸后来都去了美国。奚会凯还成了著名科学家，参加了1969年登月的美国阿波罗宇宙飞船的研制，他的名字被永久地留在了月球上。张家儿子张中柱和四女儿张乃慧都是学校里的进步学生，在家里常秘密收听解放区的广播，后来前往解放区。

袁缉辉受表姐表兄的影响，同时也受上海交通大学的进步学生的影响，因交大离复旦中学很近，交大的学生常深入中学开展活动，于是他也走上了革命道路。上海解放的那一天，解放军进城时，他正在愚园路中实新村奚家迎接解放。这大概是三重豪门的老祖宗料想不到的。

巧的是袁缉辉就读的那所中学复旦中学，前身就是李鸿章的上海祠堂。他参加的不少学生活动就是在这里开展的，他和同班同学的毕业照也是在祠堂的正殿前拍摄的。他稍不留神就又跟李家搭上了介。这个正殿现在还在，只是周围的辅助建筑都已不存。解放初，上海市市长陈毅同志为复旦中学题写校名，也有袁缉辉积极奔走的一份功劳呢，可见其活动能力之强。

连跳两级的王家二小姐

王爱珠教授的老家在南京，父亲是工商业者，祖上就已在南京经商了，抗战之前经营两家饭馆，是户典型的殷实人家。

王爱珠6岁那年全面抗战爆发，全家人扛着行李扶老携幼，随着逃难的人流涌出城门，往乡下"跑反"。日本人打到南京，制造南京大屠杀的时候，她和家人逃到江苏六合县她外婆的一个亲戚家里避难。那时日本人到处扫荡，妇女们都把脸上抹上煤灰，东躲西藏，一日数惊。她拉着妈妈的衣角，跟着大人跑，一刻也不敢放松。最紧张的时候他们全家白天躲在地窖和草垛里，晚上才敢出来。有一次日本人来村里扫荡，他们赶紧钻进附近的一个草垛里。日本人的叫喊声就在耳边，明晃晃的刺刀在草垛上乱捅一气。幸亏草垛很厚，没有伤到人，也没有被发现，否则后果不堪设想。

几个月后他们回到南京，发现他们的店铺和十几间房子全被日本人烧掉了，财产也被劫掠一空，从此家境日衰，只好开个小茶馆。后来小茶馆也开不下去了，就开个小杂货铺维持生计。父母整天为了生计发愁……这段童年的经历，给王爱珠留下了终生难忘的印象。

她在家是老二，姐姐王爱珍比她大两岁。可是她从小聪明伶俐，头脑反应特别灵敏，上进心又极强，读书对她来说简直小菜一碟。人家小学读六年，她四年就读完了，在小学连跳两级，所以她小学是与姐姐一起毕业的。人家临考试时总是要开夜车，她从来不用开夜车，因为上课时老师讲的内容，她听一遍，复习一两遍，就全记住了。进入中学，她读的是南京市商业职业中学，仍旧保持优异的学习成绩，每次考试都名列前茅。初中毕业时，她是全校第五名。别人都很夸奖她，她却很不满意，一定要考第一名。到了高中毕业的时候，果真让她夺取了第一名。

王爱珠就读的南京夫子庙小学

1949年她职业高中毕业，准备考大学。当时职业高中是不读物理、化学和生物的，而高考却必考数理化和生物。她并不气馁，就把姐姐读过的高中的课本拿来"啃"，短短几个月时间，她自修完了人家要三年才能读完的理化生课程，居然一举考上安徽大学！

她那时不仅成绩好，而且口才好，常参加一些社会公益活动，大家都说她是个当律师和外交家的材料。在中学她参加社会募捐活动时，每次募捐回来总是她所在的小组收获最大，得款最多。人家问她们有什么经验，同组的同学就会说："我们有王爱珠呀，她的嘴巴真会说，说得很感动人……人家被感动了，就拿钱出来了。"

在报考大学时，她那特殊的口才又一次显示了"威力"。按照当时的规定，职业高中的毕业生毕业后必须工作三年后才能报考大学，而王爱珠不肯买账，她在报名处跟人家"泡蘑菇"，七说八说，把报名处的老师说得心软了，终于同意她报考。她也很争气，顺利考入了安大。

激情燃烧的岁月

新中国成立后的第一届大学生，与共和国一样，充满了激情，充满了理想，时时处在革命运动的洪流中。那时书本知识似乎远不如革命运动来得重要。在全国大规模开展土地改革运动时，大学生，这支可借用的青年生力军，也就成了运动的生力军。

王爱珠入学芜湖安徽大学农艺系，没读几天书，就被安排下乡参加土改运动，成了土改工作队的队员。他们去的地方据说是安徽最穷的地方，是安徽北部的霍邱县和寿县。当地老百姓常年吃不饱，穿不暖，有半年的口粮是靠地瓜和野菜充饥。为了表现革命青年的英雄气概，学生们早晨5点就起床，各自背着背包，拎着行李，迈开双脚，不乘火车，步行前往，一直走到晚上7点才歇脚。他们硬是从芜湖走到了县城。王爱珠和一些女同学腿都走肿了，但谁也不叫苦。那是个以苦为荣，以苦为乐，从不叫苦的英雄时代。

土地改革是要斗争地主的，要发动农民起来揭发和清算地主的罪行，要打土豪，分田地……可是王爱珠他们所到之处根本没有地主，处处都是贫瘠的土地和低矮的农舍，想象当中的地主庄园根本没有出现。既然揪不出地主，那就只好"狠挖"富农了。结果这个地方充其量只"挖"出了个把富农，这就使得运动的火药味减轻了许多。由于她历来就是学生中的佼佼者，功课好，待人和气，肯吃苦，人也长得秀气而精神，在一帮子大学生中是当然的学生干部和被崇拜者。土改中，她的工作就很不轻松，开会、记录、整理材料、汇报、交流情况……

当地农民生活的贫困和土改工作的艰辛，给年轻的工作队队员留下了深刻的印象。整整半年时间，大家都是住在农民家，睡地铺，吃红薯、红高粱，还要开会、学习、参加田间劳动。要说吃米饭也算吃了一次，那是一碗绿豆米饭。所以半年后，大家带着一身的虱子和污垢回到了城里，看到眼前的白米饭都觉得刺眼，不知不觉一碗下肚，吃了一碗又一碗。

这对王爱珠来说，又是一段难忘的经历。她在想，工作队之苦只是苦了半年，而农民之痛，那要痛到何时？

那时袁缉辉也考上了复旦大学经济学系。复旦大学也是要参加土改的，巧得很，也是到安徽，他跟着队伍来到了安徽灵璧县。火车只开到凤阳站就全体下车，然后步行百余里地前往目的地，先到了五河县，也为期半年。

有了这样的亲身经历，使得他们对农村的现实情况就有了一些真实的了解。中国大地，远不是大上海的灯红酒绿，也不是秦淮河边杨柳笙歌……或许从那时起，他们就在用"自己的"眼睛在看问题了。在后来的三年困难时期，面对他们的学生从家乡带回的、诸多骇人听闻的消息时，他们并不感到很陌生。

当时他们都在皖北，都是土改工作队的队员，学生干部，只是擦肩而过。从1949年到1951年，两年中只上了一年课。这期间王爱珠感到自己不太适合农艺专业，申请转到了经济学系。一年后的1952年8月，全国高校实行大规模院系调整的时候，他们才在上海相遇。

相遇在美丽的复旦校园

1952年的院系调整是全局性的，国家对整个高教资源来了个重新调兵遣将，重点布阵，意义是深远的。国家也许出于大规模地开展经济建设的需要，急需高质量的经济人才，把原先震旦、复旦、沪江、金陵、南大、安大、上院（上海学院）共七所大学的经济系，统统合并到复旦大学经济学系里来了，集中办学，组成了一个规模空前的大系。教师有几十位，学生二百多名。在此背景下，原在芜湖安徽大学经济系读书的王爱珠，就来到了美丽

相遇在美丽的复旦校园

的复旦校园。

系里把学生分成两个组,有学计划的,也有学理论的,王爱珠和袁缉辉都分在了理论组。

王爱珠永远是引人注目的,到了复旦学习成绩依旧名列前茅,是系里的业务尖子。她敏捷的思维和善辩的口才,常得到老师的表扬。她喜欢提出问题,思考问题,讲话又快,人称"机关枪"。那时的教学讲究启发式,经常举行课堂讨论会。年轻人心直口快,各抒己见,互不相让。王爱珠的发言,总能牵动教室里各个角落的目光。袁缉辉有时也能跟她叫叫阵。

或许是不打不成交,袁缉辉慢慢开始注意起这位不肯服输的安大少女。她那严谨的逻辑推理,机智、幽默的表述,有时配以爽朗的笑声,在他听来,竟是那么动听,胜过最好的音乐。后来他发现,王爱珠家里经济条件不是太好,生活很俭朴,学校假日里组织去杭州旅游,每人只需交3元钱,她也舍不得付出,宁肯省下来买《资本论》。

王爱珠喜欢看书,而且专爱啃那些大部头的马列主义原著,而不像一般女孩子那样喜欢梳妆打扮,喜欢逛马路!这是一个重要发现。于是,复旦才子就采取了有针对性的帮助手段。诸如买来《列宁选集》四卷本、《斯大林全集》精装本等著作,送给安大少女,这自然令安大少女非常感激。那时"三重豪门"虽然不存在了,但"瘦死的骆驼比马大",家里还是有不少"余

复旦大学经济学系1953年夏毕业生与教师合影(最后一排左一为袁缉辉,第一排右五为王爱珠)

地"的。但是那个时代是个助人为乐大家都习以为常的时代,"人人为我,我为人人"嘛,同学之间互相帮助的事情是常有的,不必样样关情,样样上心。王爱珠业务上很灵敏,这个时候不知怎么却变得迟钝了些,没悟出什么弦外之音,这令小伙子多少有些懊丧。

不过不要紧,日子还长着呢。

每天晚饭过后,同学们都不约而同地向学校图书馆走去,或看书,或做功课,或整理上课笔记,直到图书馆关门为止。当王爱珠从图书馆走出来的时候,常常会"碰巧"与袁缉辉同路。因为男生宿舍德庄在女生宿舍淞庄的后面,所以客观上袁缉辉总是把王爱珠送到了宿舍门口,才独自走道。一路上,王爱珠关心的始终是,似乎永远也研究不完的课题,袁缉辉只好附和着讨论讨论,不过再也没有金戈铁马之声了。他们不知"同路"过多少回了,复旦才子始终没有机会把真正要说的话吐出来。

这也难怪,在那些轰轰烈烈搞运动,人们的脑筋整天围绕会议转的年头,热血青年都以政治上进步为荣。谈恋爱嘛,总有点像是不和谐音,难以启齿。所以直到他们大学毕业,他们之间的这层窗户纸始终没有捅破。

当然,撞击年轻人心灵的不光是爱情,那个时代还有一些特有的严重问题。

大学期间,王爱珠碰到了家庭的一个重要变故——全家的支柱、她的父亲去世了。在其父病重的时候,曾接到过家里的来信,希望她能回家见上一面。那时她的姐姐王爱珍、弟弟王吉庆,也不在老人身边,接信后立即回到老人身旁,王爱珠当时正是毕业前的复习迎考的关键时刻,她不便回去,就回了封信安慰了一下,没有回家,想等考试考完以后再回去看望老父。可是还没等考试考完,就传来了父亲的噩耗。她后悔至极,伤心至极,忍不住哭了起来。这种情况,现在无论是谁,都会觉得是人之常情。可惜在那时,在政治空气"浓"到有些令人受不了的时候,什么样的奇谈怪论都会出现。

系里一位做学生工作的领导就对之不以为然,说什么:"斯大林去世的时候没有看见你哭嘛,你现在为什么要哭啊?这是什么思想感情啊……"说话人似乎是把斯大林当成父亲了,还指望别人也把斯大林当成父亲!这给了王爱珠极大的刺激,她有些迷惑了——难道父女亲情有什么不对吗?革命难道连父女亲情也要革掉吗?对革命领袖的崇敬有必要代替亲情吗?自己是那么积极要求上进,积极靠拢组织,可是眼下,为什么组织变得这么陌生而冰冷了呢?她想不通,她不知所措,心里非常难受,一来为父亲,二来为自己,不知自己犯了什么错。

袁缉辉也遇到了巨大的困惑。"三反"运动的时候,学校里发动学生斗争有"问题"的教职员。青年人要冲锋在前才是优秀者。袁缉辉被指定为"青年突击队"的队长,他按照上级的部署,对学校保健科的科长发起进攻,揭露他的"问题",组织学生进行批斗……可是斗来斗去,后来又说那些"问题"都不是真实的了。这真是令人啼笑皆非,既然那些"问题"不是真实的,那为什么还要叫学生去揭发、去斗争呢?回过头来又要纠正,这不是白白浪费时间和精力吗?又伤害了人家的感情!

其实这样的浪费后来大有过之而无不及。只是袁缉辉在运动中逐渐知道政治是怎么一回事了,知道政治的厉害了,像他这样出身于官僚家庭的人,而且是"三重豪门"的后代,本不该管那么多事情。慢慢地,他变得"斯文"了。

毕业那年,系里总共留校了三个学生,王爱珠、袁缉辉占了三分之二。

小小爱巢的诞生

留校的都是最有培养前途的学生。袁缉辉留校在马列主义教研室任教师,以苏共党史为基本教材,教马列主义基础课,不久就被派到北京中国人民大学研究生班进修,一去就要两年时间。王爱珠则留在经济学系,给蒋学模教授当助教,除了上辅导课,还给其他系学生开"政治经济学"课。这样他们势必一南一北,两年中难得一见了。那层"窗户纸"就不得不被提上了议事日程,真是到了很紧急的关头。

既然当面不方便说,那就信中倾诉吧。袁缉辉到了北京立马写信,真情的流露从点点滴滴,旁

结婚一年后补拍的结婚照(1956年)

敲侧击，到万川归海，波涛汹涌……他一天一封信，"连番轰炸"，每天算好时间，按时把信投入学校旁边的四道口邮局的邮筒。还好，终于有信来了。尽管是每七封信才换回一封信，这已经是不小的胜利了，能为他带来一周的快乐。他能算得出什么时候他的信该被收到了，什么时候该有回信了。如果收不到回信，他就有些犯愁了，不知出了什么问题，是她病了，身体不舒服，还是去信没有收到？还是……

小学时的王玮（道薇）　　小时候的袁玮（道唯）

其实初任助教的王爱珠工作上的繁忙是始料不及的，她是蒋学模教授的助教，势必一切都要跟上教授的步伐。50年代提倡面向农村，面向基层，面向厂矿，教师就常常要带学生去工厂和农村，与工农打成一片。至于自己业务的真正提高，大多要靠业余时间。

他们鱼雁往还了一段时间。1955年初，学校放寒假时，他们终于垒起了自己的小小爱巢。他们结婚的过程简单得不能再简单，没有摆眼下流行的婚宴，只是自家人一起吃了顿饭。一来那时风行勤俭节约，一切都

王爱珠的母亲王慧君80大寿时在龙华寺合影（1985年）

讲究革命化；二来当时他们自己的确也没有钱，连结婚照都没有钱拍。他们向学校借了一间房间，一张床，放上李家和段家两位母亲各送的一条缎子被，还有系主任朱伯康教授和蒋学模教授合送的一套餐具，就是全部的家当了。

过了一段时间，两个人的工资都提升了一级，学校里给每人补发了30元钱，这可是一笔不小的收入。他们到万象照相馆拍了一张合影照片，虽然穿着普通的衣服，但是也算不错了，权当补拍的结婚照。又来到南京路，花了五十几元为王爱珠买了一块手表，上课好掌握时间，在此之前，她还从未戴过手表。剩下5元钱，他们非常"奢侈"地来到位于外滩的和平饭店，要了两碗饭和虾仁炒鸡蛋、粉蒸肉等。毕竟是高级饭店，那饭菜的味道真是好极了，两个人吃得心满意足，至今难忘。

把思想问题当成反革命，这样好不好？

50年代的高校真是作孽得很，学生读不了多少书，教师上不了多少课，

王爱珠给学生上辅导课（20世纪50年代）

而整天要忙着搞运动，要不就是要忙着下厂、下乡，忙完了三夏劳动还要忙三秋，若不去三夏劳动就要去厂里战高温……还随时有可能下达紧急任务，去搞什么调查、"蹲点"、总结什么经验，写什么报告……好像老师学生待在学校里安静一会儿读读书，就一定是躺在"资本主义温床"上似的，有关方面就一时一刻也不能放心。从那段时间过来的老师们常常无限感叹地说："那时真的是浪费了大量的时间。"

如果真的仅仅是劳动劳动倒也罢了，问题常常还要弄到性命交关的程度。肃反时，青年教师都是依靠对象，被当作革命动力，领导们引导大家去批斗老教授，似乎是越老越反动，越是年轻就越革命似的，不知是何逻辑。其实这时已经就有后来"十年浩劫"的雏形了。

1955年肃反时，王爱珠被抽去整理材料，负责把那些反革命分子和历史反革命的材料整理、汇编起来。这期间她看了大量的材料后产生了一个疑问，她觉得从有些"反革命"的言论上看，并非是立场问题，而是一般的思想认识问题。而把这些思想认识问题都当成反革命问题处理，这样好不好？符合党的政策吗？有利于团结大多数吗？这样反革命不是越来越多了吗？如果"反革命"越来越多，这样对革命事业究竟有利还是不利呢？

随着肃反扩大化问题的出现，她越来越感到问题的严重。于是，本着对人民负责的精神，她大胆向报纸投了一篇稿子，题为《思想问题与反革命问题》，表明了自己的看法，指出这是一种有害的倾向，应当引起警惕。一般情况下，运动中的人们都是宁左勿右的，生怕带上立场不坚定的帽子而落伍，大家都争先恐后地当左派。而王爱珠，不屑于去当那种左派，坚持讲真话，敢于亮出自己的观点，勇于唱点反调，这在当时是极其难能可贵的。

文章发表后，重庆人民出版社还将其收入了一本小册子，表明这的确是反映了当时的实际问题，受到了基层党的工作者的欢迎。这篇文章还使他们获得一个意外的惊喜——收到了30元稿费！这可是笔不小的收获，要知道那时普通人的月工资才36元。直到这时，她才去买了一件稍好些的衣服穿。想当初结婚时，还没有买过一件好衣服呢。

袁缉辉回校后仍在马列主义教研室当教员。他不愁业务问题，只担心政治问题，处处得谨慎小心。像他这样出身不好的人，立场稍有不坚定，就有可能被划入"另册"，所以在政治上的表态，哪怕跟学生们的讲话，都绝对是要"提高警惕"的。好在那时人与人之间的斗争还不像后来"文革"期间那么如火如荼,那么铺天盖地、毫不留情,复旦大学的领导还是重用这位豪门之后的。能够送他进人大进修,能够担任政治课教师,这已经就是不错的政治待遇了。但是政治运动的深入,每天刮什么"风",有时甚至连复旦的领导也无法预测的,何况袁缉辉当时一个无名小卒。

复旦大学之在上海,就像北京大学之在北京一样,历次运动都有示范作用,来势凶猛。1956年兴起的整风运动,要求"鸣放",后来又对有过"鸣放"行为的人,甚至在学生中也大抓右派……袁缉辉再谨小慎微,再处处防范,但作为政治课教师,这都是无法回避的大是大非问题。这就给他出了大难题。

上面布置要大家"鸣放"的时候,他正在物理系四年级教马列主义基础课,这个年级又被当作运动的"突破口",政治任务异常繁重,大会小会地发动大家"鸣放",讲真话,提意见。不多久上面又不要"鸣放"了,反过来要抓"右派学生",要批判右派言论了,他该怎么办?学生们当然不服气,说"是袁老师叫我们说的!"袁老师自是逃不脱了,大有被打成右派的可能。谢天谢地,当时的复旦大学党委宣传部部长吴常铭同志(兼任马列主义教研室主任,后来任副校长)还是了解他的情况的,也有实事求是的办事风格,在暗中保护了这位豪门子弟,使他在这次大风大浪中有惊无险,总算是天大的侥幸。

反右后,学校说是为了克服青年教师脱离政治的倾向,派一批教师到学生中任辅导员,名之为"双肩挑"。袁缉辉被派往历史系,先后兼任61届和64届辅导员近四年。对于农村的大锅饭,用不着听学生们的叙述他也知道,因为他本人就无数次地下过乡。复旦人常去上海郊县"蹲点"。那一阵农村人民公社大食堂吃饭不要钱,一个包子有碗口大。一个人其实吃一个就吃饱了,但有的人竟要吃七八个……这种情况自然不会长久,人民公社很快就被吃穷了。

1958年,外地学生假期返校后反映的家乡农村的实际情况,引发了学生们对"三面红旗"的种种议论和怀疑。袁缉辉自己都想不通如何去说服学生,于是在学生的"思想问题"面前只能节节败退。据当时他的学生回忆,袁老师曾非常气短地对学生们说:"三面红旗也不是都不好的,也有一点好的……"底气还不如学生足,"党性"不知道跑到哪里去了。

朝气蓬勃的"蒋学模之流"

王爱珠很快就展现了她很强的学术研究方面的才能。

由于新中国成立初期的高校政治经济学教材都是采用苏联的教材,数年后发现与中国国情相距太远,久之有诸多不便,所以上海有关部门决定抽调精兵强将,组织一班秀才,自己编写教材。从各高校和研究单位总共抽调了十四个单位的人,有教哲学的、政治经济学的、有教党史的。王爱珠就是被抽调的参加政治经济学教材编写的秀才之一。从1959年到1961年,正是国家面临"三年自然灾害"时期,她得以出入上海滩顶级的花园洋房丁香花园,参加了由姚耐、雍文远、蒋学模和苏绍智等任主编的《政治经济学教材》编写组。

在全国,那是一个庞大的工程,全国共有十四个单位参加了编写初稿。1960年春天,这支队伍集中在北京进行综合评比和交流。其中有几本教材,包括王爱珠所在的上海组编写的《政治经济学教材》(社会主义部分),经过修改,在1961年出版。尽管在当时的情况下,此书必然带有一些"左"的思想路线的色彩,但这毕竟是在摆脱了苏联的框架之后,我国自编的第一部权威性的政治经济学教材。在这个过程中,她思维敏捷,出手很快,工作责任心强,今日事今日毕,计划好的事情绝不拖到明天,这都给领导留下了深刻的印象,同事们都称她为复旦才女。所以后来遇到编写政治经济学方面的教材或辞典之类的项目,组织上几乎是不假思索地就会把她调去。

那时她家住在复旦宿舍,到城里要换乘好几趟车,往返很浪费时间,于是组织上就安排编书组成员住在丁香花园里。丁香花园原先是李鸿章的小儿子李经迈的花园,李经迈的大哥李经方,正是袁缉辉的嫡亲伯祖。花园里小桥流水,曲径通幽,花香四季,的确是个适合写文章的好地方,后来几经转卖,新中国成立后归市委宣传部和组织部。王爱珠前来编书,不知不觉又跟李家"搭"上了边,好像步入了李家的大宅门。

那时她已经是一个孩子的母亲了,自己每周才能回家一次,孩子只好请南京的母亲前来照顾。不久她的姐姐王爱珍也生孩子了,当母亲的又赶去照应……在后来的几十年中，这位母亲始终是他们这个小家庭的坚强后盾，除了照管好两个孩子，还要安排好一家人的生活，让女儿女婿能全力以赴地投入工作。在经济最困难的时候，她宁可少睡些觉，凌晨三点多钟就起来到菜场排队，为的是让外孙和外孙女，每天能吃上一个鸡蛋，喝上一杯牛奶。

60年代初是个饥饿的年代，买什么东西都要凭票子，诸如粮票、布票、蛋票、豆腐票、香烟票……吃饭还要按定量。丁香花园里秀色可餐，可并不能真的当饭吃。那时的作风都是讲究革命加拼命的，秀才们每天拼命到深夜，肚子里没有东西可不行。好在当时的领导知道应当如何关心群众生活，于是特批，给秀才们免费供应伙食。这下可好了，家里四个人的粮食定量可以三个人吃了，这为一家之主，的确又解决了不少实际困难。

60年代上半期，除了集体的科研项目，王爱珠自己的研究的重点，尽量面向那些与农村的实际情况相联系的问题，写了《谈谈社会主义制度下的级差地租》《经营管理好坏是产生级差地租的因素吗？》《关于按劳分配的客观必然性》和《集镇手工业生产要进一步面向农村》等论文，体现了高度的职业责任感。除了科研工作，她的教学工作永远是出色的。作为著名教授蒋学模的助教，她的"社会主义经济研究"课受到了学生们的广泛欢迎。1960年，他们夫妇都从助教升为讲师。

1965年，在北京召开的全国高、中等学校政治理论课工作会议期间，中共中央领导要接见高教系统的优秀教师代表。上海高校仅仅选送了两名教师，复旦一名，华东师大一名。复旦的代表即王爱珠也。当时在北京的中央领导如毛泽东、周恩来、彭真、贺龙等都出来了，给了大家极大的鼓舞，还一起合影留念。那时能到北京受到伟大领袖的接见绝对是件惊天动地的事情，虽不如后来的"文革"中那样发展到极度的个人崇拜，然"热度"也是不低的。

她的种种积极表现，在后来的十年浩劫中就被斥为"蒋学模之流"。就连那张受到伟大领袖接见的集体照片长卷，也被红卫兵抄家抄走了。红卫兵看见其中有彭德怀，就训斥她："你为什么不把它撕掉？"王爱珠说："上面还有毛主席呢！要撕，你去撕吧！"尽管那时红卫兵牛气冲天，最终还是没敢把带有毛泽东的照片撕掉。

"大革命"中的小家庭

十年浩劫开始以后，袁家小屋再也无法保持安宁了。

抄家风刮起来的时候，他们已经预感到这次运动来势凶猛，早早地就做了安排。把段氏母亲与他们同住时带来的红木家具以及银器、瓷器、字画、照片等东西，凡是估计有可能被认为是"四旧"的，统统搬出去上交组织了事。段氏存在女儿那里的一些文物和首饰，这时也像摆脱瘟神似的，赶紧上交了事（其中有一套漂亮的银餐具，包括杯、盘、碗、筷、粉盒、肥皂盒、果盘等，每一件的底座下面，都刻有袁世凯的头像，大大小小装了一铁箱。此袁家旧物无疑）。所以等到红卫兵上门抄家时，只抄走了一些书籍，家中已经没有什么好"打扫"了。

历次运动，谁是革命的动力，好像是以年龄来划分的，越年轻似乎就是越革命，凡是"小将"总是革命的。50年代他们夫妇也曾经被推为"革命的动力"，而这时，他们已经步入了中年，那就只能成为革命的对象了。按说，他们夫妻两个，一个是政治课教师，专上马列主义课的教师，突出了业务也就是突出了政治；另一个是专门研究和编写社会主义政治经济教材的，上课也是专讲社会主义经济的，应该算是够"突出政治"了吧？但是不行，上交了"四旧"也还有"罪行"要清算。比如，袁缉辉为亲生父亲作担保，就是一大罪状。

那是1957年的事情，袁缉辉在香港的亲姐姐李家晋和亲哥哥李家昶、李家景，要把父母接去香港养老，出境时要找一个担保人，要担保他们把通行证按时寄回来。袁缉辉的生父李国源就叫儿子袁缉辉以外甥的名义为其担保，后来通行证也按时寄回来了，如此而已。就这点事，竟被上纲上线为"包庇反动父母叛逃"，遭到批判。

王爱珠在学校里名气更大些，过去就引人注目，"问题"也就更严重些，诸如"蒋学模之流""杨、王红人""修正主义的苗子"等帽子总是跑不了的，批来批去的没个完，无聊透顶。当然，身在运动中，不能不随之浮沉，别人写她的大字报，她也写别人的大字报。否则怎么叫参加运动呢！所谓"杨、王红人"，杨、王是指市委分管文教工作的副书记杨西光和当时复旦大学党委书记王零同志。因为杨西光曾点名要王爱珠参加1965年在北京的会议。又因造反派冲击了学校的档案馆，他们从学校党委的会议记录上发现，王零曾在一次会议上提议，应破格将王爱珠提拔为副教授，如此而已。

这期间，除了无休止的政治学习和派系斗争，还常常要下乡劳动，每年的三夏和三秋是少不了的，另外还有五七干校、长途拉练，所以他们去过很多地方，崇明、奉贤的农场、宝山的乡镇、江苏望亭……在农村插秧，整天泡在水里，腿都泡肿了。起早贪黑地割稻、割麦，三天下来，腰都直不起来，两条腿像两根棍子一样，走路不听使唤。还发生过紧急战备的事情，上面一声号令，下面就要紧急行动，打起背包来到宝山乡下。那时他们的女儿才7岁，在春节期间，只好带在身边，一起到乡下去"备战"。

最令全家感到震惊的是，在"一打三反""清理阶级队伍"运动中，竟还有人侮蔑王爱珠参加过国民党！为此工宣队居然大搞逼供信，把这些被怀疑的人隔离起来办学习班，两个星期不许回家。据说怀疑的根据仅仅是因为她是南京人，中小学是在南京读的，而南京是国民党的老窝，中小学里有大量的国民党党员……他们可以毫无根据、毫不负责任地任意怀疑人，任意关人。工宣队公开对王爱珠说："只要你承认了参加过国民党，就放你回家！"王爱珠还从未见过如此无耻的"革命者"，没领略过如此蠢笨的"革命手段"。她坚持自己是清白的，始终否认对她的指控。但你不承认就不让你回去。王爱珠想，这可是大是大非问题，不能上他们的当。不让回去就不回去好了，反正自己心地坦然，不做亏心事，不怕鬼敲门，随你们怎么办好了。

但是有的人被逼得吃不消了，违心地承认了，但事后又后悔了，不久又推翻了，结果招来更大的压力。在重压下只好再承认。这样反复地承认了又推翻，推翻了又承认，搞来搞去，把人的精神搞得崩溃了，直至精神失常自杀。类似这样的人间悲剧，"文革"中不知有多少。

大人的事情还好说，十几年来运动也经历得多了。但他们万万没想到，大人的事情无形中对孩子也造成了极大的伤害。那时他们的儿子袁道唯（又名李道唯）才8岁，女儿王玮（跟母亲姓，又名李道薇）才3岁，他们刚一懂事就撞上了"文化大革命"。学校里无论是教学区还是生活区，所有街道和楼房都被大字报和大标语所包围，红卫兵到处冲冲杀杀地"闹革命"，想革谁的命就革谁的命，想造谁的反就造谁的反。昔日受人尊重的老教授和老革命，转眼就成了敌人，头颈上挂着黑牌子在街上扫地……抄家、揪斗更是司空见惯了。到处都充满了恐怖的气氛。家里大人们进进出出，也总是一脸的紧张或愁容。

由于家庭出身特殊，他们从小学起就背上了沉重的思想包袱，走街上也会有人在背后指指划划，说他们是袁世凯的后代。袁道唯喜欢文科，最喜欢上历史和语文课，但是怕听到讲辛亥革命，因为一讲到辛亥革命，就会出现袁世凯这个名字，就会引来各种使人难堪的目光。那时候还经常要填表格，每当在学校里填表格的时候，也是一件令人难过的事情。看见别人可以骄傲地填上工人、农民或是革命家庭，那是光荣的出身，他羡慕极了，而他只能填教师或是职员。表面上这也没什么不光彩，但是他知道，父亲在填表的时候，家庭出身一栏是填"反动官僚"的。这对于尚未成年的孩子来说，心灵之痛是难以想象的。

这种政治上的压抑，还影响到孩子后来专业的选择。袁道唯的文科功课在全校是最好的，他很希望在高考时能够读文科。可是他的父母实在是被运动搞怕了，认为文科离政治太近，太容易碰上"问题"，所以坚决不同意他报考文科，最后选择了介于文理科之间的医科。在他进入上海第一医学院读书的时候，中国开放的步伐大大加快了。袁缉辉在香港的哥哥姐姐决定帮助袁道唯出国留学。这样袁道唯就在两个伯父的经济资助下，中断了在上海的学习，1981年到美国读书，获南加州大学工程学硕士与哲学博士，并做了两年博士后研究，现在是爱立信（中国）有限公司总监、商业咨询，但是他始终保持着对文史的偏爱，业余时间还常常"泡"在"史海"里。

开拓社会学领域的三个"第一"

他们真正心情舒畅地过上正常人的日子，还是在粉碎"四人帮"，改革开放之后。

尤其是党的十一届三中全会召开之后，国家全面开始拨乱反正，科教兴国的战略得到进一步确定，科学的春天来到了，知识分子的春天也终于来到了。袁缉辉多年来是奉行"夹着尾巴做人"的人，才思得不到发挥，在这个政治空前清明的时代，他像是回到了青春时代，思路格外活跃起来，工作

同爱共辉 TONGAI GONGHUI

袁缉辉在美国（1983年）

的创造性也进入了一个空前的解放时期。

1978年党的十一届三中全会召开不久，邓小平同志在一次党的理论工作务虚会上指出，社会学和其他几门学科"我们过去多年忽视了，现在也需要赶快补课"。根据这个指示，在50年代被列入资产阶级学术范畴、受到批判的社会学研究，重新被提到议事日程上来。第二年，在北京召开的中国社会学座谈会上，老一辈的专家们提出了在大专院校中恢复和建立社会学系的建议。与此同时，上海的哲学社会科学联合会也召开了相应的座谈会，讨论如何在上海开展社会学的研究问题。

当时正处在拨乱反正的关键时期，会多、事多、主意多、建议多，"文革"中遗留的问题多如牛毛，诸如平反冤假错案，落实知识分子政策等，积重难返，百废待举。类似务虚性的座谈会一天到晚不知有多少，凡是不属上级规定的"硬性指标"，少有人格外地起劲。社会学研究的事也是这样，会上大家都认为很重要，要恢复，说说容易，但是要具体落实，要排除各种困难，从无到有地创建起来，那就事在人为，看个人的眼光和魄力了。袁缉辉恰恰具备了这种难得的学术前沿性的战略眼光和踏踏实实的开拓精神，抓住了改革开放、政治清明的大好时机，在社会学的领域里连创三个"第一"，为推动社会学学科的建立和研究立下了汗马功劳。

关于这三个"第一"的建立，现任上海社会学学会会长、上海大学社会学系主任的邓伟志教授说得好："1979年，对非社会学专业的学人来说，是平常的一年，不会有什么特殊的感觉，可是，对社会学圈内的人来讲，则非同小可。1979年，在袁缉辉做社会学研究时，中国的高校中有社会学系吗？没有。1979年，在袁缉辉做社会学研究时，中国的科学研究机构中有社会学研究所吗？没有。没有社会学教学与研究机构，怎么会一论、再论起社会学来？这就是袁缉辉的学术前沿性，也是袁缉辉的政治敏锐性。在这一年，邓小平提出社会学要赶快补课。话是说给大家听的，各条各块是均衡地向下传的。可是，听者不是一起动的。袁缉辉是社会学界走在最前面的一位。不，当时社会学还构不成'界'，充其量就那么屈指可数的几位研究者。他们是先行者。袁缉辉在几位不畏艰险的学者型领导同志的带动和支持下，在'文革'后率先设置了中国第一个社会学系，率先成立了中国第一个社会学研究所，率先创办了中国第一本社会学杂志。也许后来者可以居上，但是，第一永远是第一。袁缉辉的这三个第一，是载入中国社会学史册的。"这段精彩的评述，句句是实话。

除了这三个"第一"，在上海社会学学会的筹建过程中，袁缉辉同样投入了大量心血，参加了很多具体工作，并出任副秘书长，后任副会长。学会成立后他分工与上海市总工会筹组老年人问题研究会，旨在推进老龄化问题和老年工作的研究，当时就已经将老龄化问题纳入了社会学研究的领域。从此他对老龄化特别是中国人的养老问题进行了大量、深入的研究。同时他还分工与共青团市委组建青少年研究会，旨在推进青少年教育、青年就业、防止青少年违法犯罪等问题的学术前沿和实际工作。后来这两个专业委员会都发展为加入市社联的一级学会。

袁缉辉在为第一个社会学系而奔走呼吁的时候，正是恢复高考不久，各地都在扩建办分校的时候。他奉命从复旦大学世界经济研究所（复旦大学在1964年将原先的政治系改为国际政治系和资本主义国家经济研究所，袁缉辉在研究所的英国小组。这个研究所就是后来的世界经济研究所）调出，参与筹建复旦大学分校和政治系的艰巨工作。

他是这个新建学校的政治系主任，教学和行政工作都相当忙。在这样的岗位上，这样的时机，他提出了在复旦分校设立中国第一个社会学系的构想，这在当时的确是很大胆、有远见的举措，因为当时的社会学研究，仅仅有了一个好的社会环境，教材和教师都没有现成的，老一代的社会学学者30年来吃了不少苦，心有余悸，懒得再"重蹈覆辙"，一切都得从头做起。况且学术界对社会学的恢复和研究，还没有取得完全一致的共识。

当时有一位在1957年吃过苦头的社会学老讲师跑到袁缉辉家里来，好心地劝他三思而后行，劝他对当前的形势要有清醒的认识，他分析道：全国社会学的权威人士费孝通先生1957年被打成右派，目前仅仅是"摘帽"而不是"改正"；北京方面也只是开开座谈会，大家务务虚，谁也没有真枪实弹地干起来；全国的社会学学会还没建立……这都是信号！将来是个什么气候还不清楚，在这种情况下，你办什么社会学系呀！

但是袁缉辉是那种有社会责任感的学者；他从"文革"遗留的大量社会问题上，看到了社会学研究在中国的重要意义和现实意义。他对那位老讲师说："如果国家再搞一次反右的话，国家也要完了，个人还有什么安危可言！"他是那种一旦认准了一个理就不大肯改变的人，在一些领导的支持下，还是"一意孤行"地走自己的路，反复向有关方面说明情况，同时运用他多年政治工作的联系网，网罗人才，终于可以放开手脚大干起来了。

要办学，除了教材最重要的自然是师资队伍问题。没有现成的师资，他就充分利用外单位的教师资源。他骑上自行车，到全市相关高校和科研单位里一个一个地去联系、动员，去"挖"，争取"同盟军"，将一些德才兼备，同时又热爱社会学的教师和学者争取到系里来上课。好在皇天不负苦心人，"上帝"逐渐被感动了。复旦大学的蒋学模、伍柏麟、洪远朋等教授，华东师大的吴铎、桂世勋、周尚文等教授，大百科全书出版社的邓伟志研究员，都曾被请来为社会学系上课。还请来了中国社会学的泰斗费孝通先生——后经教育部批准任上海大学的名誉教授，到当时的西江湾路校舍为学生们上课。

1980年3月，全国第一个社会学系就在复旦分校诞生了，而这时距北京的"社会学座谈会"上提出恢复建立社会学系的建议仅仅一年时间，而距上海社会学学会的建立还不到六个月。这期间，为了为社会学正名，澄清在社会学上的模糊认识，袁缉辉还与刘炳福合撰了多篇论文，发表在报刊上，为社会学学科的重建作了舆论上的呼应。

渐渐地，这支队伍开始壮大起来，招生工作、教学工作和科研工作也都得以顺利开展。当全国各地的社会学学会相继建立起来时，复旦分校（后来的上海大学文学院）的社会学系又进一步了，袁缉辉又策划成立了社会学研究室，为社会学研究所的建立打下了基础。不久，全国第一本社会学的杂志《社会》也在他与同事的共同努力下问世了，这就在当时形成了教学、科研、出版阵地三位一体的社会学研究架构，这在全国的确是最早，而且是独一无二的。

有了这样一个基础,国际学术交流也开展起来了。不久,袁缉辉作为访问学者赴美国深造,系里教师又多次参加国际会议和学术交流,这样,就把上海和上海大学的社会学研究带上了国际大平台。

现在的上海大学社会学系更加兵强马壮了,已经拥有了本科、硕士、博士、博士后一套完整的人才教育和培养的系列,成为上海高校的重点学科,在全国的社会学专业中处于领先地位。人们饮水思源,总要想起老袁当年骑着自行车到处奔波找"同盟军"的辛勤身影。

为使老年人生活得更美好

在社会学研究中,袁缉辉曾受到前辈学者兼领导的曹漫之教授的启发和支持。曹先生曾经对他说:"上海有几百万退休产业工人,他们为新中国贡献了一辈子,退休后如何过上好日子,是个大问题,应当组织研究一下。"袁缉辉深有同感,因为从他所参加的社会调查和报纸上所暴露出的社会问题看,老年人面临的生活问题、就医问题以及养老、心理、再婚等问题,的确是不容忽视的社会问题。而且随着退休职工队伍的扩大,这些问题如果处理不当,将会越来越突出,对于整个社会来说,还有一个老龄化的问题。所以他就把自己在社会学领域的研究工作的重点放在了老年问题上。

他撰写了一系列的文章,如《开展老年社会学的研究是一件大事》《中国对老年社会学的研究》《老年学的建立和发展》等,编著《老龄问题》《老龄化对中国的挑战》《当代老年社会学》《社会老年

小家庭的第一张彩照(20世纪70年代后期,上海和平公园)

同爱共辉
TONGAI GONGHUI

袁缉辉母亲段式巽90大寿时与家人合影（1990年）

学教程》等书，还参与筹备成立上海市老年学学会。这个学会于1985年12月成立，是我国第一个地方性的老年学学会，袁缉辉连任四届副会长。在1986年成立中国老年学学会时，他又当选为理事。

但是理论研究归理论研究，现实归现实，常言道"中国有中国的国情"，理论研究的成果怎样才能促进老年领域的实际工作，还有很大的差距。你的研究和结论，有关行政部门理不理你的茬，当不当你一回事，还是个大问题。早先老年问题上，就是一种三权分立的状态。如退休金在本单位领，遇到生老病死找民政局，福利待遇要看工会，离休干部由组织部和老干部局管……而普通老年人一旦遇到实质性的问题，往往得不到有效的解决。

针对这种情况，袁缉辉在他的学术活动中，除了介绍老年学的渊源、发展阶段和各个分支学科等，还特别强调应把"实践和政策"作为老年学的一个分支，把建立一套行之有效的社会保障机制当作一件大事来做。这就要求把老年学与老年工作紧密地结合起来，用老年学的科学理论来有效指导和纠正现实老年工作中的问题。

为此，他在1992年下半年，向上海市有关领导提出了由市老龄委与各高校和社会科学院合作建立研究机构的建议。这个建议在第二年得到了落实，先后成立了上海市老龄科研中心，以及六个研究所。其中，市老龄委与上海大学合作建立的老年社会学研究所，由袁缉辉任首任所长；由老龄委与复旦大学合作建立的老年经济学研究所，由王爱珠任首任所长。他们退休以后，改任老龄科研中心的学术委员。与此同时，为了培养高质量的老年工作人员，1990年在他的积极推动下，上海大学文学院还成立了"老年学培训中心"，对全国各地的老干部局、劳动局、退管会、民政局等涉及老年工作的单位干部进行理论培训，至1993年先后有1 254人接受了培训，推动了老年学基本理论和方法的普及。

在开展老年学研究的过程中，袁缉辉非常注意国际上老年学研究的动态和进展，注意借鉴有益的经验和方法，利用一切机会走出去，请进来，开阔视野，提高科研水平。1983年2月至9月，他以访问学者的身份去美国耶鲁大学社会学系从事老年社会学研究工作。1985年7月，又作为中国代表之一，首次参加了国际老年学学会的学术活动，即参加了在纽约召开的第13届国际老年学大会。从此之后，又多次参加相关的国际学术交流活动。这些都有效地推动了老年学科研的进展。

当然，任何事情都不会是一帆风顺的。1995年3月，他正在美国探亲。有一天从美国版的《新民晚报》上，突然看到一篇题为《老龄化还不是大问题》的署名文章，文章无视当前的社会现实，把老龄工作讲得似乎无关紧要。袁缉辉敏感地预感到，这一定会造成老年工作中的思想混乱。他立即打电话到上海收集反映，果真，从事老年工作的一些人感到工作没有前途了。为此，他就在外孙女的摇篮边，坐在小板凳上，写下了专文予以批驳，题目就针锋相对：《人口老龄化问题不能不成为中国关注的重大课题》，在《上海老年报》上发表，《中国老年报》予以转载，取得了良好的社会效果。

从南斯拉夫看世界

当袁缉辉在社会学、老年学的领域里突飞猛进的时候，王爱珠的社会主义经济学研究也步入了一片崭新的天地。

同爱共辉 TONGAI GONGHUI

粉碎"四人帮"之后,有关单位要编写《政治经济学辞典》了,先是上海有关部门组织编写上海的经济学教材和词典,又抽调她进入上海社会科学院经济研究所,她就住进了陕西北路原先荣宗敬先生的旧居的那栋老房子。没有多久,又要组织编写全国性的词典,由许涤新同志担任主编,又是在全国招兵买马,在北京中国社会科学院经济研究所编写,并组织修改条目和审稿、定稿。复旦大学的王爱珠照例是当然的人选,于是马不停蹄地赶赴北京。从1976年至1978年,编词典的工作没有停过。所以他们的女儿就说,那时候好像妈妈总是不在家。

接下来,还有更长的一段时间不在家。

1979年,学校有一个到南斯拉夫进修的名额,时间两年,学校想派她前去,由人事处征求她的意见。那时出国进修还没有形成气候,学校名额只有一个,这对她来说是个不可多得的学习和从事比较经济学研究的机会。但是困难也很多。她想,首先语言上有困难,自己的外语不是强项,上大学时念的是俄语,而到南斯拉夫则要用塞尔维亚语。当时她已经快要50岁了,是一位副教授,重新学习一种新的语言,自己到底行不行?同时自己身体也不

王爱珠在南斯拉夫(1981年)

是很好，到异国他乡，能不能适应？如果自己一走两年，家里老老小小所有生活的担子，都要压在丈夫的身上……

但是，南斯拉夫毕竟是当时社会主义国家中经济改革走在最前面的国家，出现了许多前所未有的新问题需要借鉴和研究，这对中国的经济改革必然会带来直接影响。思之再三，她决定克服一切困难，勇敢地前去迎接新的挑战。

那次出国之前，考虑到语言问题，国家教委先安排了四个月的语言"速成训练"，把那批出国人员一百多号人，集中在南宁的广西大学里由外籍老师培训，业务上文、理、农、医各科都有，男女老少都有，但大多是青年教师，还有二三十个大学生，王爱珠在里面算是年龄大的了。对于这样的年龄去学一种完全陌生的语言，困难是可想而知的。然而真的到了南斯拉夫，困难就不止是语言问题了。

那时按照国家的规定，到美国去进修每月的生活费是400美元，而到南斯拉夫进修每月的生活费只有150美元。但是当时南斯拉夫的生活水平远远超过国内，这些钱在实际生活中是非常紧张的。大家只好到市场上拣价钱便宜的食品买回来自己加工。当地只有鸡蛋和鸡肫肝便宜，那就一年四季吃鸡蛋和鸡肫肝。猪肉是最贵的了，王爱珠在两年中就没有买过猪肉。男同志感到不吃肉不行，就去买猪头肉自己煮着吃。成品面食价钱贵些，就买来面粉，用啤酒瓶子当擀面杖，自己擀面条。为了节省开支，住宿就住在学生宿舍里。南斯拉夫的女教师见了开玩笑说，看来嫁人应当嫁中国男士，中国男士这么会做家务啊！

王爱珠为了省下更多的时间用来听课和调研，她把生活的程序安排到了最简捷的程度，怎么方便易行就怎么办，加上生活费用紧张，所以两年中人瘦了十斤，而进修和考察工作却有了巨大的收获。她第一年在塞尔维亚经济研究所，第二年在贝尔格莱德大学经济系，她利用这个机会，进行了经济理论和经济体制的比较研究。回国前，她用塞尔维亚语撰写了《中国和南斯拉夫生产资料所有制的异同》，摘要发表在南斯拉夫的《自治》杂志上（1982年第9期）。回来后又翻译了两本书，一本是南斯拉夫德拉戈留布·德拉吉希奇教授的著作《生产资料社会所有制》，另一本是与别人合作翻译的约热·戈里查尔教授的《社会学》，这也是对袁缉辉研究社会学的最好支持。

节假日是她接触社会的好时机。她曾利用节假日去意大利和奥地利等国考察社会经济，尤其在维也纳，她有机会接触了一些前来投亲靠友的华人，了解了不少他们的想法（他们每年平均可以汇回家1万到3万先令），于是对劳务输出的问题形成了新的观点。回来写成一篇文章《从奥地利的社会经济情况看关于资本主义经济的几个理论问题》。文章还提出了三个观点：一是阶级斗争的形式在当前已有了新的变化；二是新形势下的产业后备军的出路问题；三是马克思主义如何对待社会民主党。这些问题和观点的提出，在当时都有振聋发聩的作用，发表在复旦大学的内部杂志《未定稿》1983年第6期上。

从南斯拉夫回来以后，她更加关注苏联和东欧国家的经济体制改革问题，在上海和外地的许多高校中讲授苏联和东欧国家的经济理论和经济体制比较，并把讲课笔记整理出来，形成了《苏联东欧国家经济改革概论》一书。

但是，知识界的理论研究总是以客观现实为基础的，有时候现实生活的变化比理论研究要快得多。几年后，苏联政局的剧烈动荡，以至于政体最后解体，使整个东欧的局面也大为改变。王爱珠认为，在这样的社会不确定因素太多的情况下，短时间是无法用理论加以概括的，还有待于今后做长期的观察和分析。于是，她决定利用自己在经济学方面的优势，把研究的方向转到老年经济学领域里来。

开创老年经济学的新天地

这样，他们夫妇的学术研究就都走向了老年学，但是侧重点还是不同的。袁缉辉侧重于老年社会学，而王爱珠则侧重于老年经济学。当王爱珠接触老年经济学的时候，这门学问虽然在国际上已经有了半个多世纪的研究历史，出版了一些专著和教材，但在中国，还是一个全新的课题，等于是片空白。

恰恰在这个时候，上海已于1979年步入了老龄化阶段，全国于1999年也进入了老龄化国家的行列，正是面临诸多老年问题的时候，从这个意义上讲，她来得正当其时。她经过一段时间的调查研究，向社会呼吁：我国是一个人口大国，也是世界上老年人口数最多的国家，又由于我国是在经济不够发达的情况下进入老龄化社会的，由此而带来的经济和社会问题就特别多，因而研究老年经济学，从经济理论和对策思路上为老龄工作提供科学依据，就显得尤为迫切，尤为重要。鉴于当时我国对老年经济学的研究甚少，直到90年代中期，还没有出版过一本老年经济学方面的专著或教材，她决心利用自己在经济学方面的优势，率先做一尝试。

老年经济学既是一门理论学科，也是一门应用学科，其特点是理论必须紧密联系实际。既要在对大量实际问题的调研中，总结经验，上升理论，又要在正确理论的指导下，解决实际问题，在实践中检验理论的科学性。

90年代，正是上海市以退休职工为主的经济实体如雨后春笋蓬勃发展的时候。从当时的历史条件看，兴办这种以退休职工为主的经济实体，既是退休人员老有所为、以为助养的一种有效方式，也是发展经济、稳定社会的一支重要力量，所以她决定从理论上给予支持。为此，她与上海市主持这项工作的有关领导，共同主编了《退休职工经济实体实用手册》，撰写了《老有所为，为得其所——从社会生产力再利用论退休职工经济实体的作用》。其后，她率领老年经济研究所的教师和学生，就"退休职工再就业""开发老年市场""退休人员共享社会经济发展成果"等问题，展开了专项调查研究，发表了《上海市区退休职工再就业状况》《略论市场经济与人口老龄化》《发展老年经济，开展老年经济学研究》《更新观念　繁荣老年市场》《挂钩和分享应是退休职工的合法经济权益》等文章。

她参加了大量调查研究，掌握了现实生活中的第一手资料，又有最新的经济学理论和老年学理论指导，中国的第一本《老年经济学》论著就非她莫属了。该书以马克思主义为指导，以老年群体为研究对象，以老年经济关系为研究内容，揭示了人类群体老化和个体老化的过程中，所形成的各种经济关系和经济问题，以期对诸多中国老年经济问题作出理论上的回答，形成一门比较完整的学科体系。

王爱珠的辛勤劳动终于迎来了丰收的季节。《老年经济学》一书于1996年由复旦大学出版社出版，立即受到了广泛的重视和高度的评价，被誉为一项填补空白的建树，被列为上海市社会科学"八五"规划重点项目的研究成果，还荣获了中国老年学学会颁发的中国老年学研究十年成果一等奖、教育部颁发的普通高等院校第二届人文社会科学研究成果经济学三等奖,和1999年度复华教学科研奖。这部书的成功,无疑标志了她的学术生涯的一个新的高峰。

这部书完成之后,她没有停下脚步,继续关注一些深层次的问题,有的涉及国家的政策和地方建设规划,发表了《退休金的实质和形式的矛盾——兼论21世纪退休金改革方向》《老年人共享社会发展成果的理论思考》《老年人是社会发展的参与者和受益者》《提高老年人的消费质量》等文章,都是本着对社会高度负责的精神,有针对性地作出的科学论断。

捅了一个"马蜂窝"

原来他们以为,老年学这门学问是国际性的、永久性的学科,是没有国界,没有政治风险的。但是他们没想到,有时也会碰到一些不大不小的麻烦。

1997年4月,华龄出版社出版了由中国老龄协会负责人指导,由老协工作人员主编的《中华人民共和国老年人权益保障法释义》(以下简称《释义》)一书,分普通本和中英对照精装本,由各基层单位定购,并据此宣讲,作为宣传、解释《老年法》的权威资料,影响很大。但是袁缉辉、王爱珠看了之后认为,这里面有一些概念和观点有明显的错误,有必要进行澄清。

首先,对家庭养老和社会养老这样两个概念的理解就有问题。这两个概念的科学定义,应该主要从养老资金的来源和提供方式上来划分。如果养老资金来源于家庭,由家庭成员(一般是子女)提供,那就是家庭养老;如果养老资金来自社会,由社会通过养老金或社会救济等形式提供,那就是社会养老。而《释义》一书大谈"家庭养老",在概念上与"居家养老"的概念混淆了,在做法上实际是一种倒退,这样势必造成思想上的混乱。因此,关于居家养老和入院养老的概念也就含混不清了。同时,关于把养老院(社会福利院、敬老院)与老年公寓混为一谈的情况也屡次出现,这在地方有关部门制订计划时,就会出现很大的偏差。

鉴于这种情况,王爱珠本着对老年事业负责、正确理解和宣传《老年法》的精神,有针对性地撰写了一篇略带火药味的文章,题目是《正确理解家庭养老和社会养老的科学涵义——评〈中华人民共和国老年人权益保障法释义〉若干观点》。在接到中国老龄协会和中国老年学学会发出的厦门会议（1998年4月召开"全国家庭养老与社会化养老服务研讨会"）的通知后，将此文寄交大会会务组，想不到引起了一场轩然大波。

该会务组不知出于何种心态，1998年初竟然打电话给上海老龄部门，要他们转告作者，说是此文章是"矛头向上"，大会将不予接纳。

王爱珠不服气，认为学术讨论根本不存在什么矛头"向上"还是"向下"的问题，应该提倡一种平等的、宽松的学术氛围，允许发表不同意见。而且，她认为自己的观点没错。于是她将文章交到《复旦学报（社会科学版）》，该学报于1998年第2期发表。在厦门会议正式开会之前，她将文章面交老龄协负责人。

但是，这些坐在主席台上冠冕堂皇地作报告的负责人，心胸是极其狭小的，他们是容不得不同意见发表的。所以，尽管他们夫妇前去参加了会议，但是不允许王爱珠发言，自然，她的论文更不知被扔在哪个角落。在大会期间有一次教授座谈会，也不让王爱珠参加，好像她一下子不是教授了似的。

王爱珠不能同意这种毫无道理的、压制民主的做法，遂与主持分组会议的主持人商量，要求在分组会上发言，结果会后代表们反映，王爱珠的发言是会上最好的发言！《中国老年报》的专版负责人从她的发言中看出了她的学术水平，聘请王爱珠、袁缉辉夫妇担任该报的学术顾问，并在会后发表了王爱珠的题为《我国在解决养老问题上的发展方向》和《继续发挥家庭养老的功能》的文章。

而那位自以为有什么"新思想""新观点"的老龄协负责人，在大会闭幕式上仍旧高唱"居家养老就是以'家庭养老'为主，社会养老为辅的养老模式的总称"等等，令到会代表莫名其妙。甚至在后来的一次国际会议上，也大谈"东方特色养老模式——家庭养老……"令国际友人感到很奇怪。

其实中国的有些事情到了某些官僚的手里，就会变得如此奇怪。这场关于"家庭养老""居家养老""社会养老"等问题的讨论，包括有些是对于概念理解问题的澄清，居然也由于某些人的干扰，长久地得不到澄清，以至于发展成"十年论战"。

幸福和谐的大家庭

袁缉辉、王爱珠夫妇是一对福人,是非常懂得生活、珍惜亲情的人。他们几十年来兢兢业业地工作,认认真真地做学问,不知不觉地还营造了一个非常温馨和谐的、令人羡慕的大家庭。在他们家中,无论是大人、老人还是孩子,大家都很自然地互相关心、互相爱护、互相体谅,几十年如一日。

两位老人(袁缉辉的母亲段氏和岳母)在世时,他们尽自己的努力让老人生活得更愉快。王爱珠在南斯拉夫进修期间,生活费用很紧张,但她还是省吃俭用,省下钱来,在回国的时候,为家中每一个人,包括丈夫的亲戚,各买了一件礼物。80年代以后,孩子已经长大,先后出国留学了,家中老人

和宁与爷爷奶奶在上海道唯家(2001年)

爱珠夫妇（右）和姐爱珍夫妇（中）、弟吉庆夫妇（左）合影（2007年，山东潍坊爱珍姐家）

也年龄大了。他们夫妻俩工作很忙，还常常去外地开会和讲学。为了照顾和安慰老人，他们总是把各自的外出时间尽量错开，以便有人在家照应老人。有一次，王爱珠已经在杭州大学讲学了，袁缉辉又收到通知，要去杭州为浙江大学社会学专业做鉴定，为了当天能赶回来，他早出晚归，匆匆来回，两个人同在杭州，也没能见上一面，终于在夜里12点钟赶回来，果真老人还没睡。他知道他不回来老人是睡不着的。两个老人后来一个活到88岁，一个活到92岁，都是实践了"老有所养、老有所乐"的人。

1990年2月，当他们的一对双胞胎孙女袁永净（又名李永净）、袁永谐（又名李永谐）在美国出生的时候，王爱珠已经近60岁。她当时在科研上仍旧是一名健将，常常有新的文章发表，许多同事认为她在学术上仍有上升的空间。但是她想，自己毕竟一天天年龄大了，而儿子媳妇也有自己的事业，与其自己再拼搏，不如让年轻人去拼搏。过去自己年轻的时候，母亲为自己解决了后顾之忧，现在自己老了，儿子长大了，需要自己的帮助，自己也应当去帮助解决后顾之忧。于是毅然决定，留职停薪，一人去美国照顾两个

爷爷接送和安上学（2004年10月，洛杉矶圣玛利诺）

双胞胎孙女袁永净与袁永谐（1990年）

婴儿。而袁缉辉则在上海陪伴老岳母，直到半年后由孙女的外婆来接班，王爱珠才得以回国，继续从事教学和科研工作。一年后，双胞胎孙女又被送回中国，由爷爷奶奶和外婆共同照管，直到1993年6月回到他们的父母身旁。现在这两个孙女已经长成亭亭少女了，在学校里都取得了优秀的成绩。

几年后，他们的外孙和外孙女也出生了，他们夫妻俩照样照此办理，尽自己的努力去帮助女儿女婿分担些家务，好让年轻人有更多的精力投入工作。1994年底，王爱珠提前办理了退休手续，与袁缉辉赴美国照顾外孙女徐和安，十个月后回国，继续投入教学科研工作。1999年8月外孙徐和宁出生，他们夫妇又去美国半年。一年后，徐和宁被送到中国，到2002年4月，他们再带着外孙来到美国洛杉矶女儿女婿家。他们的外孙女长得聪明漂亮，外孙特别逗人喜爱。

现在他们拥有一个十口人的大家庭。儿子袁道唯（又名李道唯）是爱立信（中国）有限公司总监、商业咨询；儿媳许良村是美国南加州大学经济学硕士，曾任美国百事食品公司中国地区财务经理；女儿王玮（又名李道薇）是美国南加州大学社会学硕士，是美国加州房地产经纪人协会资深研究员；女婿徐曙光是美国南加州大学数学硕士和计算机工程硕士，并在该校商学院取得全额奖学金攻读博士课程，后去美国著名的百老汇连锁百货公司任职，现任美国加州太平洋投资与发展公司总裁、美国格林豪泰商务连锁酒店管理集团总裁。四个孙辈都在美国读书。他们老少三代人，时分时合，时聚时散，有时在中国，有时在美国，谁有困难都会得到关心和帮助，谁有值得庆贺的事情，都会得到大家的祝福。

眼下，他们夫妇正在步入金婚季节，儿孙们给予了他们最好的祝福。

照片上，一片绿草地上，他们全家都沐浴在金色的阳光里。

和宁手拿棒球拍（2004年）

金婚全家福（2005年1月）

2005年
（作者作此文时为上海市作家协会会员）

2012年10月15日，二姐李家晋从香港到广东中山探望弟李家昌和陈撷英夫妇（左二）、弟李家晖和王爱珠夫妇（右二）、弟李家晨和刘淑敏夫妇（右一）、妹李家星和张镜潮夫妇（左一）

2004年，在美国洛杉矶参加兄李家昶（左一）80寿宴（左二为李家昶夫人许韵苏）

2011年，到香港探望兄嫂（左二为兄李家景，左一为嫂黄洁梅）

国源厅铭牌

国源厅介绍

李国源（1896—1974），安徽肥东人，留学英国，曾任北洋政府驻仰光代总领事，著名爱国实业家。其祖父李昭庆乃晚清重臣李鸿章之幼弟。

20世纪90年代，上海大学文学院在三门路661号院址兴建图书馆。1993年4月，香港苏浙同乡会赞助人、上海总会永久名誉会长、国源先生次子李家昶先生为支援内地高等教育事业发展，以香港苏浙同乡会名义，捐赠上海大学文学院图书馆50万元人民币，为感谢捐赠人，上海大学文学院图书馆乃专门辟出一室，命名为"国源厅"，请著名历史学家、书法家周谷城教授题写厅名。

1998年3月，上海大学在宝山区兴建新校区，经与香港苏浙同乡会商定，在上海大学新校舍图书馆建成后重新开辟"国源厅"。2000年上海大学新校舍图书馆落成，"国源厅"迁至校本部馆八楼804室。2016年为纪念李国源先生诞辰120周年，遂决定将校本部馆二楼报告厅命名为"国源厅"，以资永久纪念。

国源厅介绍

1996年，国源公诞辰100周年时，其部分子女携长孙专程前往三门路661号上海大学文学院图书馆国源厅参观并合影留念。李家晋（右四）、李家昌（右五）、陈撷英（左四，李家昌夫人）、李家晖（左一，即袁缉辉）、王爱珠（左三，李家晖夫人）、李家晨（右二）、李家星（左二）、李道钧（右一，李国源长孙）

国源厅内景

2016年，国源公诞辰120周年时，其孙子李道唯（即袁缉辉之子袁道唯）专程前往上大路99号上海大学图书馆国源厅参观

2007年6月19日,部分李氏后人在合肥李鸿章故居陈列馆前合影
前排左起:王爱珠、李家辉、李家昌、陈撷英、李家晨、李家星、张镜潮(李家星丈夫)、李道钧
后排左起:李永蕤、李道帜、李道胜、李道冀、李昌烨、朱莉华、李道铨、王以庄

第一篇

社会学学科的重建与发展

心路回眸

袁缉辉

耶鲁大学社会学系（1983年3月16日）

1978年中央十一届三中全会以后不久，邓小平在党的理论工作务虚会上的讲话中指出，社会学和其他几门学科"我们过去多年忽视了，现在也需要赶快补课"。1979年3月，在北京召开的中国社会学座谈会提出了在大专院校恢复设立社会学系的建议。那时我正从复旦大学世界经济研究所调出参与筹建复旦大学分校并筹办政治系。尔后，我又参与筹建上海市社会学学会，1979年9月成立了全国第一个省市级社会学学会；筹建复旦大学分校社会学系，1980年3月建立了全国第一个地方高校社会学系，1983年6月改名为上海大学文学院社会学系，1984年10月被正式确定为上海市地方高等院校重点学科；创办全国第一家社会学杂志，以"社会"两字命名，1981年10月发行。在以上三方面，做了一些力所能及的工作（参见《复旦大学分校社会学系的建立与发展》）。本篇还收入了1979年间我与刘炳福教授合写的论述社会学研究对象、内容与方法等的文章以及刊载于《文汇报》"理论探讨"1979年第6期的《也评胡绳同志对社会学的"批判"》等。1983年6月我从美国新哈芬寄回《对〈马克思、恩格斯的著作中是如何使用"社会学"名称的〉一文质疑》，刊载于当年《社会》第4期。为适应社会学教学和研究之急需，复旦大学分校社会学系选编了《社会学文选》一书，1981年由浙江人民出版社出版。当时王爱珠正在南斯拉夫进修，为支持国内社会学的重建，她与一友人合作翻译了曾在南斯拉夫作为大专院校教材的《社会学》（塞尔维亚文第十版），由上海译文出版社于1989年出版，1991年台湾水牛出版社以繁体字再版。这两本书对社会学学科在我国的恢复与发展起了积极作用。

学术撷英

1. 复旦大学分校社会学系的建立与发展*

1980年3月,复旦大学分校建立了全国第一个地方高校社会学系。当年招收了32名学生。同时,从政治系转来1978年和1979年入学的两批学生。1981年和1982年又各招收30名学生,因而在最高峰时有五个年级共164名学生。首届本科生于1983年2月毕业。因为他们是新中国成立后首批社会学系毕业生,深受各方面欢迎。

我们开设的主要课程有:庞树奇的"社会学概论"、袁华音的"西方社会思想史"、顾晓鸣的"社会学史"、祝瑞开的"中国社会思想史"、沈关宝的"社会调查与社会统计"、麦夷的"城市社会学"、周振明的"社会心理学",其他的如"人口社会学""欧美社会问题""苏联东欧社会问题"等。

为了配合和满足广大读者自学的需要,我系主编的《社会学文选》由浙江人民出版社出版。它是新中国成立后出版的第一本社会学书籍,深受读者的欢迎。1981年首次印刷8 500册,很快销完,于1982年2月又重印9 000册。还组织力量编写和翻译一系列教材。我们编辑的《社会》(社会学丛刊)于1981年10月正式出版发行,从1983年起改为《社会》(社会学杂志),双月刊。它是我国目前唯一的社会学刊物。

复旦大学分校社会学系是当时我国唯一的培养本科学生的社会学系。在1982年建立起的北京、南开、中山三所大学的社会学系,它们担负的是培养研究生的任务。

社会学系曾经是我国学术领域的一个禁区,无人敢于问津。为什么我们

---

* 本文系袁缉辉1983年3月在美国加州大学伯克利分校、斯坦福大学和南加州大学的演讲摘要。转录自复旦大学出版社2005年版《同爱共辉》。除必要的文字订讹以外,其余一仍其旧。以下转录自该书者如无特别说明,皆如此处理,不再逐一指出。

要首先筹备建立社会学系呢?

在党的十一届三中全会制定的路线指引下,我们学习了1979年3月15日至18日全国哲学社会科学规划会议筹备处组织的社会学座谈会的精神,从思想上清除了"左"倾错误的流毒,克服心中的余悸,决心要办社会学系。

与此同时,中国社会学研究会正式成立,选举了一个由50人组成的理事会,会长为费孝通(1938年伦敦经济学院毕业)。1982年5月在武汉召开了首届年会,并改名为中国社会学会。这次会议选举费孝通担任会长,田汝康、雷洁琼(中国著名女社会活动家,她早年毕业于南加州大学社会学系,中国婚姻家庭研究会会长,北京市原副市长)等七人为副会长,于光远、吴文藻、陈翰笙等为顾问。整个理事会由58人组成,我本人也当选为中国社会学会理事。

筹建社会学系,从何着手呢?

第一,针对当时的实际状况:许多人对社会学不熟悉,而一些熟悉的同志又是心有余悸,我们认为必须就社会学的对象、内容、方法的通俗宣传做一工作。我们发表了《认真开展社会学的研究》(1979年9月12日《解放日报》)、《是恢复社会学研究的时候了》(1979年10月16日《文汇报》)和《谈

社会学专业1981级师生合影(1985年6月,第一排右七为社会学系主任袁缉辉,左一为1981级班主任胡申生,第二排右十为袁缉辉女儿王玮)

谈无产阶级社会学的内容和方法》(《复旦学报（社会科学版）》1979年第6期)。这些是较早发表的一批文章。

第二，我系派人到北京学习取经。他们在北京访问了费孝通、吴泽霖、吴文藻等老辈社会学家，也听取了王康等社会学学者的意见，逐步搞清楚了筹建社会学系的方向。此外，中国社会学研究会和中国社会科学院社会学研究所联合举办的社会学讲习班给予了我们极大的帮助。

第三，在1979年的暑假里，我们组织对社会学有兴趣的同学，进行了关于社会福利的调查，写出了《关于上海市南市区露香园路街道社会低能人员的调查报告》。这篇报告曾提交中国全国第二次人口理论讨论会，得到好评。1980年暑假，我们又扩大了调查范围，就婚姻问题、青年问题、老年问题、就业问题等进行了调查，写出调查报告。通过实际调查，我们认识到社会学有广阔的天地，更加坚定了我们建设社会学系的信心。现在各项社会调查都在继续进行。

第四，我们还采用请进来的办法，邀请劳动、社会福利、环境保护、公安等实际部门的同志来给我们讲课，密切了同实际部门的关系，丰富了我们关于社会情况的知识，扩大了眼界。

第五，在社会学系筹建过程中，我们积极参与外事活动，多次接待外国社会学家，请他们作学术报告，并相互交流经验。外国朋友对我们筹建社会学系十分关心，美国加州大学和俄亥俄大学等校的社会学家给我们寄来了图书资料。先后同美国、联邦德国、日本、加拿大、澳大利亚和罗马尼亚等国的同行们建立了学术交流关系。外国朋友对我们的支持，增加了我们办好社会学系的信心和决心。

筹建社会学系，光靠我们自己的力量是远远不够的，必须取得社会上各方面力量的支持。因此，我们社会学系在筹建过程中，积极发起成立上海市社会学学会。

在上海市哲学社会科学学会联合会的支持下，在各有关单位共同努力下，上海市社会学学会在1979年9月正式成立，中国社会科学院副院长于光远专程赶来作了重要讲话，成立会上宣读了论文及调查报告十余篇。会议选举了由21人组成的理事会。1981年12月上海市社会学学会又召开了年会，进行学术讨论。自1982年开始，还建立了一个双月座谈会制度，讨论各种理论问题和社会问题。上海市社会学学会是一个群众性的学术团体，第一批会员共有140人，后又发展70人，现为210人。他们都是从事社会学教学研究工作和在劳动、公安、民政、青年、妇女等实际工作部门从事社会学工作的同志，业务能力相当于大学讲师水平以上。在市社会学学会下，成立了青少年问题、社会福利和社会学教学研究会。婚姻、家庭研究会和老年问题研究会也于1982年成立。社会学学会的会员分别参加各研究会，从事有关的社会调查和研究工作。

我们社会学系在筹建过程中，积极参加了学会和研究会的学术活动，我系教师在学会举办的报告会上分别作了学术报告。

我系教师参加学会的活动，在一定程度上推动了学会的工作，而我系教师也通过学会及其研究会的活动创造了开展教学与社会调查的条件，提高了教师的业务水平。

2. 是恢复社会学研究的时候了[*]

社会学是关于社会的科学，它是在近代社会形成之后作为对它的科学认识而产生的。它是以具体社会为对象，对人类社会结构、人类社会行为进行科学研究的一门学科。无产阶级的社会学，就是把马克思主义的历史唯物主义的立场、观点和方法应用于研究整个社会以及社会生活中的某些实际问题。

社会学被打入冷宫，是一九五二年开始的。

当时，在苏联刮起了一股把社会学打成资产阶级伪科学的阴风。由于我们在学习苏联过程中出现的形而上学的错误，在高等院校院系调整中，曾用行政命令撤销了社会学专业和社会学课程。从此，社会学就湮没无闻了。

一九五六年，在党的"双百"方针鼓舞下，又重提了社会学问题。一九五七年二月二十日，《文汇报》刊载了费孝通同志写的《关于社会学，说几句话》的文章，在群众中引起了强烈的反响。当时，有关社会学研究的

---

[*] 原载《文汇报》1979年10月16日，与刘炳福（1935—2014）合写。转录自复旦大学出版社2005年版《同爱共辉》。

同爱共辉 TONGAI GONGHUI

1989年袁缉辉（右）、刘炳福（左）访问美国北卡罗来纳大学

一些问题，如恋爱、婚姻、家庭、节制生育、民族问题等等，都开展了热烈的讨论，并提出了不少有益的建议。一时间，社会学似乎出现了复苏的苗头。但是，好景不长。到了一九五七年，社会学又一次遭到围剿，不问青红皂白，不管是非曲直，把提出开展社会学研究的意见硬说成是企图复辟资产阶级社会学，把学术问题和政治问题混同起来，给你扣上反党反社会主义的右派分子的帽子。结果，社会学被当作异端邪说，成为哲学社会科学领域的最大禁区，从学术领域中消失了。

显然，把社会学打成资产阶级伪科学，禁止社会学在中国的存在和发展，是一件冤案，是完全错误的。它既违背社会主义的政治原则，也违背社会主义的科学原则。禁止这门科学的存在，并不等于在中国就没有社会问题存在了。以人口问题为例，如果在二十年前就采纳马寅初、陈达等先生关于节制人口的建议，那么人口问题、就业问题不至于会成为今天社会上如此突出的尖锐的问题，这个教训还不够深刻吗？！

笼统地、不加分析地把社会学说成是资产阶级伪科学，在理论上是十分

创建社会学系的部分校友（2011年10月14日，复旦大学，右起：蒋永康、仇立平、袁缉辉、王爱珠、庞树奇、陈树德）

荒谬的。

首先，它违背马克思列宁主义关于两种民族文化的理论。

其次，无产阶级社会学和资产阶级社会学有本质的区别，是不容混淆的。

那么，马克思主义的历史唯物主义能不能代替社会学？不能。我们不能因为承认并接受了历史唯物主义，就要否认社会学、历史学以及其他社会科学的研究，从而认为它们统统是资产阶级伪科学。世界上决没有什么科学之科学。马克思、恩格斯多次把社会关系和生产关系区别开来。虽然生产关系是社会关系的本质，但是社会关系比生产关系是更大、内容更丰富的概念，两者是不能等同的。马克思着重研究社会本身所有的生产力和生产关系、基础和上层建筑这两对矛盾，创立了历史唯物主义，为我们研究大量的、长远的社会生活、社会发展提供了基本原理、观点和方法。但是，历史唯物主义并没有也不可能研究全部社会关系、包罗万象地研究人类社会生活各个方面发展的过程和所有矛盾。这些，就需要各门具体学科加以研究。因此，历史唯物主义并没有也不可能代替关于研究社会现象的科学。历史唯物主义和社会学中间是不能画等号的。

笼统地、不加分析地把社会学说成资产阶级伪科学，在实践上也是非常有害的。

资产阶级社会学是随着资本主义社会的形成、发展而发展的。资本主义社会的社会问题越严重，社会学也越发达。今天，由于资本主义制度本身固有的、不可克服的矛盾，社会问题日益严重。如酗酒问题、青少年吸毒问题、犯罪问题、自杀问题等都非常突出，因此社会学成为资本主义世界最热门的学科。但是，资产阶级社会学着重研究的是社会病态。一般情况下是头痛医头，脚痛医脚，用改良的办法而不触及社会的本质。由于阶级的局限，尽管它采用了先进的计算技术，搞了大量的统计数字，却往往掩盖了事物的本质。所以社会问题有增无减，矛盾日益尖锐。

社会主义制度同资本主义制度相比，有着无比的优越性。但是社会主义是从旧社会脱胎而来的，它还带着旧社会的痕迹。在社会生活里，我们不能因为由资本主义发展到了社会主义，社会就由有问题的社会变成了一个无问题的社会。社会主义社会照样有它的矛盾，有它的社会问题，比如劳动、人口、文化、道德、民俗、民族、妇女、青年、儿童、老年、城市、农村、职业分工等等问题，应该有它的社会学。这些社会问题以及研究它们的社会学，难道能用行政命令加以取缔吗？！

二十多年来，我们已经吃够了取消社会学的苦，为了贯彻国民经济的调整、改革、整顿、提高的方针，实现工作重心的转移，我们需要在马克思主义的历史唯物主义的基本原理、观点和方法的指导下，恢复和发展社会学，深入社会实际，研究社会问题，使社会学为实现四个现代化服务。

就以就业问题来说吧，我国是一个人口众多的国家，家底又很薄，如何做到充分就业、合理安排劳动力，就是一门具有中国特点的科学。资本主义国家农业机械化的过程，就是解放农业劳动力，迫使大批农民进入城市当工人的过程。这条道路我们不能走。我们农村人口约有八亿左右，不要说大部分，就是一半人口进入大中城市也不得了。我们上海的工矿企业，多数已经人员过多，如果再增人，那就只能更多地窝工，阻碍生产发展，堵塞现代化的道路。那么，随着现代化水平的提高，腾出来的劳动力怎么办呢？光靠现成的结论是不可能解决的。资产阶级有它的农村社会学、城市社会学,难道我们就不需要自己的农村社会学、城市社会学吗?就业问题,我们过去一直采取包下来的办法,它体现了我国社会主义制度的优越性;但包下来的办法,也带来了不少困难和问题。为了解决充分就业问题,在国家安排工作的同时,我们也鼓励在宪法允许的条件下,可以从事不剥削他人的个体劳动。但如何做到统筹兼顾,如何对城乡劳动者的个体经济加强管理,也没有什么现成的结论,都需要我们深入地研究,这就是劳动社会学研究的对象。

此外,诸如国民经济发展的预测、人才的培养和管理、社会心理的变化、群众舆论的反映、社会福利事业的发展、共产主义道德的培养、社会结构的变化等都是社会学研究的内容,而且随着研究的深入,可以独立成为未来学、人才学、行政管理学、社会心理学等等独立的具体的社会学分支。

3. 也评胡绳同志对社会学的"批判"*

一九五七年反右派斗争高潮中,一些同志借批判资产阶级社会科学、资产阶级社会学为名,对主张在马克思主义指导下开展社会学研究的同志大加讨伐和围攻。其中,胡绳同志写的《绝不允许资产阶级社会学复辟》等四篇文章,最有代表性,最有权威性。这些文章陆续发表后,令人触目惊心。经过了二十年,一九七八年在出版《枣下论丛》增订本的时候,还增收了一九五七年批判社会学文章中没有发表过的部分,尤其使人惊奇。

当前,正需要大力开展社会学的教学和研究工作,而人们一想到胡绳同志四篇批判社会学的论著,就踌躇不前,心有余悸。因此,人民日报编印的《理论宣传动态》70期发表张子毅等同志的《评胡绳同志对社会学的"批判"》,广大理论工作者是欢迎的。接着,《理论宣传动态》78期,又发表了《胡绳同志的来信》,对张子毅等同志的文章提出说明,也即反批评。这样,围绕着社会学研究问题的讨论开始了。真理总是越辩越明,通过这场讨论,一定能明辨是非,推动社会学的研究和教学。

---

* 原载《理论探讨》(《文汇报》内刊)1979年第6期,与刘炳福合写。转录自复旦大学出版社2005年版《同爱共辉》。

这里，我们想就胡绳同志对社会学的批判和"来信"的观点，提出一些不成熟的看法，与胡绳同志商榷。

要不要开展社会学研究，社会学在新中国有没有地位，这是我们和胡绳同志的第一个分歧。

在五十年代初期，在苏联和东欧掀起了否定社会学研究，把社会学打成"资产阶级伪科学"的歪风，社会学遭到批判。当时，由于我们在学习苏联过程中，出现了后来为毛泽东同志多次批评的盲目服从、生搬硬套的错误，在一九五二年高等学校院系调整时，用行政命令撤销了社会学系，停开了社会学课程，社会学被打入冷宫。这显然是不对的。

毛泽东同志早就指出："科学研究的区分，就是根据科学对象所具有的特殊的矛盾性。"马克思、恩格斯分析了社会本身所特有的生产力和生产关系的矛盾、经济基础和上层建筑的矛盾。创立了历史唯物主义这门科学，它着重研究的是社会本身所有的生产力和生产关系，经济基础和上层建筑这两对矛盾，而不是也不可能包罗万象地研究人类社会生活各个方面发展的过程、研究社会生活中所有的矛盾。历史唯物主义为我们研究大量的、长远的社会生活、社会发展提供了基本的原理、观点和方法。但是，它并没有，也不可能代替关于社会现象具体研究的科学。

在社会主义条件下，首先要研究社会主义社会所特有的，优胜于一切剥削制度的社会现象，使之健康发展，发扬光大。但由于资本主义的残留，由于社会主义制度某些环节的不完善，由于我们工作中的缺点和错误，以及其他一些原因，也存在不少社会问题，比如：劳动、人口、道德、青年、老年、妇女、民族、城市、农村、就业等等问题，迫切需要研究。用行政命令，能够撤销社会学专业和课程，但不能取消社会学研究的对象。

一九五七年，一些原来从事社会学教学和研究工作的同志，从实践中感到社会问题仍需研究、总结，因此，提出了开展社会学研究的问题。费孝通同志所写《关于社会学，说几句话》（一九五七年二月二十日《文汇报》），反映了这些同志的主张。在有关领导同志支持下，一时间，人口问题、民族问题、婚姻问题等讨论得颇为热烈，在陈达教授指导下所写的《晚婚、节育与中国人口问题》就是一项重要研究成果。社会学研究出现了复苏的苗头。

可惜好景不长。由于大家都知道的原因，在反右斗争中，对主张在马克思主义指导下开展社会学研究的同志也进行了讨伐,社会学又一次被打入冷宫。

胡绳同志在《来信》中反复说,他批判的是资产阶级社会学,"并没有把社会学一律斥之为资产阶级社会学","讲的是资产阶级社会科学",仿佛他的批判是完全正确的。

事实究竟怎样呢?我们认为,尽管胡绳同志的四篇批判文章在批判资产阶级社会学方面给人们以教益,但它在实质上却把矛头指向主张在马克思主义指导下开展社会学研究的同志,把矛头指向社会学,否认社会学在新中国有合法的地位。我们的这个说法有没有根据呢?有。根据就是胡绳同志自己的文章。

首先,胡绳同志在他的批判发言中说:"他们说,他们因为多年学了社会学,因而对于资产阶级的社会学有感情。但是其实主要的是他们对资本主义制度很有感情。"(《枣下论丛》,第211页)胡绳同志所谓的他们,指的就是曾被划为右派分子的费孝通、陈达等一批社会学工作者。他们多年搞的是社会学,在旧中国搞的是资产阶级社会学,这是毫无疑问的。解放后,经过思想改造,思想有了转变,觉悟有了提高,有的同志还加入了中国共产党。他们从实践中感到有开展社会学研究的必要,提出了开展无产阶级社会学研究的要求。胡绳同志有什么根据说他们是"对资本主义制度很有感情"呢?

费孝通同志的《关于社会学,说几句话》,白纸黑字,印在一九五七年二月二十日的《文汇报》上,丝毫没有什么容易引起误解的话。费孝通同志在文章中说:"社会主义改造和社会主义建设出现了许多新的人和人的关系。其中主要的是新的生产关系。生产关系的改变又要求其他方面的各种关系产生相适应的改变,……研究生产关系的有经济学,那是有了基础的,其他许多关系的研究我看还都没有很好的建立或发展起来。"费孝通同志接着列举了社会学急需研究的几个社会问题及其意义,最后提出"能成立个社会学研究所那是最好的了"。显然,费孝通同志提出开展社会学研究是为了社会主义改造和社会主义建设的需要,又有什么根据批评他们是"对资本主义制度很有感情"呢?

其次,胡绳同志在批判社会学时,引了上海某个人的一段话,此人说:党和政府要"认真听取并采用专家研究的成果。许多问题不是凭常识,更不是凭教条能解决的,……不但在自然科学方面,尤其在社会科学方面(例如政治学,包括行政管理学、法律学、经济学、社会学等等)如何延揽我们的老成学者,委托他们切实联系各部门的实际,研究并提供方案,以备采纳"。胡绳同志批判说,"这是教训党和政府",下一个步骤,就是"资本主义制度的复辟"。

社会科学家、社会学家要搞"资本主义制度的复辟",问题够严重了,还不该批判,还不该打成右派吗?

但是,且慢。我们国家是社会主义国家,社会主义民主是我国的国家制度。我们的党和政府为什么不该认真听取并采用专家研究的成果呢?为什么不该像罗马尼亚多年所作的那样,委托社会学家、经济学家切实联系各部门的实际,研究并提供方案,以备采纳呢?我们通常说,"集思广益","从群众中来,到群众中去",就是要调动一切可以调动的积极因素,广泛听取各方面的意见,以制定正确的政策法令。上海某个人的意见,何罪之有?有什么好批判的呢?

我们无产阶级的社会学,就是要以历史唯物主义的基本原理、观点和方法研究社会以及社会中的现实问题,总结规律,提出各种方案,以备有关部门采纳、实施。如果这也是错误,无产阶级的社会学还有什么地位?

最后,胡绳同志在《来信》中说:"我的四篇文章中,其实只有两篇是专门评论资产阶级社会学的,……在这两篇文章中,除了陈年老账以外,并没有一个字提到'一九五七年的问题'。"这恐怕不符合事实。胡绳同志在《关于资产阶级社会学的札记》中曾经说过,"右派分子无论怎样精通资产阶级的社会学和心理学,也无法改变几亿人民对社会主义的态度"。这是把陈年老账和一九五七年反右斗争联系起来的例证。其实,胡绳同志的四篇文章是相辅相成的,两篇批判"资产阶级"社会科学,特别是社会学;另两篇专门批判中外资产阶级社会学,巧妙地把它同一九五七年的反右斗争结合起来,以此证明在新中国提出开展社会学研究,是对"资本主义制度很有感情",是搞"资本主义制度的复辟"。

总之,我们是主张在马克思主义指导下开展社会学研究的,是要在马克思主义体系中发展无产阶级社会学的;而胡绳同志对社会学的批判,不过是借批判资产阶级社会学之名,行取消无产阶级社会学之实罢了!

怎样对待资产阶级社会学，这是我们和胡绳同志的第二个分歧。

胡绳同志认为，"资产阶级社会学是从西方资本主义国家输入到中国来的。中国的所谓社会学家无非是抄袭和复述现代西方资产阶级社会学家的议论"。不分解放前后，把社会学家骂倒。他还认为，"对待旧社会科学应当是改造而不是取消"的说法是错误的，他说："既要'恢复'，又要'改造'，这是什么改造呢？……既然是恢复资产阶级的社会科学，那么尽管涂脂抹粉，做了些什么'改造'。例如加上一点社会主义之类的字眼，资产阶级社会科学，还是资产阶级社会科学，实质上是并没有改变的。"按胡绳同志的说法，资产阶级社会科学、资产阶级社会学是不能、也无法"改造"，最后，当然也就没有什么可以批判继承的了。

不错，社会学最早是在资本主义国家创立的。社会学，一般称之为关于社会的科学。社会学是人们对近代社会有了"科学"认识而产生的。西方学术界普遍地认为法国著名哲学家孔德（1789—1857年）是社会学的创始人。孔德在一八三九年提出了社会学的名称，并在一八四〇年前后主编的《实证哲学教程》中作了社会学系统化的尝试。最初的社会学属于漫无边际包罗万象的哲学体系范围。从十九世纪最后十年到二十世纪二十年代之间，才发展成为一门专门化的独立学科。近年来，资本主义国家国内社会生活动荡，为了解决具体问题，社会学变为社会科学中最热门的科学。在美国，目前这个学科已有几十个分科。对资产阶级社会学，我们也不能采取一棍子打死的态度，列宁在《青年团的任务》中指出："只有用人类创造的全部知识财富来丰富自己的头脑，才能成为共产主义者。"我们对资产阶级的社会学，也要分析它，研究它；批判坏东西，挑选我们必需的东西。我们应该根据不同的情况，具体分析，分别采取不同的态度。

对资产阶级社会学的反动理论（这是大量的），我们要彻底批判它，肃清它的流毒。例如对新、旧马尔萨斯人口论就是这样，它是为帝国主义侵略战争辩护的反动理论，必须予以迎头痛击；在批判反动人口论中，在历史唯物主义基本原理、观点和方法指导下，建立无产阶级的人口理论。

对资产阶级社会学中的调查、统计，我们要善于分别哪些是不对的，哪些是有益的，不能一概而论。例如，美国由于犯罪率的增长，青少年吸毒问题日益严重，不少社会学家对此进行了调查研究。由于他们的立场、观点的局限，他们得出的结论往往是错误的。但他们所提供的材料还是有用的。

对资产阶级社会学研究中使用的某些技术，例如六十年代以后，由于计算机的发展，储存、处理、控制数据的方法也发展起来了。在一些外国的社会学研究中，各高等院校都增加了许多社会学方面技术性课程，把收集和分析资料的技术列入社会学的教学内容。到七十年代，又有了新的发展。对这些技术性方法和课程，我们可以有分析地借鉴。

对资产阶级社会学中一些进步的观点、研究成果（这是为数不多的），我们可以改造、吸收。美国人种学家摩尔根多年从事研究美国印第安人的生活，写出了《古代社会》一书。马克思对摩尔根的研究成果极为重视，专门做了详细的摘要。恩格斯也高度评价摩尔根的研究成果，指出"摩尔根在他自己的研究领域内独立地重新发现了马克思的唯物史观，并且最后还对现代社会提出了直接的共产主义要求"。恩格斯还指出："如果说马克思发现了唯物史观，那么梯叶里、米涅、基佐以及一八五〇年以前英国所有的历史学家，就证明有许多人都力求做到这一点，而摩尔根对于同一观点的发明表明做到这点时机已经成熟了，这一观点必将被发现。"恩格斯吸收和改造了摩尔根的材料，写成了《家庭、私有制和国家的起源》这部经典著作，相隔不到七年，至一八九一年，恩格斯又尽可能地考虑了俄国社会学家马·柯瓦列夫斯基等人一切新的、有价值的和必要的材料，取其精华，去其糟粕，对《家庭、私有制和国家的起源》精心地加以修改和补充。恩格斯批判地继承资产阶级社会学研究的成果，为我们作出了光辉的榜样。

无数事实可以证明，资产阶级经济学，社会学是可以改造的，是可以批判继承的，把"恢复"和"改造"对立起来根本没有说服力。

"恢复"是对取消而言的。一九五二年用行政命令取消了社会学，实践证明，取消是错误的，那么就该"恢复"社会学，开展社会学的教学和研究工作。恢复是不是简单地把外国的或解放前的那套照搬过来呢？也不是，而是用马克思主义去批判、去改造，取其精华，去其糟粕。

如果像胡绳同志所云，既不能恢复，又不能改造，恐怕只能把社会学当作伪科学取消了，那么，也谈不上什么批判继承，只好一笔抹煞了。

然而，胡绳同志在《来信》中说："我的文章中说：'资产阶级社会科学在根本上是反科学的，但是在它里面积累了许多知识材料，我们可以而且应

当把它当作人类的文化遗产,加以采择和利用.'"胡绳同志认为,他并没有抹煞资产阶级社会科学的作用。但是,我们认为:

第一,说资产阶级社会科学在根本上是反科学的似乎不太确切,资产阶级在上升时期的社会科学和现代资产阶级的社会科学情况就有所不同,在它上升时期,也反映了某些客观规律并创造了灿烂的文化,就是在同一时期,也有十分复杂的情形,应该具体情况具体分析;

第二,说资产阶级社会科学积累了许多知识材料似乎也不太确切。空想社会主义、英国古典政治经济学、德国古典哲学对马克思主义的形成有重要的作用,马克思批判继承的不光是知识材料;

第三,胡绳同志尽管说资产阶级社会科学可以作为文化遗产加以采择和利用,但是,综观他写的两篇评论资产阶级社会学的文章,我们看不出胡绳同志所要批判继承的是些什么。就是谈到资产阶级人类学,胡绳同志批判了各个流派,但却避开巴霍芬、摩尔根,这样就有意无意地抹煞他们的功绩。除了否定以外,还是否定。而这种做法,又是和胡绳同志取消社会学研究的观点一致的。

在实质上,是否把学术问题和政治问题混为一谈,这是我们和胡绳同志的第三个分歧。

张子毅等同志在《评胡绳同志对社会学的"批判"》一文中,批评胡绳同志把学术问题和政治问题混为一谈,而胡绳同志在说明中引了《枣下论丛》的几段话,表示自己是把学术问题和政治问题区别对待的。

事实究竟怎样呢?在《枣下论丛》第207页、第221页、第223页,胡绳同志的确几次提到要把学术问题同反动的政治倾向区别开来。尽管如此,我们仍然认为,胡绳同志混淆了学术问题和政治问题,因为他的批判完全违背了他自己宣布的观点,他在批判社会学时,无限上纲上线,提到政治高度,予以无情的抨击。

我们认为,学术问题同政治问题虽有联系,但不能混同。而《枣下论丛》第206页,批判所谓的资产阶级社会科学家要搞"资本主义制度的复辟"。第211页则说社会学家,"主要是他们对资本主义制度很有感情,对资产阶级、地主阶级很有感情","他们坚持不要社会主义而要资本主义,所以他们要坚持反动的资产阶级社会科学"。第215页胡绳同志又批判说,"原来照他们的理解,百家争鸣就是说资产阶级世界观、资产阶级经济学、社会学等出笼……他们所说的'互相监督',就是恢复资本主义的政治条件"。凡此种种言论,不是把学术问题和政治问题完全混同起来了吗?

　　实践是检验真理的唯一标准。科学上不同学派、不同学术观点的争论,应该由科学家们通过自己的实践去解决。那种套用马克思主义的现成结论、采取行政命令、粗暴干预,或者戴帽子、打棍子的做法,必须废除。马克思列宁主义是解放思想,鼓励和引导我们冲破"禁区",进行新的探索,开拓新的研究领域的武器,而不是禁锢思想的锁链。胡绳同志违背自己宣布的不要混淆学术问题同政治问题界限的观点,事实上把学术问题和政治问题等同起来,阻碍了社会学研究工作的开展,其后果是比较严重的。

　　为什么会这样呢?确如胡绳同志在《来信》中所说:"我在一九五七年反右斗争高潮中写的文章不可能不带着当时社会政治条件的痕迹。"当然,这是在特定历史条件下发生的批判,但我们应当从中吸取教训。

见证历史

1. 筚路蓝缕　功在人心

胡申生

袁缉辉教授是我一直极为尊敬的师长。虽然，我无缘名列他的门墙之下，但近40年来我却始终对他敬执弟子礼。在我人生的重大转折关头，正是由于他的提携、引导和帮助，才使得我成为社会学领域一名见习生。他对我的知遇之恩我将永志不忘。但在这里，我最想谈的还是他对当年的复旦大学分校、今天的上海大学社会学系的学科发展所起到的筚路蓝缕开创之功。

现在的社会学系早已是社会学院了，可谓兵强马壮——拥有本科、硕士、博士、博士后一套完整的人才教育和培养体系；拥有系、研究所、专业杂志这样一个集教学、科研、出版阵地三位一体的完整架构。放眼望去，花团锦簇，令人高兴。对上海大学社会学系的发展历史稍有了解的人都知道，这个系的第一任系主任袁缉辉教授昨日的奠基作用，将永远与这个系的今日之辉煌联系在一起。

当年复旦大学分校社会学系是我国大陆地区经历了"文化大革命"、在高校中恢复社会学教学与研究以后，建立的第一个社会学系，这一点已经在各类正式出版的有关社会学发展编年史中有确凿记载。然而，这个"第一"其实来之不易。自从邓小平同志提出恢复社会学学科以后，照理这个"第一"是决计轮不到新建的复旦大学分校的。首先，在京、津、沪地区有那么多办学基础雄厚、办学条件良好的高校，可是当时并没有哪一所学校愿主动争取这个"第一"；其次，上海的几所名校也完全可以获得这个"第一"，但他们宁可等一等、看一看。结果，上海市高教局和复旦大学分校的领导凭借自己的慧眼和胆略，将第一个恢复建立社会学系的使命揽入怀中。在这里我必须向当时的领导鞠躬致礼。别看现在社会学已成"显学"，在当时却还是一块"烫手的山芋"。领导作出这样的决定，虽然没有杀头之虞，但风险肯定是要冒的。第一个恢复社会学系，看似轻松，实际上其间包含着许许多多难忘的故事。

如果说当时的领导是创办"文革"后第一个社会学系的决策者的话，那么，袁缉辉教授就是这个决策忠实而又出色的执行者、完善者。社会学系正式列入本科招生是1980年9月，但为了能尽早为国家培养出新型的社会学人才，学校毅然将政治系78、79两个年级的学生按自愿的原则，分别转入新成立的社会学系和法律系。这样，于1980年3月建立的社会学系，就有了78、79两个年级的学生。袁缉辉教授门下的社会学学生也就是从这两个年级开始的。

在整个办系过程中，困难之大是难以想象的。首先是师资。自从1952年全国高校院系调整以后，社会学的教育教学就停止了，这就意味着没有现成的教师可用。袁缉辉教授作为系主任，不畏困难，积极应对，首先从解决师资队伍入手。他采取了"一调二请"的办法。"一调"就是将一些德才兼备，同时又热爱社会学教学、研究的才俊调进社会学系。"二请"是袁缉辉教授为了适应社会学系教学、科研需要，培养高质量的社会学人才，充分利用自己的人才资源网络，从复旦大学、华东师范大学、上海社会科学院等高校和研究单位，请来当时堪称第一流的学者到系里开课。

费孝通是中国社会学界的泰斗。教育部行文同意授予费孝通为上海大学名誉教授。现在回想当年费老经常在复旦大学分校西江湾路那个"迷你"型校舍为社会学系的学生讲课，为师生作学术报告，真有恍若隔世之感。其他一些老社会学家也经常来到学生中间，向学生讲授社会学的知识。这些老社会学家后来都被誉为新时期社会学的大师级的人物，但在复旦大学分校社会学系草创之际，却都是社会学讲坛上的常客。当时复旦大学分校虽然只有尺幅之地，却正应了刘禹锡的"山不在高，有仙则名；水不在深，有龙则灵"那句话。而能使这些大家纡尊降贵，纷至沓来为我们的社会学学生讲课，完全是和袁缉辉教授求贤若渴、敬贤礼贤的态度和视第一流师资为办学生命的正确眼光分不开的。

20世纪80年代，袁缉辉教授为了能让社会学系的学生在简陋的办学条件下获取最好的学术营养，不惮繁难，广延名师、大师，足可鉴其一心为学生、一心为学科提高发展之拳拳之意。如今的高校在人力资源方面提倡共享，提倡名师交流，以今例昨，袁缉辉教授当时所具有的那种充分利用社会公众人力资源的观念和成功实践，是值得我们今天的办学者借鉴的。

也许是和袁缉辉教授的家族有关，他很早就具有开放的眼光，在办学实践中，他将对外交流放到了一个重要的位置。当时美国、日本等国家和香港地区的社会学名家不止一次地到系里作学术演讲。袁缉辉教授本人，以及系里的其他教师，也多次出国或到我国香港、澳门地区进行讲学和学术交流。这些事放在21世纪的今天，已经不值一提，但在上一世纪的80年代，却是不寻常之事。正因为经常有这种国际、地区之间的学术交流，才使得当时复旦大学分校社会学系的教师和学生见多识广。现在社会学系有相当多的毕业生在美国、加拿大、日本等国和欧洲留学深造，有的已在当地大学中从事社会学的教学与研究，在当地政府部门从事和社会学、社会工作有关的工作，我想，这和当时袁缉辉具有的开放意识、营造出社会学系这样一个开放的氛围是息息相关的。

袁缉辉教授作为系主任，不仅重视对中年教师的引进，他对青年教师的培养，也是值得一书的。就我个人来说，以前和袁缉辉教授素无交往，论学历，进复旦大学分校之前，只有初中程度。然而，当他听到别人对我的介绍和推荐以后，竟亲自到我当时所在的工厂来调我，大胆地让我担任社会学系78级，即社会学系最早一个年级的政治辅导员。《社会》杂志创刊以后，又让我兼任这个杂志的第一任编辑。作为这份杂志的实际负责人，袁缉辉教授每次带领我们精心组稿、审稿、改稿的往事都历历在目。上一世纪90年代，我已经受命担任上海大学文学院（复旦大学分校从1983年5月开始并入新成立的上海大学，更名为上海大学文学院，仍保留副局级级别）党委宣传部部长、学生处处长。鉴于当时社会学系发展的实际状况，他又向学院党委力陈自己的看法，力荐我回到系里担任常务副系主任，主持系里的工作。春晖春雨，育才润物。有许多事情在进行之时，你会觉得极为平常、极为普通，而当你回首细想，这些已经发生的事恐怕不是都能用"偶然性"三个字来解释的。

作为学者，袁缉辉教授对上海大学社会学系的贡献不仅仅在行政和学术管理方面，他在教学和学术研究方面都起到领军和带头作用。从复旦大学社会学系建立之初,他就坚持马克思主义的社会学办学方向,将马克思、恩格斯的思想作为社会学的源头之一,学习马克思、恩格斯有关社会学的原著,成为系里的重要课程。他自己就亲自为学生开设马列主义原著的选读课程。认真学习和讨论马克思社会学思想在学生中蔚成风气。为了宣传和介绍社会学学科,特别是如何看待社会学在当代社会中的作用,如何坚持社会学的中国化,袁缉辉教授和刘炳福教授联名连续发表了多篇论文,受到社会的重视,被多家报纸杂志转载,在社会学界引起较大的反响,同时也使得社会学界对复旦大学分校的社会学教学和理论研究水平刮目相看。

复旦大学分校并入上海大学改名上海大学文学院以后,为改善办学条件,搬迁到虹口三门路新址。当袁缉辉教授得知学院规划兴建图书馆以后,主动和当时担任香港苏浙同乡会赞助人、上海商会永久名誉会长的哥哥李家昶(著名爱国实业家李国源先生次子)联系,以香港苏浙同乡会名义捐资50万人民币用于上海大学文学院图书馆的建设。为了感谢李家昶、袁缉辉(李家晖,国源先生五子)的义举,图书馆建成以后,就以李国源先生的名字命

胡申生在国源厅作报告(2017年10月25日)

名了"国源厅"。新上海大学移入宝山新址后,又将"国源厅"移入高大巍峨的新图书馆。现在上海大学图书馆的国源厅,是袁缉辉教授和他的哥哥李家昶爱国爱校赤诚之心的见证。

袁缉辉教授离开他亲手创建的这个系,过着含饴弄孙、其乐融融的退休生活,也已经多年了。但是,他对建立社会学这个系,对社会学这门学科的发展作出的贡献,将不会因他的退休而褪色,而是会成为系里的一份宝贵财富,将被永远珍藏。

2004年初稿,2019年二稿
(作者原为上海大学社会学系常务副主任、教授)

2. 见证历史,继往开来

王　勋

非常高兴我的恩师袁缉辉教授和夫人王爱珠教授的大作《同爱共辉》将于2020年再版发行。更高兴并十分感谢两位前辈的盛情邀请,要我写一篇文章见证中国社会学学科的重建与发展。我无论作为1949年后新中国毕业的第一批社会学本科生和硕士生之一,还是作为袁老师"文革"后的第一批学生之一,都应责无旁贷、义不容辞接受这一任务。

我与袁老师的关系用源远流长来说应该是毫不夸张的。41年前的1977年,中国大陆在改革开放总设计师邓小平的领导下拨乱反正,重新开始恢复高等院校的入学考试。我虽然在1977年的第一次入学考试中过关,但却因为体检未过关而被挡在了大学校门之外。1978年全国统考文理科数学统一考试,由于我的数学分数把总分拉低了很多,结果高考成绩只是刚刚超过上海地区一般高校的录取分数线,最后被复旦大学分校政治系录取,而袁老师恰恰是当时政治系的系主任。当年他来家访的情景我仍然历历在目。1980年在袁老师倡导下复旦大学分校创立了1949年后新中国的第一个社会学系,当时究竟是选我从小喜欢的法学还是新设的社会学,我十分犹豫,是经过他和有关同学的引导我才决定从政治系转到社会学系,成了1949年后中国第一批社会学本科生之一。

1981年教育部在南开大学举办全国范围的第一个社会学专业班,在全国包括北京大学、复旦大学、南开大学、南京大学等十八所大学挑选了43名学生。而我也有幸受袁老师的推荐参加了这个专业班。当时这个班里的同学绝大多数是大四的学生,只有我和另一位是大三学生。1982年,我又经袁老师和系里同意并由教育部特批跳级参加研究生考试和提前一年本科生毕业,这样我又成了1949年后中国的第一批社会学的硕士生之一,也是费孝通先生1949年后直接指导的第一批研究生之一。1984年研究生毕业后我被分配到上海大学社会学系任教,直接在袁老师的领导下工作,并且一到校就担任系学术秘书,负责系里的教学特别是全系毕业生论文指导和答辩工作。1987年我出国读博士,光阴似箭,时光荏苒,转眼和袁老师从认识到熟知已经40年了。

从1980年创建第一个社会学系以来,不仅是复旦大学分校(后与其他多所大学合并成为上海大学)的社会学系发生了很多变化,中国社会学也发生了巨大的变化。我们可以从师资配备、课程设置和学生培养几个方面来看看这40年的变化。

师资队伍的变化

1980年创系时,当时的专业师资队伍实事求是地说是相当单薄的。我印象中我在校的时候只有一位老师开过"社会学概论"一课。其他老师正在紧锣密鼓地准备开设"西方社会思想史""社会调查方法和统计""城市社会学"等核心和辅助课程。为了弥补自身师资不足的问题,袁老师请了不少上海的知名学者到系里开课,其中包括"人口社会学""社会学原著""家庭社会学"等。

1984年我研究生毕业到系工作时师资队伍有了很大的发展。除了上述的几位老师外,系里又增添了不少老师并开设了不少专业程度较高的课程如"中国思想史""西方社会学理论""社会心理学"等。我到校后主要讲授西方社会学理论同时讲授调查方法并兼任系务秘书负责全体毕业生的论文答辩工作。而我过去同班有几位同学也留校任教讲授社会心理学、统计、老年社会学等并担任班主任或辅导员。到此时为止,社会学系师资可以说是初具规模。

经过30多年的共同努力,当年的社会学系已于2011年发展成了社会学院。根据学院网站提供的信息,"学院现有专任教师38名,其中东方学者1人,教育部新世纪人才计划1人,霍英东青年教师奖1人,上海市领军人才2人、浦江人才10人、曙光人才2人、晨光人才1人。另有特聘教授2人。在专任教师队伍中,50岁以上教师占17%,49—40岁的教师占40%,39—30岁的教师占30%,29岁以上教师占13%;教授比例为50%,副教授比例为16%,讲师比例为34%;具有博士以上学历的比例为93%;40%的教师毕业于美国、法国、德国、日本、韩国、香港等国家地区的著名学府"。

课程设置的变化

1980年创系之初,由于缺乏师资和教材,困难重重,但在袁老师的主持下和系里老师们的共同努力下为学生们开设了"社会学概论""社会调查与统计""社会心理学""社会学史""西方社会思想史"等社会学的基础课程。这与当时费孝通先生提出的社会学系要开好六门基本课程包括"社会学概论""社会学调查方法""社会学理论""社会心理学""经济社会学""比较社会学的要求基本是一致的。同时为了弥补当时核心课程的相对薄弱,系里四处求贤开设了如"人口社会学""欧美社会问题""苏联东欧社会问题"等课程。

四年之后的1984年,系里的课程已经逐渐走向成熟。据回忆,我到校任教时的1984年系里本科课程共34个学分,学分总数基本和美国不少学校的社会学专业课程要求差不多。从孙嘉明提供的资料看,这些课程中,除了"写作""英语""时事政治"等基础课外,基本可以分成几大类包括理论、方法、历史和分支社会学。

应该说这个课程安排虽然不尽人意,但在当时已经相当不容易了。我在南开读研究生时曾经协助南开社会学系在全国范围内招收南开第一批本科生。我印象中南开当时的课程与上海大学社会学系相差无几,都是从头开始步履艰难。40年后再来看今天的课程设置,那显然是已经相当的丰富了,为学生提供了很多新的课程。

比较40年前和现在的课程表,我们可以看出几个有意思的变化。第一,社会学理论课程的深化。现在的理论课程分成古典的、现代的和后现代的社会学理论。这不仅反映了社会学理论的发展创新,同时也为学生深入理解理论及其发展提供了课堂和素材。第二，方法论的课程有所增加，特别是增加了统计软件应用入门、定类变量的分析模型和社会网络分析及其应用入门。这些课程对提高学生的研究和分析能力大有裨益。第三，分支社会学得到了相当大的扩展，说明了社会学对社会生活认识的广度和科学性的不断增加。

学生的培养

任何一门新兴的学科除了需要课程设置、必要的师资外，学生的来源和培养也是非常重要的问题。1980年3月创系时，先是从原来的政治系里在志愿选择的基础上转了28名学生，我是其中一名。应该说转到社会学系的同学都是基础扎实，社会责任感和参与感非常强烈的学生，其中有不少学生领袖，包括校学生会主席、校学生会文体部副部长、原政治系学生会主席、原政治系团总支书记等。这些同学于1983年1月作为1949年后中国首批社会学毕业生毕业。因为当时我系在上海和全国范围内是一花独秀，所以工作分配非常顺利。我后来就读的南开大学1984年招收了第一批社会学的本科生，平均考分全校第一，反映了当时学生们对社会学的青睐，也间接反映了当时社会学毕业生就业前景的优势。

建系前我们就有不少同学在老师的指导下开展了多项社会调查，例如1979年开展的对上海市南市区残疾人的调查等。1980年夏季，按袁老师的要求，我和几位同学在我曾经工作过五年的当时还属于宝山县管的江湾镇做了一个关于结婚费用的调查。事后由我作为代表在学校校庆纪念暨第一届学术研讨会上做了主题报告。为了这个报告，我们做了大量的准备工作。我从上海图书馆地下室里搞来了孙本文先生在30年代出版的《社会学原理》，用环境（大环境、中环境、小环境）和文化（大文化、中文化、小文化）的概念对江湾镇结婚费用的状况作了描述和解释。发言时我又用了当时很少用的展示图，图文并茂，颇受欢迎。

我们班的同学在社会学不同学术领域里作出了一定的贡献。例如28位同学中曾经在大学里任教或从事教学科研工作的有9位，近三分之一。获得博士学位的有7位，占25%。有两位在美国大学里取得终身教授席位。有些同学还担任了学术界重要职务，如上海市社会学学会副秘书长和广东社会学学会副秘书长等。在社会实务界工作的同学也非常出色，大部分同学都担任了局级或处级领导。

据上海大学网站资料显示,"自1983年1月培养出第一届本科毕业生以来,社会学院已经向社会各界输送各级各类高级专门人才3 000余人。目前学院在校本科生约300人、硕士研究生约100人、博士研究生约60人、博士后研究人员约10人"。

结语

从1980年创系开始到今天上海大学社会学已经走过了40年的历程。回顾历史,我们非常欣喜地看到这个当年的新生儿已经成为一个壮年。从过去的四处借调的少数几位非社会学专业的老师到今天93%有博士学位的近40位专业教师,从过去的应急而匆忙开设的少数基本课程到现在相对成熟的课程体系,从过去的28名学生到后来的3 000余名社会各界的各级各类高级专门人才,这40年是艰难但又辉煌的40年。

从全国范围来看,社会学的发展也十分迅速。1980年时全国仅有复旦大学分校有社会学系,到2016年全国有100所大学建立了社会学系。1983年1月全国社会学本科毕业生不足30人,到2016年全国本科毕业生每年在3 500—4 000人之间。

老话说得好,饮水思源,吃水不忘挖井人。我们今天的发展是和袁老师的远见卓识和辛勤努力密不可分的。仅以此文再次向两位老师表示衷心的钻石婚祝福,祝贺祝福他们同爱共辉日月长,百花园中享芬芳。

2018年3月9日
(作者为美国威斯康星大学帕克塞分校社会学系主任、终身教授,中国研究所所长)

王勋谒费孝通像(1982年)

3. 同结共系复旦情

孙嘉明

我和袁老师的第一次相识是在我开学报到的第一天。1981年酷暑，我兴高采烈地收到了复旦分校社会学系录取通知书，便打点行李从外地农场赶回上海，马不停蹄地去学校报到。办公室里坐着一位年纪稍大的老师，接待人员介绍说，他就是社会学系主任袁缉辉老师。袁老师见到我，笑着说，你是最后一位报到的学生。我们知道你从外地赶回，因此正等着呢。

社会学在当时还是冷门学科，因为很少有人知道社会学到底要学什么。那年我刚满25岁，按当时全国高考政策规定，超过25岁以后就不能再考大学了。我想文科类中的社会学属于冷门学科，考的人少，因此考上的概率好像稍微大些，于是就填报了社会学。那年我懵懵懂懂入了社会学这一行。

对袁老师的最初印象是务实低调。1978年冬，袁老师奉调筹办复旦大学分校任政治系主任。次年，上海高教局下决心把社会学系办在属于地方院校的复旦分校，于是把袁老师领军的政治系分拆为政法系和社会学系。袁老师则成了社会学系首任系主任。1980年3月，复旦大学分校正式建立了全国第一个地方高校社会学系。

社会学系成立后，袁老师率领的复旦分校社会学系在学科建设方面从零出发，打出了中国社会学恢复重建后第一个社会学专业的牌子，开设了"社会学概论""西方社会学史""中国社会学史""社会统计学""社会调查研究方法""社会心理学""人口社会学"等若干门课，初步构架起了社会学专业的课程体系。在开启我大学生涯第一年的1981年10月，经过袁缉辉等老师的共同努力，《社会》杂志正式创刊，成为中国恢复重建社会学以后最早创办的社会学专业期刊，也是第一份向国内外公开发行的社会学研究刊物。《社会》杂志，为社会学界提供了理论和经验研究的交流渠道，也为复旦分校的社会学师生们开辟了学习园地和发表习作的机会。记得那年我参加了校学生会、团委组织的"北京夏令营"活动。活动结束后，我结合所学到的社会学概念写了一篇短文《从'叮当玉佩'谈社会角色》，试着投稿《社会》

杂志，得到了袁老师的鼓励，发表在《社会》杂志上（1984年第6期）。这是我在本科生在读期间的首篇习作，它的发表激发了我继续写作的勇气。

当年由于受袁老师和校领导的器重，以及同学们的信任，我担任了校学生会主席兼团委副书记。我的同班同学王玮是袁老师的女儿，她担任校学生会秘书。由于工作上的联系，有机会去袁老师家，也认识了师母王爱珠。袁老师和王老师对待学生非常热情，对我们81级社会学系学生更是爱护有加。1985年大学毕业之前，我们全班同学去袁、王两位老师家告别，他们在复旦校园附近的饭店为我们全班同学请客。那天活动气氛热烈，同学们依依不舍。毕业分配名额下来后，复旦大学要招一名分校社会学系毕业生，从事双肩挑（即担任教学任务的同时，兼任学生指导员工作），系里推荐我应聘。1985年秋季，我正式成为复旦大学国际政治系教师。在复旦大学工作期间，我还与袁王老师还保持着联系，而与师母王老师则成了复旦同事，有好几次在第四教学楼上课之前的教师休息室里碰到。由于那时袁老师的家还在复旦教工宿舍，也有几次到两位老师家请教，并了解到他们都在从事老龄问题的研究。

袁、王老师分别于1997、1994年退休，并于2003年移居美国。我本人则于1997年到美国做访问学者，后在美国任教。在美国，我与袁、王两位老师接触较多，除了几次造访时的面对面交谈，我们还保持着电话联系。数年前，我因研究课题（一次是有关"海外华人的文化认同"的课题，另一次是有关"美国社会养老问题研究"的课题）去加州，在袁、王老师女儿的居所与他们见面，并赠送了我当年出版的新书 *Chinese Globalization*（《华人全球化》）给他们。后来此书被翻译成中文出版，也给老师送上了

孙嘉明与袁老师合影（2015年）

一本此书的中文版《华人全球化——全球联结对社会变迁的影响》。他们陪同我参观了当地的"老人公寓",到实地了解情况以增加我的直观感受。值得祝贺的是,袁、王两位老师在2005年复旦大学百年校庆欢庆金婚纪念后,于2015年又进入钻石婚期,登上婚姻的最高殿堂。而今,两老已"88"高龄,仍然思路清晰,身体健康。

在《同爱共辉》(2020年上大版)即将出版之际,作为当年袁缉辉老师的学生,本人仅以此文向袁老师和师母致以深深的祝福,衷心祝愿他们健康长寿,长寿健康!

2019年
(作者现为美国德州农工大学社会学教授)

第二篇

社会主义经济理论与体制比较研究

心路回眸

王爱珠

以时间长度来衡量，从20世纪50年代到80年代的30多年中，我主要从事社会主义经济理论和体制比较的教学和研究。但是由于接二连三的各项政治运动，反复不断地下厂下乡，特别是"十年动乱"，浪费了许许多多的大好时光，剩下来用于搞研究的时间很少。这期间所发表的文章和出版的著作，也都刻上时代烙印和历史局限性，有许多错误和不确之处。为忠实于历史，本篇择选的文章未对原文做修改，但限于篇幅，会有所删减。

50年代后半期，在报刊上发表《思想问题与反革命问题》《资本主义只能由社会主义代替》等文章。1959年被调到市里参加由姚耐、雍文远、蒋学模和苏绍智等任主编的《政治经济学教材》编写组。1960年春全国有14个编书单位写出初稿，并集中在北京进行评比和交流。其中有几本教材，包括上海组编写的《政治经济学教材》（社会主义部分），经过修改在1961年出版，由于当时的特殊情况，在这些教材中，包含着许多"左"的观点。1959年9月，我在《学术月刊》上发表的《歌颂初升的太阳》，副标题是《纪念中共中央"关于在农村建立人民公社问题的决议"发表一周年》，从文章的正副标题，一眼就可以看出，这是一篇在错误的时代背景，为错误的决议呐喊的一篇错误文章，是"左"倾错误的典型。

鉴于这个教训，我在60年代上半期的研究，尽量侧重于理论和接触农村实际，如《谈谈社会主义制度下的级差地租》《经营管理好坏是产生级差地租的因素吗？》《关于按劳分配的客观必然性》《集镇手工业生产要进一步面向农村》等。

粉碎"四人帮"后，1976年到1978年我调到北京参加许涤新主编的《政治经济学辞典》的撰写和定稿。并应《解放日报》和《文汇报》之约，发表《社会主义时期没有奖金是不行的》《列宁是怎样论述按劳分配的》《高速度发展社会主义经济具有决定意义》等文章。

1979年我去广西大学参加塞尔维亚语的培训，随后以访问学者身份去南斯拉夫进修。1982年回国后的教学和科研，重点放在苏联东欧经济理论和经济体制改革的比较研究，写出《突破传统观念，建立具有中国特色的社会主义经济体制》《南斯拉夫社会所有制的理论和实践》《关于社会主义所有制和社会主义生产的几个问题》《农轻重要协调发展》《深圳的经济发展和社会进步》《社会主义政治经济学研究的回顾与展望》《关于社会主义国家经济职能的几个问题》《苏联东欧国家体制改革的经验》等文章。

1986年参加由蒋学模主编、伍柏麟副主编的《社会主义政治经济学》，撰写第八章"社会主义有计划的商品生产"、第十二章"社会主义生产的组织结构"、第十四章"社会主义经济增长"等3章，7万多字，并参与第七至第十四章的审稿工作。1987年该书由复旦大学出版社出版。

1987年参加由李龙牧主编、叶敦平和王爱珠副主编的《中国社会主义建设教程》，编写第二章"社会主义的根本任务和我国现阶段的经济发展战略"、第三章"我国社会主义经济体制改革"、第四章"我国的生产资料所有制形式"、第五章"有计划商品经济和计划与市场的双重调节"、第六章"我国社会主义经济的多层次决策"、第七章"社会主义经济的多元化利益"等6章，共10万多字，并参与全书统稿。1988年该书由上海人民出版社出版。

这期间的教学，除给经济学系本科和研究生讲授苏东比较经济和指导20多名硕士研究生外，还应邀到本市的同济大学、华东师范大学、华东理工大学、上海外贸学院和外地的杭州大学、福建师范大学、蚌埠外贸学院、内蒙古财经学院、黑龙江省委党校、江苏省委党校等十多个单位讲授比较经济学。在多年教学和研究的基础上，撰写了《苏联东欧经济改革概论》，1989年由复旦大学出版社出版。

不幸的是，1989年苏东各国纷纷解体，我的苏东研究也宣告结束，至此，我又在研究的道路上迷茫、徘徊。从90年代开始，受夫君袁缉辉的影响，终于找到了"老年经济学"这个在中国尚未被开垦的一块肥沃荒地。

学术撷英

1. 关于按劳分配的客观必然性[*]

按劳分配是社会主义的经济规律。科学地说明按劳分配的客观必然性,对于正确地认识和贯彻按劳分配具有重要意义。

我认为,关键在于分析生产资料社会主义公有制、生产力、人们在生产过程中的相互关系和人们的思想觉悟等因素,对于社会主义的按劳分配关系究竟起着怎样的作用。

生产资料公有制对实行按劳分配的作用

生产资料归谁所有,生产品就归谁所有,这是马克思列宁主义的一条最基本的原理。这一原理对于分析社会主义社会也是完全适用的。生产资料社会主义公有制的建立,决定了:(1)在产品分配关系中消灭了人对人的剥削,生产品归劳动者公有,并按照有利于劳动者的原则进行分配。具体些说,生产资料公有制为社会主义阶段对个人消费品实行按劳分配原则提供了客观可能性和决定性的前提条件。(2)生产资料公有制的形式决定了产品分配的范围。例如,生产资料的社会主义全民所有制决定了生产品在全民范围内进行统一分配,在全民范围内,劳动者的劳动报酬标准是统一的。生产资料的社会主义集体所有制则决定了生产品在一个集体范围内进行统一分配,在同一个集体范围内劳动者的劳动报酬标准是统一的,而在不同的集体之间,劳动者的劳动报酬则可能不同。

由此可见,生产资料社会主义公有制的建立,在决定社会主义分配关系中起着极为重要的作用。但是,生产资料公有制本身只是回答了如上所说

---

[*] 原载《中国经济问题》1964年第4期,此处有删减,参考文献从略。除必要的文字订讹以外,其余一仍其旧,本书类似情况皆如此处理,不再逐一指出。

的两个问题，并没有回答个人消费品的分配为什么只能是按劳分配，而不是其他的形式，如平均分配或按需分配。所以要回答按劳分配的客观必然性问题，必须进一步分析社会主义社会里的生产力和生产关系的其他方面。这些留在后面再谈。

但是，有的同志认为，社会主义公有制不仅决定了按劳分配的可能性，而且直接决定着按劳分配的必要性。如徐崇温同志说："按劳分配的可能性和必要性都是由社会主义所有制决定的。"他认为，社会主义所有制之所以能决定按劳分配，共产主义所有制之所以能决定按需分配，这首先是因为社会主义所有制和共产主义所有制的"主体具有不同的质的规定性"，即社会主义所有制的主体是"在劳动能力上有本质差别的、在不同程度上把劳动仅仅当作谋生手段的、从而需要通过物质利益的鼓励和监督才能各尽所能地劳动的劳动者"，而共产主义所有制的主体则是"在劳动能力上没有本质差别的、把劳动同时也看作生活中的第一需要的、因而不需要有物质利益的鼓励和监督就能各尽所能地劳动的劳动者"，"由于社会主义所有制和共产主义所有制，其主体在质的规定性上有所区别，因此，社会主义的生产、分配、交换关系就同样地和共产主义的生产、分配、交换关系是有所区别的，从而，社会主义所有制和共产主义所有制，在客观的规定性上也是有所区别的"。

我认为，这种说法是值得商榷的。

第一，徐崇温同志把所有制区分为主体和客体，这种划分方法本身能否成立就很值得怀疑，因为按照这种划分方法，除了所有制以外的生产关系其他方面（如交换关系、分配关系）都将看不见了，都将在所有制的主体和客体的名义下被合并到所有制关系中了。这是不正确的。大家都知道，生产资料所有制关系虽然是决定生产关系其他方面的基础，但它毕竟不能代替和吞并生产关系的其他方面。徐崇温同志说，他的这种划分方法是有根据的，因为马克思曾经这样说过："与社会的集体的所有制相反，私有制在劳动手段和劳动的外部条件属于私人所有的地方，方才成立。不过，看这种私人是劳动者还是不劳动者，私有制会有不同的性质。"徐崇温同志认为，马克思的这一段话，就包含着"从所有制的主体规定性的不同上，来考察本质相同、性质不同的所有制的研究方法"。不难看出，这样来理解马克思的上述一段话是没有道理的。马克思的这一段话主要是说明，私有制与公有制不同，私有制是劳动手段和劳动条件都属于私人所有,但是私有制还有各种不同的性质,如果生产资料归劳动者私有,它不过是实现自己的劳动的手段,而如果生产资料被不劳动者私有,它就是作为剥削手段存在着,这当然是不同性质的私有制。很明显,马克思在这里分析两种不同性质的私有制,始终是从这些生产资料私有制所反映的社会经济关系出发的,并不是依据什么神秘的"主体规定性"。

第二,徐崇温同志虽然企图用社会主义所有制和共产主义所有制的主体和客体的质的规定性的不同,来论证社会主义的按劳分配和共产主义的按需分配。但从其所论证的具体内容来看,不过是在所谓"所有制主体"这一名义下,把社会主义条件下决定按劳分配的其他因素,如人们在劳动能力上还存在着本质差别、劳动还是谋生手段等都拉进来,这样不但仍然没有说明为什么社会主义公有制本身就能直接决定按劳分配,而且恰恰是说明了单单就生产资料公有制本身是不能完全说明按劳分配的客观必然性的。

仅仅用生产资料公有制还不能完全说明按劳分配的必然性,但这决不是说,生产资料社会主义公有制同按劳分配没有本质的联系。如于伍同志认为,生产资料公有制虽然是实现按劳分配的一个决定性的前提或条件,但它不是内因,而是一种外因。我认为,这种说法也是不正确的。

生产资料所有制关系和产品分配关系是同一生产关系的两个不同方面,它们之间有着内在的因果联系。生产资料归谁所有,决定了生产品归谁所有、归谁支配。这就是说,生产资料所有权,必然要在产品分配上得到体现,否则所有权就是空的了;而人们在社会产品分配中所能取得的一个份额,也就是生产资料所有权在经济上实现自己的形态。譬如,地租就是土地所有权在经济上实现自己的形态,利润就是资本所有权在经济上实现自己的形态,而社会主义公有制决定了产品归劳动者公有,这就为实行按劳分配提供了决定性的前提条件,这样又怎么能把社会主义公有制决定社会主义产品分配关系,看作是一种"外因"呢?如果说这是"外因",那么,土地所有权对地租的关系、资本所有权对利润的关系,同样都将是"外因"的关系了。因此,这种看法是同马克思列宁主义关于生产资料所有制关系决定产品分配关系的原理不相符合的。于伍同志既然认为生产资料所有制是"外因",那么"内因"究竟是什么呢?于伍同志没有明说;但他紧接着就说"劳动力本人私有制"是按劳分配的直接根据。看来，于伍同志所说的"内因"就是所谓劳动力本人私有制了。如果真的是这样的话，我们就不禁要问：为什么生产资料所有制对产品分配关系是"外因"，而所谓"劳动力本人私有制"对产品分配关系却是"内因"呢？姑不论所谓"劳动力本人私有制"的提法能否成立，对于社会主义社会里的劳动者是否适用，即使这种提法能够成立，也是不能说明问题的。因为如果讲到"劳动力本人私有制"，那么，个体农民和个体手工业者就是最典型的"劳动力本人私有制"了。但是，难道可以说，个体劳动者也存在着什么按劳分配关系吗？

生产力对实行按劳分配的作用

生产关系必须适合于生产力发展的水平，这是人类社会经济发展过程的重要客观规律。而分配关系是生产关系的一个重要方面，它当然也要适合于生产力发展的水平。所以，当我们考察分配关系时，是不能脱离生产力的一定发展水平的。马克思在《政治经济学批判》导言中就这样写道："分配本身就是生产的产物，不仅就对象说是如此，而且就形式说也是如此。就对象说，能分配的只是生产的成果，就形式说，参与生产的一定形式决定分配的特定形式，决定参与分配的形式。"恩格斯在1890年8月5日致康·施米特的信中更明确地指出："分配方式在很大程度上取决于所被分配的产品数量"。

但是有些同志认为，生产力不能直接影响分配，而总是要通过生产资料所有制才能对分配关系发生作用。我认为，这种说法是值得研究的。

当然，一般说来，生产力水平是不能直接决定分配关系的基本类型的，即不能说有什么样的生产力水平就必然会有什么样的分配关系，或者说，生产力水平愈高分配关系就愈先进。譬如，在某些资本主义国家里，尽管生产力发展的水平比较高，但如果不改变生产资料的资本主义所有制，那么就绝不能改变资本主义的分配关系。要改变资本主义的分配关系，首先就要通过革命手段，夺取政权，废除生产资料的资本主义私有制。所以，生产力的水平对分配关系的作用主要是通过生产资料所有制来实现的。但是，生产力的水平对分配关系的作用是否总是间接的，而在任何情况下都不能直接影响分配呢？我认为不能这样说。在生产资料所有制和分配关系的基本类型已定的情况下，生产力发展的不同水平，也可以对产品分配关系的具体形式及其次要方面发生直接的作用。譬如,在以生产资料封建主私有制为基础的封建社会里,产品的分配,总的原则是服从于封建主如何通过封建地租的形式从农民身上榨取更多的剩余产品,但在封建地租的具体形式上,从劳役地租到实物地租再到货币地租的转变,与生产力的发展也是分不开的。再如,在以生产资料公有制为基础的社会主义社会里,个人消费品的分配,主要是"按劳分配",也还有"按需分配"的萌芽,如国家举办的各种集体福利事业。但是,在一定时期内,集体福利事业究竟搞多少,从物质条件来说,不能不取决于生产力的一定发展水平。这就是说,在生产力水平较低、产品不太丰富的情况下,集体福利事业只能少搞一些,而在生产力水平比较高,产品比较丰富的情况下,集体福利事业则可以多搞一些。

生产力对实行按劳分配的作用,除了从生产力发展的水平方面考察外,还要从生产力发展的需要方面来考察。

这是因为,生产关系必须适合于生产力发展的规律,不仅指生产关系要适合于生产力发展的水平,更重要的是指生产关系要适合于生产力发展的需

蒋学模(坐者左一)、王爱珠(坐者左二)、伍柏麟与研究生(20世纪80年代)

要，因而作为生产关系的一个重要方面的分配关系，也必须适合于生产力发展的需要。关于分配关系要适合于生产力发展的需要，恩格斯说得很好："分配既为纯粹经济的缘由所支配，那么它将被生产的利益所调剂，而最能促进生产的发展的分配方式是那种能使一切社会成员全面地发展、保持并运用自己能力的分配方式。"

再从原始社会、社会主义社会和将来的共产主义社会的分配关系来看，在原始社会，由于生产力水平极其低下，产品只能实行平均分配，否则，就会使一部分成员不能生存，就会使整个集体遭到破坏。因而，平均分配适合于当时生产发展的需要。在社会主义社会，生产力发展水平有了很大提高，没有必要再实行平均分配，因为这种分配方式不利于调动劳动者的生产积极性，不适合于生产发展的需要。但是社会主义社会的生产品也还没有达到极大丰富的程度，还不可能提供按需分配的物质条件。在这种情况下，还需要让人们根据其劳动收入来安排自己的生活，这样既适合于生产力发展的水平，也适合于生产力发展的需要。将来到了共产主义社会，生产力高度发展了，生产品极大丰富了，就为实行按需分配准备了物质条件。那时，按需分配就成为那种"最能促进生产的发展的分配方式"，"能使一切社会成员全面地发展、保持并运用自己能力的分配方式"。

人们在生产活动中的相互关系对实行按劳分配的作用

生产资料社会主义公有制的建立，要求人们在生产活动中建立起平等的、同志般的互助合作关系。与这种平等的互助合作关系相适应，就要求在产品分配关系中废除人对人的剥削关系，要求整个生产品归劳动者公有，按照有利于全体劳动者的原则进行分配，任何人都不应该凭借使用生产资料或依靠其在生产中所处的"特殊"地位在社会产品分配中占有一个特殊份额。

但是，在社会主义社会，人们在生产活动中的平等互助合作关系，还不能不受着工农差别、城乡差别以及体力劳动和脑力劳动差别的影响。三大差别是由旧的社会分工所遗留下来的，在以生产资料私有制为基础的阶级社会里，工农之间、城乡之间、体力劳动和脑力劳动之间是完全对立的；随着无产阶级革命的胜利和生产资料公有制的建立，这种对立已经消失，但是它们之间的重大差别还不可能很快地消失。三大差别是属于旧社会的痕迹，它的存在使人们在生产活动中的平等互助合作关系不能不带上旧社会的烙印。这是因为，在社会主义条件下，人们的互助合作关系，还不能不受着旧的社会分工的束缚，有的人从事简单劳动，有的人则从事复杂劳动；有的人从事体力劳动，有的人则从事脑力劳动。

三大差别造成人们在生产活动中的相互关系上的旧影响，如何影响社会主义社会中的分配关系？我认为，可以从以下两方面来考察。

第一，就实行按劳分配的客观根据来说，由于三大差别的存在，人们在劳动上的复杂程度就会有差别，每个劳动者为社会所提供的劳动量也会有所不同，这样就为实行按劳分配提供了客观依据。

第二，就分配的结果来说，三大差别的存在，决定了在社会主义的分配关系中必然带有资产阶级法权的残余，使人们在社会主义平等的基础上还保留着事实上的"不平等"，即劳动者之间的生活水平还有一定的差别。

但是，有的同志在分析社会主义实行按劳分配的必然性时，只提生产资料公有制、生产力发展的水平和人们的思想觉悟，而不提三大差别，好像三大差别的存在与按劳分配无关。我认为，这种看法是不正确的。

因为，在社会主义社会里，如果不存在三大差别，各个劳动者在劳动上的复杂程度都差不多，因而大家对社会所提供的劳动量也都差不多（当然由于人们的思想觉悟不齐、劳动积极性发挥程度不同，在劳动量上仍然会产生一定的差别。但这个因素可以舍象掉，因为这种状况可以通过思想工作来解决），那么，实行按劳分配就没有什么意义了。所以，在分析按劳分配关系时，不提三大差别是不行的。

也有同志认为，三大差别虽然是实行按劳分配的一个重要因素，但不是按劳分配的直接原因，因为这些差别本身并没有表明社会主义社会里在处理人和人的关系时为什么要承认差别。我认为，这种说法也是欠妥当的。

当然，三大差别本身并没有说明一定要承认差别或不要承认差别。但三大差别是客观存在的。只有承认差别，正确处理劳动者之间的关系，才能更有利于生产的发展，并在生产发展的基础上逐步缩小差别。反之，如果不承认这些差别，那么就不利于正确处理劳动者之间的关系，就不利于生产的发展和在生产发展的基础上逐步缩小差别。所以，在社会主义社会里一定要承认这些差别，要以这些差别作为消费品分配的客观根据，这并不是由哪个人的主观意志所能决定的,而是生产发展的客观必然要求。

思想因素对实行按劳分配的作用

关于思想因素是不是按劳分配的一个客观基础,是很值得研究的一个问题。在讨论按劳分配是不是客观经济规律时,有些同志就说,按劳分配的产生不仅有经济因素,而且有思想因素,因此不能说按劳分配是经济规律。对于这个问题,我是这样看的:按劳分配是社会主义的经济规律,而按劳分配作为经济规律,它产生的客观基础只能从社会主义的生产关系和生产力发展的水平和需要等经济条件方面来分析,而不应把人们的思想觉悟与生产资料公有制、人们在生产活动中的相互关系、生产力发展的水平和需要等因素同时并列,并单独作为按劳分配规律产生的一个客观根据。否则,就会变成上层建筑决定经济基础、上层建筑成为经济规律产生的条件了。

当然,这并不是说,按劳分配规律的产生和作用与人们的思想状况无关。实际上,不仅按劳分配规律,而且其他一切经济规律的产生和作用也都不可能不与人们的思想状况发生联系。比如,以价值规律为例,当我们分析社会主义全民所有制和集体所有制之间的经济联系为什么主要只能采取商品交换的形式,为什么在商品交换中必须遵守等价交换原则时,岂不是也与农民的思想状况有关吗?因为,如果不采取商品交换的形式,而是由国家随便调拨集体所有制企业的产品,或者在交换中不遵守等价交换原则,那么这种经济联系就不容易为农民所接受,就会挫伤农民的生产和向国家出售农副产品的积极性,就不利于集体所有制的巩固和发展。但是,我们并不能因此说,社会主义制度下上述商品生产和价值规律存在的条件,除了全民所有制和集体所有制之外,还要加上农民的思想觉悟。因为农民的这种思想状况不过是客观经济条件的一种反映。同样,对按劳分配规律的分析也是如此。在社会主义条件下,人们头脑中还残存着程度不同的资产阶级思想,劳动还被看作是一种谋生的手段,因而,在一般情况下,人们还要计较自己的劳动报酬。但是,我们并不能因此就说,按劳分配规律产生的条件,除了社会主义的经济条件外,还要加上人们的思想觉悟状况。

为什么呢?经济规律的作用,与人们的思想状况有关,这正是经济规律与自然规律相区别的一个特点。经济规律是人类社会经济生活发展的规律性，它总是通过人们的一定经济活动表现出来的，而人是有一定的思想意识的，是在一定的思想支配之下从事生产、分配、交换等等活动的。从这个意义上说，经济规律当然同人们的思想状况有关。但是，人们的一定的思想状况也无非是一定的经济条件和受经济条件所决定的其他社会条件的反映。马克思主义者把经济规律看作是同人的意志、意识相独立的、不以人们的意志为转移的客观过程，决不是因为经济规律所依以表现的那些经济现象同人的思想意识无关，而是因为，促使人们在经济生活中这样或那样活动的那种一定的思想意识，归根结底也是由一定的经济条件所决定的。所以我认为，按劳分配规律，像其他一切经济规律一样，它的客观必然性只能从社会主义的经济条件中寻求，而不应从人们的思想意识中寻求。

总括以上所分析的生产资料公有制、生产力发展的水平和需要、人们在生产活动中的相互关系和人们的思想觉悟程度等因素对实行按劳分配的作用来看，关于按劳分配规律产生的客观基础是否可以这样说：生产资料公有制是按劳分配产生的决定性前提，即没有生产资料公有制就根本谈不上按劳分配；工农差别、城乡差别、体力劳动和脑力劳动的差别以及由此而决定的人们在劳动上的复杂程度的不同，是实行按劳分配的客观根据，即没有三大差别的存在，也就无从实行按劳分配；生产力发展的水平，为实行按劳分配提供了物质条件，而生产力发展的需要，决定了社会主义社会必须实行按劳分配。至于说，人们的思想觉悟则不应同经济条件并列而单独构成按劳分配规律产生的一个因素。我认为，明确这一点，不仅有理论上的意义，而且对实践也有好处。如果把人们的思想状况也单独作为按劳分配规律产生的一个因素，那么在实际生活中就可能会出现这样一些情况：或者是由于对人们的思想觉悟估计过高，而否定了按劳分配规律；或者是由于对人们的思想觉悟估计过低，而片面强调了按劳分配。显然，这对社会主义建设事业都是不利的。

但是，还应该特别指出，我们说在分析按劳分配这一经济规律产生的客观基础时可以撇开思想因素，决不是意味着在运用按劳分配规律、实行按劳分配制度时可以忽视思想教育工作。按劳分配作为一种分配原则、分配制度，除了要考虑客观的经济条件外，同时还必须考虑到人们当前的思想状态。这正如前面所分析的，经济规律总是要通过人们的一定经济活动表现出来的，而人总是受一定思想意识支配的。因此，充分注意到当前人们的思想状况，加强思想教育工作，提高人们的思想觉悟，对于正确实行按劳分配制度具有十分重要的意义。

2. 从奥地利的社会经济看几个基本理论问题*

1981年底，我在南斯拉夫进修期间，曾到奥地利进行短期访问。时间虽短，考察肤浅，但看到了和听到了许多书本上所没有的东西，为政治经济学的教学和科学研究工作提出了一些值得认真思考的问题。

奥地利是一个面积只有八万三千多平方公里，人口七百五十万的小国，二次大战中奥地利作为德国的一部分参战，战争结束后作为战败国，由苏美英法四国共同占领，一个小小的维也纳也被分成四块。当时，生产瘫痪，经济困难，人民生活很苦，冻死饿死和自杀的很多。1955年签订《对奥和约》结束四国占领，条件是奥地利今后不得和德国结成任何形式的政治或经济联盟。接着，奥议会通过法案宣布"永久中立"。从此，奥地利开始得到发展，尤其是1970年社会党单独执政以来，奥国经济发展更快。二十多年来，奥地利国民生产总值的年平均增长率超过4%，高于西方发达国家的平均增长速度。现在，奥地利的人均收入，在西方工业国

王爱珠在奥地利维也纳短期考察期间留影（1981年）

---

* 原载《复旦学报》（内部发行版）1983年第6期，原题《从奥地利的社会经济情况看关于资本主义经济的几个基本理论问题》。转录自台湾秀威资讯科技股份有限公司2006年版。

同爱共辉 TONGAI GONGHUI

家中占到第十一位,已超过英国、希腊、西班牙等国,接近法国。随着经济增长,失业率也大大降低,从1955年的8%降低到1980年的2%。市场繁荣,物价比较稳定,通货膨胀率在6%左右。我们浏览了许多商店、百货公司,参观了菜市场,商品都很丰富。同职工的平均工资水平相比,生活必需品的价格也不算很高。职工的月平均工资是12 000先令(相当于人民币1 200元)。平均收入比南斯拉夫高出一倍到两倍,而一些商品的价格同南斯拉夫差不多,有的比南斯拉夫贵些,有的比南国还要便宜。面粉是20先令1公斤,大米15—20先令1公斤,鸡肉40—50先令1公斤,猪肉60—80先令1公斤,水果10—20先令1公斤,蔬菜10—20先令1公斤。因此,奥地利人民的生活水平比南斯拉夫要高,比中国就更高了。在节假日期间,许多南斯拉夫人常到奥地利去(南斯拉夫人去奥地利不要签证,可以自由出入),一是旅游,二是采购(近一两年来,南斯拉夫为限制外汇外流,对居民所携入境的商品有所限制)。一些南斯拉夫人尤其是附近农民也常到奥地利找些零活做,星期六、日回去,或者在奥国工作几年、十几年,积蓄一笔钱后再回国。我们在奥地利时,曾拜访过一户从南斯拉夫来的工人,他们全家三口人都在维也纳工作,已经积蓄了一笔钱,在南斯拉夫老家买下了房子,准备再干几年

王爱珠(右二)等在铁托铜像前合影(1981年)

就回国。

二十多年来，奥地利经济发展较快，人民生活水平较高，因而政局也比较稳定，社会秩序较好，我和另外一个女同学两人有时夜晚九十点钟进出地下铁道，在空旷无人的地铁通道上行走，也没有什么不安全，这同其他一些西方国家的地铁成为犯罪场所有很大不同。正因为这样，多年来，奥地利在西方国家中被看作是一种"模式"和"样板"，甚至号召要学习奥地利经验。奥地利社会党政府也以此来炫耀自己"道路"的正确。该党副主席卡尔·布勒夏曾说："我们这里是社会党拥有多数的唯一国家。因而可以把奥地利道路的成败评价为社会民主党政府的成败。"1981年法国社会党执政，密特朗总统上台不久就去奥地利取经。但是，奥地利作为一个资本主义国家，终究摆脱不了资本主义制度的不可克服的种种痼疾。最近一年多来，在资本主义世界经济危机的冲击下，奥地利的经济已发生了许多困难。一些国营企业亏损，企业倒闭，失业人员增加，财政赤字扩大，国家债务激增。二十年来，国债从100亿马克增至400亿马克，债务竟占到社会产值的四分之一以上。平均每个奥地利居民负债8 100马克。西德《明镜》周刊发表文章说："奥地利模式——把经济搞糟了"。

从奥地利这样一个发达的资本主义国家中，给我们提出了一些值得研究的新问题。

第一，阶级斗争形式有了新的变化。奥地利经济之所以发展这样快，据他们的经济学家介绍，很重要的一个原因，是由于"社会伙伴关系"好。多年来，奥地利政府积极推行劳资合作政策，大力倡导劳资双方结成"伙伴关系"。这种关系是指工人在要求增加工资福利待遇时，要照顾到资本家的利益；而资本家在提高物价时，也要考虑到工人的利益。推行劳资合作政策的具体组织形式，是工资物价协调委员会。除了有全国性机构的协调委员会外，各厂矿企业都设有企业委员会。协调委员会的任务是负责调节劳资关系，调整工资、福利和物价事宜。奥地利人说，他们在历史上吃够了自相残杀、分裂对立的苦头，现在应该吸取历史教训，要互相协商，互相谅解。这个工资物价协调委员会就是在这样的背景下产生的。全国协调委员会有劳方、资方和政府三方面代表参加。比如说，工人要求增加工资10%，而资方只同意增加5%，经过协商，通常以7%—8%达成协定。这样，既使资本家能获取更多的利润，又保证工人生活不断改善。由于社会党政府长期推行这种劳资合作的"社会伙伴关系"，缓和了阶级矛盾，削弱了工人阶级斗志，十几年来奥地利几乎没有什么大的罢工运动。据统计，罢工最多的年份每个工人年平均罢工时间也不过几分钟。这表明在奥地利这样发达的资本主义国家，在生产力发展水平比较高，在工人运动有组织的力量日益增强的情况下，阶级斗争形式有了新的变化。马克思主义认为，资本家要榨取工人的剩余价值，工人要反抗资本家的剥削，工人阶级同资产阶级的利益对立是根本的，只要资本主义剥削制度存在，这个阶级对立就永远不会改变。但是，工人阶级同资本家斗争的形式，是可以随着条件的不同而有所变化。当前的奥地利已不像过去那样，阶级斗争经常以对抗和激化的形式，如罢工、夺权等形式出现，而较多的是采取"协商"和"谈判"的形式。但这并不是由于资本家剥削本性的改变，而是由于工人阶级有组织力量的强大，由于生产力的高度发展，在人们所创造的物质财富中，有可能使资本家拿出较多的一部分来分给工人，让工人享有较高的物质文化生活水平，从而有一个安定的社会秩序和熟练的劳动力，以便为资本家创造出更多的剩余价值。当然，在一定条件下阶级斗争形式的改变，决不意味着工人阶级和资本家阶级对立的消失。当生产增长、利润增加时，资本家有可能把"蛋糕做得大些"；而一旦经济危机来临、利润缩减时，资本家马上又会把损失转嫁到工人头上。但是，已经组织起来的工人是不会再让资本家任意宰割，这样，工人阶级和资本家阶级之间的斗争又必然会重新尖锐起来。事实也正是这样。近一年多来，随着经济情况的恶化，劳资双方的伙伴关系重新出现了明显的对立和斗争。连西德《明镜》周刊也在哀叹："堪称典范的社会和平在消失。没有人敢希望每人每年的平均罢工时间，以后也像过去那样只是几分钟。雇员和雇主之间的对立将会变得越来越厉害——双方的斗争已达到不能再退让的地步。"

上述阶级斗争形式的变化，对社会主义革命的道路提出了新的问题。按过去的传统看法，阶级斗争总是以对抗和激化的形式出现，因而，人们走向社会主义的道路，也只能是通过总罢工或武装斗争等暴力革命的形式，暴力革命就成了无产阶级革命的唯一形式。现在，由于工人阶级有组织力量的强大，不能完全排除在某些国家可以通过议会道路走向社会主义。过去我们认为绝无可能的和平过渡问题，看来还是一个值得研究的问题。当然，在一定条件下，向社会主义和平过渡的可能性，并不意味着工人阶级必须放弃为社会主义而斗争的革命手段。工人阶级作为一个革命阶级，无疑地要准备用革命的暴力粉碎资本主义和各种压迫的锁链，特别在反动统治者企图用暴力阻拦这一不可抗拒的历史进程，阻碍工人阶级和进步力量去掌握政权的一些地方。但是，马克思主义从来反对把任何斗争形式和方式看成万古不变的原则和教条。列宁说过："一切民族都将走到社会主义，这是不可避免的，但是一切民族的走法却不完全一样，在民主的这种或那种形式上，在无产阶级专政的这种或那种类型上，在社会生活各方面的社会主义改造的速度上，各个民族都会有自己的特点。"（《列宁全集》第23卷，第64—65页）

第二，新形式的产业后备军。奥地利是一个只有750万人口的小国，社会党执政以来又长期实行充分就业政策。他们宣扬的理论是，充分就业是社会稳定的需要，也是人道主义的体现。由于奉行这样的理论和政策，多年来奥地利的失业率远远低于西方其他国家。而且，在奥地利还有这样一个特点，就是本国工人基本上都能就业。这也是奥地利政局比较稳定、社会秩序比较安定的一个重要原因。但是，马克思主义政治经济学的基本原理认为，失业是资本主义存在和发展的一个条件。没有一支人数众多的产业后备军，资本主义制度就无法存在、发展。因为，资本主义经济发展是周期性的，经济繁荣时，需要很多工人；而一旦危机和萧条来临，则把大批工人抛到失业队伍中去。在奥地利，既然本国工人基本上都能就业，这就是说，在本国工人中不存在着大量的产业后备军，那么当奥地利经济发展时，又从哪里招收工人；当经济衰退时又怎能辞退工人？这个问题，完全不用资本家操心。因为，在奥地利，有的是大量的外籍工人。我们在维也纳时，到处都可看到外籍工人。一进火车站，就看到有来自土耳其等国的外籍搬运工人。当我们漫步街头或乘坐电车时，走不多远就看到有挂着中国招牌的饭馆和小吃店。据介绍，70万人口的维也纳就有80多家的中国餐馆。在欧洲一些国家，中国人开设的餐馆，以价廉味美而深受中外人士欢迎。奥地利一般经常保持着20万左右的外籍工人，他们大多来自南斯拉夫、土耳其、希腊等国，也有来自中国的。这些外籍工人大多数是粗工、清洁工，从事繁重的体力劳动，工资低，工作条件差。一旦经济萧条要裁减工人，这些人总是首当其冲，而当经济繁荣需要大量工人时，就有很多外籍工人蜂拥而至。所以，外籍工人成了奥地利的一支产业后备军，起着调节工人的蓄水池的作用。这对奥地利的经济发展和社会稳定很有利。近一两年来，奥地利经济不景气，失业增多。面对这种情况，奥地利工会和劳工市场对外籍工人采取了排斥的态度。

综上所述，对资本主义国家的产业后备军问题，也应该补充新的看法。过去的传统说法是，各资本主义国家都有那么一批失业工人，构成它的产业后备军，这支产业后备军乃是资本主义经济得以存在和发展的必不可少的条件。现在看来，如果就某一个资本主义国家来讲，并不一定要有一支产业后备军，就是说，本国的产业后备军并不是它存在和发展的必要条件。然而，这必须以该国存在着一定数量的外籍工人为前提，这样它就可以用外籍工人来充当其产业后备军。这一点也说明资本主义的剥削制度是世界性的，它不仅剥削本国工人，也剥削外国工人，而且是更残酷地剥削外国工人。

第三，马克思主义者如何对待社会民主党，也是一个值得研究的问题。长期以来，奥地利社会党是执政党，奉行社会民主主义，主张阶级调和，阶级合作，建立"全民福利国家"。社会党统治的主要经济支柱是国营企业。现在，奥地利的一些重要经济部门，如钢铁、铁路、大银行等掌握在国家手里。国营企业在整个生产和出口中所占的比重高达25%，是当前西方资本主义国家中国有化程度最高的一个国家（从法国社会党的国有化计划来看，国有化经济的比重将超过奥地利）。工人在国营企业中工作，不仅工资高，而且工作有保障。但是，目前奥地利的一些国营企业，由于亏损严重，已由"避免失业的救命天使"变成社会党政府的一个沉重包袱。此外，社会党政府还推行社会福利政策。在奥地利的预算支出中，社会福利是第一位，已占到预算支出的25%。工人生病可以免费医疗，退休有养老金，失业有救济金，妇女生小孩有一年的带薪产假。由于工资比较高，社会福利又比较多，现在奥地利已不存在那种吃不饱、穿不暖的无产阶级绝对贫困化的现象。在奥地利，有60%的家庭有小汽车，87%的家庭有电冰箱，82%的家庭有吸尘器。社会党政府的这些做法，得到了不少群众的拥护，社会党自己也声称是全体劳动人民的政党，代表人民群众的利益。因此，究竟应该如何看待社会党，确是一个值得研究的问题。奥地利社会党1958年的纲领提到需要消灭阶级，战胜资本主义，但又明确拒绝共产主义和任何以专政为基础的制度，主张建立一个"民主社会主义"。这个"民主社会主义"，按他们自己的说法，既不能够同共产主义妥协，也不能向资本主义让步。按马克思主义的划分，在当今的世界上，从社会经济制度看，不是资本主义，就是作为共产主义第一阶段的社会主义，非此即彼。而奥地利社会党要搞个既非资本主义又反对共产主义的社会主义，那么这究竟是一个怎么样的"社会主义制度"呢？五十年代初由西欧各国社会党和工人党组成的社会党国际所发布的宣言，是否可以为此作一个注释？该宣言认为，社会主义可以在"经济社会安全和日益繁荣的（资本主义）基础上奠定"，通过对经济作有效的民主管制"来完成经济制度的改变"。由此可见，社会党的奋斗目标，并不是要消灭资本主义，建立社会主义和共产主义制度，而不过是在资本主义制度的基础上进行一些改良。1978年通过的奥地利社会党的新纲领，仍提出要建立这样的社会制度："其目标是个人在集体中能得到自由的发展，……消灭阶级和公正地分配社会劳动的成果"，并强调要毫不妥协地反对一切形式的法西斯主义和共产主义。19世纪20年代初，马克思主义者曾经把社会党人看作是资产阶级在工人运动中的代理人，是比资产阶级更危险的敌人。现在，从奥地利社会党和同奥地利相类似的社会党的情况来看，我认为，这个提法值得重新考虑。从当前这些国家情况来看，只能说他们所代表的只是工人阶级的目前利益，很难说他们是比资产阶级更危险的敌人。

　　我们在奥地利的首都维也纳时，还接触到一些1978年前后到国外来投亲靠友的中国同胞。这些人大多是卅岁左右，有的带着妻子儿女，有的单身前来，妻子儿女还留在国内。他们反映，仅浙江青田县就有几百人在等候领取出国护照和签证。他们希望中国政府能在这方面提供方便，让他们亲人尽快出来。我们认为，这些人出来工作，对中国是有贡献的：第一，他们在国外做工，把劳动收入的一部分省下来汇给国内亲人。一般来说（按他们自己的计算），一个人每年可汇回国内1万到3万先令（相当于人民币1 000至3 000元）。累计起来，这也是一笔不小的数字。南斯拉夫在西方国家做工的侨民，每年寄回的外汇，占个人消费基金总额的13%左右，我们为什么不可以用这笔钱来支援社会主义建设？第二，中国人口太多，一些人出来也可以减轻国内就业的压力，特别是像浙江省一些地区，每人只有一亩地或几分田，劳动力是有富余的，能够出去一些人是好事。第三，这些年轻人在国外，大多是刻苦好学的。他们白天做工，晚上进夜校，三五年下来就可以熟练地掌握一门外语。他们在国外虽然工资收入高些,但毕竟是寄人篱下,社会地位低,所以他们当中的不少人过十年、二十年以后还是想回国的,所学的一技之长也可以为中国服务。他们的子女从小在当地上小学、中学(在奥地利,只要有工作,子女上中小学可以免费),外语就可以学得更道地些,好比自费出来留学一样。这些侨民在国外,大都是勤劳守法,维护祖国荣誉的,他们深切地感受到中国的强大是他们坚强的后盾。在维也纳一家中国人开设的餐馆里,我们见到了一个侨居国外四十多年的老华侨,他激动地说,新中国成立前后,他们在国外的处境和社会地位大不一样,爱国之情溢于言表。根据中国人力资源特别丰富这个特点,可以增加劳务出口。除了由国家有计划地组织进行外,像这种个人自找门路,也未尝不是一个办法。

3. 关于社会主义国家经济职能的几个问题*

正确认识和发挥社会主义国家管理经济的职能,保证国民经济协调而迅速地发展,是我国经济体制改革中的一个重大的理论问题和实践问题。当前,我国理论界对于国家经济职能是否国家的本质职能,国家经济职能的内涵及其客观依据,国家经济职能与生产资料所有制的关系,国家经济职能与经济体制改革的关系等问题,都存在着一些不同看法。对于这些问题,深入地进行讨论,是很有必要的。

一

关于经济职能是否为国家的本质职能问题,一种意见认为,国家同时具有两重身份,即经济组织管理者和政治统治者,由此决定了国家有经济管理和政治统治两重职能,决定了国家的本质是两重力:既是一种有组织的暴力,又是一种经济力。另一种意见认为,经济管理不是国家特有的属性,只有阶级职能才是国家的本质,把管理职能和阶级职能等同的国家两重本质论必然导致折中主义。还有一种意见认为,原来意义的国家不具有经济职能,人们现在说国家经济职能是指社会经济职能由国家行使,将来国家消亡了,

---

* 原载《经济研究》1985年第7期,参考文献从略。

社会经济职能将全部归还社会，所以国家经济职能是一种过渡性质的范畴。

国家的本质是一个阶级对另一个阶级的专政。这个专政就是统治阶级依靠暴力来实行的统治，其目的在于维护并发展那些有利于统治阶级的秩序。从这个意义来说，经济职能并不是国家的本质职能。但是从人类历史的发展来看，自从出现国家之后，无论是奴隶主国家、封建主国家，还是资产阶级国家，为了巩固他们的统治，都必然要在一定程度上干预社会的经济生活。

经济管理职能产生于生产过程的社会化。"凡是直接生产过程具有社会结合过程的形态，而不是表现为孤立生产者的孤立劳动的地方，都必然会产生监督劳动和指挥劳动。"因此，实行经济管理是任何社会组织的必不可少的职能。然而，某种经济管理职能之所以必须由国家来承担，是因为国家为了在阶级对立不可调和的情况下维持社会生存的共同需要而产生的。如果国家不能满足维持社会生存这一共同需要，国家就不能存在下去。恩格斯说："一切政治权力起先总是以某种经济的、社会的职能为基础的。"政治统治到处都是以执行某种社会职能为基础，而且政治统治只有在它执行了它的这种社会职能时，才能持续下去。所以，任何国家都有政治和经济两个方面的职能。正如马克思所说："既包括执行由一切社会的性质产生的各种公共事务，又包括由政府同人民大众相对立而产生的各种特殊职能。"但是，国家的这两种职能并不是平行的，阶级职能是国家的本质，而社会职能不过是国家为了实现其阶级职能而使用的手段。也就是说，国家是通过社会管理职能来巩固和服务于阶级职能的。由此，国家的经济职能不过是国家的本质在社会经济生活中的具体化和外在表现。

在历史上一切阶级社会里，由于生产资料主要是掌握在私人手里，国家不可能大规模地去组织社会经济建设，而只能在阶级斗争所允许的范围内，实行有限的经济建设。到了资本主义社会，随着生产的社会化和生产资料的私人占有之间的矛盾愈来愈尖锐，资产阶级"国家不得不承担起对生产的领导"。这种领导的形式之一是国家直接占有一部分生产资料。这时，作为资本主义统治机器的资本家的国家，已经从维护资本主义生产方式的外部条件而建立的组织，兼而成为维持资本主义生产方式的内部条件，而直接干预经济过程。所以，资本主义国家特别是发达的资本主义国家对社会经济生活的干预有越来越加强的趋势。在社会主义社会，由于国家作为全体人民的代表掌握着生产资料，这时国家的经济职能就不仅仅是国家作为上层建筑对经济基础具有反作用的职能，如通过经济政策和经济法令来干预经济生活，而且国家作为生产资料所有者，具有直接组织和管理整个社会经济生活的职能。所以，从历史上看，国家管理经济的职能从来没有像社会主义时期占有如此重要的地位和发挥着如此巨大的作用。从我国的情况来看，新中国成立三十多年来，我们之所以能够在社会主义建设中取得旧中国根本不可能想象的巨大成就，这同国家组织和领导经济建设的重大作用是分不开的。

但是，有些同志在强调社会主义国家的经济作用时，却把社会主义国家说成是由政治国家向经济国家转化的新型国家，或者说把社会主义国家看作是已经从上层建筑"沉入"到经济基础，即作为经济基础的国家。我认为这些看法都值得商榷。诚然，列宁说过，社会主义国家已经不是原来意义上的国家，然而这只是说无产阶级国家已经不再是少数人镇压多数人的特殊机器，而是被剥削者多数对剥削者少数实行镇压的机器。列宁还把正在消亡的国家在它消亡的一定阶段叫做非政治国家。但是，国家就其本质来讲，仍然是一种强制性的机构，是一个能够迫使人们遵守权利规范的政治机构，而不是一个经济组织。当国家的这个特点消失时，国家也就不成其为国家了。

关于国家经济职能这一概念的内涵及其特点，也是一个有争议的问题。有人认为，国家的经济职能就是"对劳动标准和消费标准实行严格的监督"，"保卫生产资料公有制"，并且认为由于国家是实行强制的特殊机构，因而国家经济职能的特点在于带有一定的强制干预性质。我认为，列宁所说的"对劳动标准和消费标准实行极严格的监督"，"保卫生产资料公有制"，"保卫劳动的平等和产品分配的平等"，这些无疑是国家经济职能的重要内容，但还不是其全部内容。因为列宁在这里并不是论证国家的经济职能，而只是从需要有国家来保卫资产阶级法权这个角度提出问题的。作为生产资料占有者或者代表人民行使生产资料所有权的社会主义国家，除上述的监督和保卫职能外，还有组织和领导整个国家经济生活，直接进行社会主义经济建设的职能。关于这方面的内容，列宁明确地指出："无产阶级需要国家政权，集中的强力组织，暴力组织，既为的是镇压剥削者的反抗，也为的是领导广大民众即农民、小资产阶级和半无产阶级来'调整'社会主义经济。"十月革命后，列宁又强调指出："当无产阶级夺取政权的任务解决以后，随着剥夺剥削者及镇压他们反抗的任务大体上和基本上解决,必然要把创造高于资本主义社会的社会经济制度的根本任务,提到首要地位;这个根本任务就是提高劳动生产率。"又指出:"无产阶级取得国家政权以后,它的最主要最根本的利益就是增加产品数量,大大提高社会生产力。"无产阶级如果不能担负起组织经济建设的任务,不能在经济上战胜资产阶级,就会丧失已经取得的革命成果,退回到旧制度上去。再从社会主义各国的实践来看,许多国家的经济职能,既包括对整个国民经济进行规划、调节和监督,也包括直接组织国营企业的产、供、销等日常经营活动,即既包括宏观经济也包括微观经济在内的全部经济活动。也有一些国家的经济职能主要是用来加强对宏观经济的管理,而微观经济则由企业自行管理。

那么,国家经济职能的特点是否就在于它的强制性?不错,国家是具有强制性的力量。但国家行使其经济职能时是否都一定要采用强制性的手段?从社会主义各国的实践来看,国家管理经济有两种方式,一种是行政方式,另一种是经济方式,这两种方式的运用和结合程度不同,也就呈现出不同的经济管理体制。管理经济的行政方式,即按照部门、地区的行政系统、行政区划,用自上而下地层层下达指示和命令的强制性方式来组织和管理经济活动;而经济方法是在经济的行业管理和区域管理内,按照经济生活的内在联系,主要运用经济手段来组织经济活动,即运用经济利益来引导、控制和调节经济活动,用经济利益来推动经济活动效果的提高。

管理经济的行政方式的特点是,依靠上级行政权威,采取发布指令和命令等的强制办法,直接指挥和组织下级部门直至企业的经济活动。行政管理是社会主义国家履行管理经济职能时必须采取的一种重要手段。社会主义经济是建立在生产社会化和生产资料公有制基础上的,需要有统一的管理,如果没有一定的行政权威和服从,这种统一就无法实现。正像列宁所说的:"没有一个使千百万人在产品的生产和分配中最严格遵守统一标准的有计划的国家组织,社会主义就无从设想。"所以,为了有计划地组织和领导国民经济的发展,政府机构从实际需要出发,发布一些行政命令,下达一些指令性计划,提出一些带有强制性要求,是十分必要的。但是,在采取行政办法的同时,必须采取经济办法,而且应该把经济方法作为经济管理的主要方法。我国过去经济管理体制的主要弊端之一,是过多地单纯用行政办法管经济,没有很好地按照客观经济规律办事。这种管理方法严重束缚着社会主义经济的发展。首先，单纯用行政办法管理经济，使企业的一切经济活动都要听从上级行政部门的命令办事，严重压抑了群众的积极性和创造性，使作为社会主义经济细胞的企业失去活力，从而也使社会主义经济缺乏生机；其次，单纯用行政办法管理经济，容易产生瞎指挥、主观主义和官僚主义，结果是投入多、产出少、浪费大、效益低，人民得到的实惠少。过去之所以如此，是由于在理论上没有把国家的政治职能和经济职能区分开来。政治职能是要解决对人民实行民主和对敌人实行专政的问题；而经济职能是要解决按照客观经济规律管理经济的问题，它要以经济内在联系和经济利益为原则，主要依靠经济手段来协调经济活动。过去我们长期没有把这两种职能区别开来，而且把经济职能依附在政治职能之中，按照行使政治职能的办法来行使经济职能，因而出现了经济管理违反经济规律的现象。这种状况之所以形成，也是由于在理论上没有认识到社会主义经济就其本质来讲是在公有制基础上的有计划的商品经济。否定社会主义经济还是商品经济，也就必然否定按照商品经济的客观规律办事，忽视发挥经济杠杆的作用。《中共中央关于经济体制改革的决定》肯定了社会主义经济是在生产资料公有制基础上的有计划的商品经济，就为改变高度集中统一、单纯依靠行政手段、忽视经济杠杆和市场调节的经济体制，为使企业能在国家必要的管理、指导和调节下自主经营、自负盈亏，发挥出最大的活力，提供了最重要的理论依据。当前我国正在进行的经济体制改革就是要改变过去单纯依靠行政手段来管理经济的体制，而改为经济手段和行政手段相结合，并以经济手段为主的管理体制。这就是说，今后应该更多地运用价格、税收、信贷等经济杠杆，发挥价值规律对生产和流通的调节作用，使企业在追求本单位经济利益时同社会的整体利益密切结合起来，从而加强国家对整个经济的计划管理。为此，在计划体制上，必须改变过去把计划经济同指令性计划等同起来的错误观念。实行计划经济不等于实行指令性计划，指令性计划和指导性计划都是计划经济的具体形式。指令性计划对企业具有约束力，是必须执行的计划；而指导性计划则是对企业的经济活动提出指导性意见，它对企业不具有行政约束力，不具有强制性，而主要是运用经济杠杆保证其实现。虽然国家税收、计划价格、贷款额度、工资增长率等也都具有指令或强制性的性质，企业必须严格遵守，但是它同对企业发布直接带有强制性的指令性指标的行政手段毕竟不同，而且经济杠杆要发挥有效的调节作用，本身就不能不具有一定的灵活性，只有这样，经济杠杆才能适应经济生活复杂多变的需要，成为加强计划管理的有效手段。

二

有些同志认为社会主义国家行使经济职能的客观依据就是生产资料的社会主义国家所有制。诚然，国家所有制确实是行使经济职能的理论基础。包括我国在内的许多社会主义国家就是在国家占有生产资料、国家直接经营的高度集中管理体制下，由国家包揽全部经济活动，但是不能以此论证国家所有制是国家行使经济职能的唯一依据，认为否定国家所有制就是否定国家经济职能。

国家作为上层建筑对经济基础的反作用，也是国家行使经济职能的客观依据。国家作为社会上层建筑的组成部分，在上层建筑体系中占有极为重要的地位，和上层建筑的其他部分比较，国家对经济基础有着更为直接更为密切的关系。国家不仅直接地和集中地反映经济基础的特点和要求，并且积极为它服务。国家能以最有效的方式和手段帮助自己的经济基础形成和发展，它可以使用强制力量，强制人们服从统治阶级的秩序，维护统治阶级的经济利益。当然，在不同性质的国家中，国家权力对于经济发展的作用是不同的。社会主义生产是建立在生产资料公有制基础上的社会化大生产，更需要有能集中体现人民利益和反映人民要求的社会主义国家来对整个国民经济实行统一的领导和管理，以帮助社会主义经济基础形成和发展。

在社会主义社会，社会主义国家作为全体人民的代表，对全民所有制的生产资料行使着生产资料的所有权，有计划地组织和领导整个国民经济。但是，不能由此认为国家可以包揽从宏观到微观的经济的全部组织活动。从我国和其他一些社会主义国家的情况来看，过去国家对企业的管理太多、太死的一个重要原因，就是把全民所有同国家机构直接经营混为一谈。其所以如此，我认为，又是由于在理论上长期以来流行着一种错误观念，就是把国家所有制和全民所有制完全等同起来，把国家所有制看作是全民所有制的唯一形式。持这种观点的同志认为，生产资料既然是国家所有，企业自然也就应该为国家所有，与此相应，企业自然应该由国家来直接经营，企业的生产经营活动必须由国家计划统一安排，企业的产供销和人财物必须听从国家的统一调度，这就是所谓国营企业。国营企业顾名思义就是要国家直接经营。国家不直接经营企业，就无法体现国家对企业的生产资料所有者的关系。但是，实际上，国家所有制只是全民所有制的一种形式，而不是唯一的形式；由国家直接经营企业也只是社会主义经济的一种模式，而不是唯一的模式，并且也不是一种最好的模式。生产资料归国家所有，企业由国家直接经营，这种模式在社会主义社会的初期阶段曾起过积极作用，但随着社会生产力的发展，企业由国家机构直接经营和管理的弊端愈益暴露，这就不可避免地会产生严重的主观主义和官僚主义，压抑企业的生机和活力，束缚着生产力的发展。为了解放生产力，必须搞活企业，把经营管理权下放给企业。正如《中共中央关于经济体制改革的决定》所指出的，在服从国家计划和管理的前提下，企业有权选择灵活多样的经营方式，有权安排自己的产供销活动，有权拥有和支配自留资金，有权依照规定自行任免、聘用和选举本企业的工作人员，有权自行决定用工办法和工资奖励方式，有权在国家允许的范围内确定本企业产品的价格，等等。总之，要使企业真正成为相对独立的经济实体，成为自主经营、自负盈亏的社会主义商品生产者和经营者。这样，社会主义全民所有制，实际上也就从国家占有、支配和使用即由国家直接经营的国家所有制形式，发展成为真正是由全民共同占有、支配和使用生产资料的所有制形式。作为全民所有制的各个企业具有生产资料的支配权和使用权即经营管理权，不仅不影响全民所有制的性质，而且正是全民所有制本身所要求的。我认为，全民所有表现为两个层次的关系。第一个层次，全民作为一个整体概念，对生产资料拥有所有权，在现阶段由社会主义国家代表全体人民行使对生产资料的所有权，社会主义国家根据社会化大生产的客观要求从总体上调节社会生产，把各个企业组合在有机的统一整体中，实现了劳动者和生产资料在全社会范围内的结合。第二个层次，全民作为一个具体概念或实体，是由千千万万个企业组成的，而每个企业又是由千万个劳动者组成的，因此全民所有必然要落实到每个企业和每个劳动者身上。生产资料的全民所有制既然意味着全体人民是生产资料的所有者，那么，在经济体制上就应当保证广大人民群众能够参加管理。只有作为全民所有制的主人，即在全民所有制企业中从事生产活动的脑力劳动者和体力劳动者，能够事实上共同支配生产资料，使用共有的生产资料，并能支配他们共同的劳动成果，这才真正实现了直接生产者和生产资料的直接结合。如果作为全民所有制经济的细胞的企业，作为全民所有制的主人翁的劳动者，对他所在的企业的生产资料没有支配权和使用权，那么这个全民所有制就会名不符实，就会变质，所以全民所有制的各个企业具有经营管理权，正是生产资料全民所有制的体现，也是实现全民所有制的客观要求。同时，全民所有制企业具有经营管理权，也不会影响作为全民代表的社会主义国家对生产资料行使所有权。由于经济全局往往不是企业所能掌握的，而企业又容易根据自己的局部利益来行动，因此，社会主义国家还必须根据全体人民的利益和经济全局的需要，对经济的发展作出统筹规划。为了使各个企业的经济活动符合国民经济发展的总体要求，国家机构必须通过计划和经济的、行政的、法律的手段对企业进行必要的管理、检查、指导和调节，通过税收等形式从企业集中必须由国家统一使用的纯收入，决定企业的创建和关、停、并、转、迁。所有这些，都是国家代表人民对生产资料行使所有权的具体表现，也是为了保证企业沿着社会主义方向发展必需的根本条件。

从苏联、东欧国家的经济体制改革的实践也可以看出，经济改革要搞好，首先必须从所有制形式的调整开始。苏联的高度集中的经济管理体制是同他们长期维持的所有制形式的高度集中有很大关系的，不从调整所有制入手，管理体制高度集中的问题就很难解决。东欧有些国家已开始在所有制的调整上寻找改革的出路，强调要把所有权和经营权分开，为扩大企业自主权提供理论依据。这个动向很值得重视和研究。

三

国家经济职能要不要改革？改革的实质是什么？对此也有不同看法。一种意见认为，我国目前的经济体制改革实质上是一场国民经济管理方式的变革，它的核心是根本改革国家的经济职能。另一种意见认为，经济体制改革并不是改革国家的经济职能，而是完善国家管理经济的方法。

长期以来，在国家经济职能问题上，存在着一种不正确的理解，认为社会主义国家管理经济就是政府机构直接参与和管理企业的生产经营，直接指挥企业的人财物、供产销、内外贸等具体活动。这种状况不但妨碍了企业的积极性和主动性的发挥，而且严重削弱了政府机构管理经济的应有作用。

《中共中央关于经济体制改革的决定》强调指出，增强企业的活力，特别是增强全民所有制的大、中型企业的活力，是以城市为重点的整个经济体制改革的中心环节。要使企业有活力，首先要处理好国家和全民所有制企业之间的关系。过去由于政企不分，企业不论规模大小都必须按照其直属上级领导机关的指令活动，使企业成了各级行政机构的附属物。因此，进行经济体制改革，必须坚持政企职责分开，简政放权。正像《决定》所指出，"按照政企职责分开、简政放权的原则进行改革，是搞活企业和整个国民经济的迫切需要"。所以，从这个意义上可以说，改革国家经济职能是经济体制改革的核心问题。

实行政企分开、简政放权，跳出多年来形成的僵化模式，才能从根本上改变束缚经济发展的有害做法。政企职责分开，各级政府从直接指挥企业生产经营的活动中摆脱出来，就可以集中力量从全局上，即主要是从宏观经济和行业、地区的全局出发，组织和领导经济建设，通过经济的、行政的、法律的手段，正确发挥国家机关管理经济的职能。这种放下了抓微观的小事，而抓起了宏观的大事的做法，不但不会削弱而且正是加强了国家对经济的管理；同时也是为搞活企业创造条件。简政放权就是要把权真正放给从事生产经营活动的企业。企业是从事生产建设和商品流通的直接承担者，是社会主义生产力发展和经济技术进步的主导力量，通过简政放权，调整好国家和企业之间的关系，调整好企业和职工之间的关系，确立职工在企业中的主人翁地位，使企业真正能够成为拥有生产经营的责任、权力和利益的相对独立的经济实体，这样企业才能有活力，整个国民经济也才能有活力。如果把国民经济比作一个统一的有机体，企业就是这个有机体的细胞。企业要成为一个活的细胞，就必须是一个相对独立的经济实体，为此必须改变过去由国家代替企业直接经营的做法。社会主义生产是社会化的大生产，社会化的大生产是非常复杂的有机体，一方面社会需求多种多样，而且处于经常变动之中；另一方面各个企业职工的劳动和生产条件又千差万别，且又不断变化，在这种情况下，要由国家直接支配几十万个企业的活动，确定产、供、销及各个环节的关系，是根本不可能的。因此，必须对国家高度集中管理的体制进行改革，改革的关键是放权。但是，放权的内容必须是真正从经济上放权，即应当属于企业的人财物、产供销等生产经营管理权下放给企业，使企业拥有必不可少的对日常经营活动进行决策的权力；而不能只搞行政性放权，即简单地把上级政府部门管理的某些权力分一部分给下级政府部门。我国过去多次搞过的权力下放，就是这种行政性的分权，它只是在各级政府部门间作权力的转移，只是使企业从原来是中央政府机关的附属物变为地方政府机关的附属物，这样不仅不能从根本上解决政企职责不分和企业没有活力这个要害问题，而且会削弱中央政府机关作为重要调节者的作用，滋长地方各自为政和互相封锁的现象，于是又不得不重新集中。这样就出现了过去几十年我国管理体制上放了收、收了放的循环现象。历史经验证明，不改革国家的经济职能，不解决政企分开和搞活企业这个根本问题，只是在行政性的权力分配上打圈子，这种改革是没有出路的。这是因为，按照行政系统组织经济，无非有两种办法：或者采用部门原则，使企业归属于部门行政机关，这就形成了按"条条"原则组织起来的经济系统；或者采用地域原则，使企业归属于地区行政机关，这就形成了按"块块"原则组织起来的经济系统。无论按"条条"还是按"块块"原则组织经济，都人为地割断超越本部门或本地区的经济联系，造成条块分割、自成体系的状态。所以，如果我们只是取消中央政府和省政府直接管理企业的职能，而不改变政府机关直接管理企业的老格局，那么，这种"下放"只不过是把条条改成块块，或者把大块块切成小块块。这种行政性的分权改来改去当然是改不出结果的。解决问题的关键是实行经济性的分权，即把直接组织生产和经营方面的权力放给企业，使企业拥有产供销的自主权，这是企业权力的核心，也是搞活企业的关键。《决定》明确指出："今后各级政府部门原则上不再直接经营管理企业。"当然，这并不否认国家同企业之间仍然是领导和被领导的关系。从全局来看，整个经济发展的战略目标、战略重点、方针政策等重大决策，国民经济的主要比例与综合平衡，都是由国家来规定的；经济调节手段和法律手段都是由国家来运用的；企业经济活动的主要方面，都是在国家的法令和计划、政策指导下进行的，所有这些都是社会主义国家组织管理经济职能的重要体现。此外，《决定》还明确规定各级政府还必须具有为企业和基层服务的职能，这必将推动社会主义经济的迅速发展。

1985年3月修改稿

见证历史

1. 王爱珠教授的主要学术思想：社会主义经济理论

顾钰民

我是20世纪80年代中期成为王爱珠教授的硕士研究生的，这是她学术思想活跃、学术研究深入、学术成果丰富的时期，也是她教学科研的黄金时期。作为她的学生，在她的教学、讨论、研究过程中受惠于她的学术思想，至今印象深刻。本文按照时间的顺序，对王爱珠教授的学术思想脉络作一回顾。

一、关于经济改革和社会主义经济理论的学术研究

70年代末，"四人帮"被粉碎以后，面对在"文化大革命"十年中被他们搞乱的理论，我国理论界面临的一个重要任务是要在理论上进行拨乱反正，把被"四人帮"搞乱的理论重新恢复其马克思主义的本来意义。在这一时期，王爱珠教授写的《社会主义时期没有奖金是不行的》《列宁是怎样论述按劳分配的》《高速度发展社会主义经济具有决定意义》等几篇论文比较集中地体现了这一主题。其中，比较突出的是1978年发表在《复旦学报》第1期上的《社会主义时期没有奖金是不行的》这篇论文。

1985年，王爱珠教授发表了《突破传统观念，建立具有中国特色的社会主义经济体制》一文，在这篇文章中，通过比较研究，对社会主义经济理论的许多重大问题进行了深入的阐述，实现了观念上的变革。具体体现在以下几方面：关于对社会主义经济是公有制基础上的有计划商品经济的阐述；关于指令性计划和指导性计划都是计划经济的具体形式的阐述；关于全民所有制企业"两权分离"的阐述；关于实行政企职责分开，正确发挥国家经济职能的阐述；关于对社会主义按劳分配问题的阐述。

王爱珠教授在这篇文章中涉及的是社会主义经济理论的一些重大的、基本的问题，是进行经济体制改革首先必须要在理论上解决好的问题。在这一阶段，王爱珠教授的学术思想和理论研究，清晰地反映了改革和经济理论发展的要求。

二、关于特区经济的理论研究

兴办经济特区是我国对外开放的一种重要形式，也是我国经济发展中的一个创造。王爱珠教授在对深圳经济特区进行调查研究的基础上，完成了《深圳的经济发展和社会进步》《从生产资料所有制结构看深圳特区经济的性质和特点》这两篇论文，这两篇论文充分反映了她坚持理论与实际相结合取得的研究成果。

在《从生产资料所有制结构看深圳特区经济的性质和特点》这篇论文中，王爱珠教授通过对深圳的调查研究和实地考察，用大量的数据和实例，概括了深圳特区所有制结构的特点是："不仅从总体上来看，整个特区经济是多种所有制形式结合、多种经济成分并存，而且从单个企业来看，在一个企业内部也是多种所有制形式共同经营，多种经济成分并存。多种所有制形式的联合和合作，就其实质来讲，主要是社会主义所有制和资本主义所有制的联系和合作。这两种所有制的联系和合作，构成一种既有社会主义经济成分又有资本主义经济成分的国家资本主义经济。"

王爱珠教授认为，无论是公有制企业接受"三来一补"这一形式，还是中外合资、合作企业这一形式，或者是外商独资经营企业，这些都是不同程度的国家资本主义经济。

王爱珠教授认为："在深圳特区的经济结构中，既然既有社会主义经济成分，也有资本主义经济成分，那么在这样的经济条件的基础上，必然是社会主义经济规律和资本主义经济规律都起作用，而同商品经济相联系的价值规律和竞争规律则起着极为重要的作用。这些规律交替作用的结果，反映在特区内的经济活动上，是在计划指导下以市场调节为主。……反映在特区的企业管理上，也是多种管理形式并存。……反映在分配关系上，也是多种分配形式并存，既有按劳分配，也有按资分配，……（是）符合我国要使一部分人先富起来的政策的。"

同爱共辉 TONGAI GONGHUI

王爱珠教授在当时关于特区经济性质的这些理论分析和论述，对人们正确认识特区经济的性质和特点具有很强的说服力，也充分表现出她一贯坚持的实事求是、从实际出发进行学术研究的学风和态度，既坚持马克思主义的基本理论，又根据发展了的实践提出新的分析和观点，很好地实现了对马克思主义基本原理的坚持和发展的统一。

三、关于国家经济职能问题的理论研究

关于社会主义国家经济职能的问题，是王爱珠教授研究的重点课题之一，在《经济研究》1985年第7期上发表的《关于社会主义国家经济职能的几个问题》这篇文章集中反映了她对这一问题的研究成果。

随着经济体制改革的不断深入，高度集中的计划经济体制已经被打破，市场对经济活动的调节程度和范围日益提高和扩大。在这一背景下，我国理论界对于国家经济职能是否是国家的本质职能，国家经济职能的内涵及其客观依据，国家经济职能与生产资料所有制的关系，国家经济职能与经济体制改革的关系等问题，都存在着一些不同看法。

在关于社会主义国家经济职能的问题上，王爱珠教授的学术思想可以概括为以下几点：

第一，国家经济管理职能产生于生产过程的社会化，实行经济管理是国家必不可少的职能，在社会主义经济建设时期，必须要充分认识到国家在经济发展中的巨大作用。

第二，运用行政方式和经济方式是国家管理经济的两种基本方式，这两种方式的运用和结合程度不同，就是不同的经济管理体制。社会主义经济是有计划的商品经济，这在客观上要求国家主要运用经济方式来管理经济。

第三，实行计划经济不等于实行指令性计划，指令性计划和指导性计划都是计划经济的具体形式。

第四，全民所有制的各个企业具有经营管理权，是生产资料全民所有制的体现，也是实现全民所有制的客观要求，全民所有制企业具有经营管理权，不会影响社会主义国家对生产资料行使所有权。

王爱珠教授的这些思想，反映了她当时对国家经济职能问题的深入研究和深刻认识，为改革国家管理经济的方式提供了理论上的支撑。

四、关于苏联东欧国家经济改革的理论研究

苏联东欧国家的经济改革理论是王爱珠教授在80年代理论研究的重点，也是她从事经济学理论研究的特色。这一特色的形成，又是与王爱珠教授在80年代初去南斯拉夫学习和研究这段经历分不开的。在国内有几十年研究马克思主义政治经济学的基础，加上在南斯拉夫实地考察和研究，使王爱珠教授在研究苏联东欧经济改革理论方面具有了独特的优势。经过多年的努力研究和积累，取得了丰硕的研究成果。由复旦大学出版社在1989年出版的《苏联东欧经济改革概论》是王爱珠教授研究苏联东欧经济问题的一本代表性著作，当时在国内也很有影响。在复旦大学，以至在国内经济学界，说到研究苏联东欧经济改革理论的代表性人物时，总是与王爱珠教授的名字联系在一起。在这一时期，复旦大学经济学门类的研究生，都听过王爱珠教授讲授"苏联东欧经济改革理论"这门课程，大家对苏联东欧经济改革理论的了解，更多的是通过学习这门课程来实现的。复旦大学研究生院把王爱珠教授的这本著作列入恢复研究生招生以来出版的第一套丛书，并作为提高研究生教学质量的一项重要措施。

但是，遗憾的是，在王爱珠教授的这本著作出版不久，苏联东欧国家纷纷解体，社会主义的经济改革在苏联东欧国家已经终止。在国内对苏联东欧问题的研究重点转向了对苏联东欧国家解体和变化原因的分析。因此，在国内的理论界，当然也包括王爱珠教授，基本上都停止了对苏联东欧经济改革理论的研究。

从90年代开始，王爱珠教授已经年过60岁，她又重新开辟了"老年经济学"这一新的学术研究领域。作为一个学者，这样的研究精神实在是让人敬佩。

作为王爱珠教授的学生对导师在20世纪80年代经济理论研究的成果和学术思想做一回顾，也许理解并不深刻、全面和准确，也可能会遗漏一些比较重要的学术思想。但是，在学生心目中印象深刻，并始终作为自己表率的是王爱珠教授的学风和做人的准则。

作为一个导师，在学生心目中的形象是由这样两个方面来塑造的：一是学术水平，二是做人原则。这两个方面也是履行一个教师职责所必须具备的

最基本素质。教师对学生教育的基本职责是授业传道,授业就是传授知识,要能够更好地向学生传授知识,教师自己必须具有高的学术水平。传道就是传授做人之道,这既需要教师对学生的言传,更重要的是教师对学生的师表。我在师从王爱珠教授的几年时间里,不仅得益于学问上的长进,更受惠于对做人之道认识的提高。在这方面王爱珠教授给我的印象深刻。

严谨的学风、谦逊的态度是王爱珠教授作为一个学者在教学和科研过程中表现出来的基本特点。王爱珠教授无论是在教学中,还是在讨论课上,或者是指导论文的过程中,都表现出非常强的学术规范。对每一个问题的讲解,都经过自己的研究,都有充分的依据,并作出有说服力的分析。对于学术争论问题,有自己的看法和观点,对不同的观点,不是简单地否定,而是深入地分析,既不盲从于某些观点,也不把自己的观点强加于人,以自己的学术研究为依据踏踏实实地做好学问。在感受到王爱珠教授严谨的学风的同时,更体会到她作为一个学者的谦逊的态度。在给学生上讨论课时,大家围绕着理论问题和学术观点进行讨论,在这过程中出现不同的观点和看法是非常正常的现象,王爱珠教授总是平等地与大家一起讨论,尊重每一个同学提出的问题和看法,也吸取每一个同学在讨论过程中的合理思想,用充分说理的分析纠正同学们的一些不正确的看法。所以,在讨论课上大家都没有顾虑,畅所欲言,师生之间气氛和谐。这样的一种氛围最容易碰撞出新的思想火花。王爱珠教授这种谦逊的态度,是她在做学问上达到的一个新的高度,在学术修养上达到的一个新的层次。

真诚待人、关心他人是王爱珠教授作为一个导师在教书育人过程中表现出来的基本特点。王爱珠教授既给本科生上课,又指导研究生,她有很多的学生。她经常给我们讲一些做人的道理,但更多的是通过平时的接触使我们感受到王爱珠教授的身教。学生们经常到王爱珠教授的家中讨论问题,特别是在做论文的阶段,这样的接触就更多了。在交谈中,在讨论问题过程中,我们感受到的是真诚的师生关系。只有尊重别人,才能得到别人的尊重,即使在师生之间也是这样,这是王爱珠教授经常对我们讲的话。我们学生都非常尊重王爱珠教授,这样的尊重不是建立在师道尊严的基础上,更不是建立在权力利益的基础上,而是建立在师生平等、真诚相待的基础上。王爱珠教授也非常关心我们学生,我们有困难,有什么问题需要解决,她总是满腔热情地帮助我们，为我们解决困难和问题。这些事情虽然都是很平凡、很普通的小事，但是折射出的却是一个人的内在品质和做人之道。

20年前我是王爱珠教授的学生，今天也成为一名高校的教师，但在王爱珠教授面前仍然是一个学生，在王爱珠导师身上得到的学识和做人的道理是终身受益的。

顾钰民

2005年1月8日

（作者作此文时为同济大学文法学院副院长、教授，现为复旦大学马克思主义学院教授）

2. 不懈耕耘　不断创新

袁　平

王爱珠教授是一位深受学生爱戴的老师。作为她众多学生中的一个，多年来，我一直都在心存感激地对我的家人和我的朋友们说，没有王爱珠教授对我的言传身教，没有她对我的关心、帮助和鼓励，就没有我的今天。

王老师是一位具有深厚学术功底和渊博学识的经济专家。她在经济学的园地里辛勤耕耘，硕果累累。她的研究常常带有鲜明的时代特色——这一方面是因为她怀有强烈的历史使命感，另一方面是因为她具有敏锐的学术洞察力。这也使得她的研究成果具有少见的前瞻性，使得她的研究工作在不断创新的同时，无可争议地走在了时代的前列。王老师在经济体制改革比较研究和苏联东欧经济改革方面的研究，以及后来她在老年经济学方面从事的研究工作，只是其中的两个例子。

80年代中期，中国经济改革的重点正在从农村转向城市。当时，对于下一步中国经济改革究竟该怎么改，社会各界并没有形成一致的看法。而与中国经济体制相近的苏联东欧各国，早在五六十年代就开始了经济改革，经过一段停滞之后，这些国家又于80年代初掀起了新的改革浪潮。那么，苏联东欧各国改革的最新进展是什么？有哪些特点？它们的改革实践是否能为我们的改革提供一些借鉴？这些问题在当时来说，是非常现实而又亟待回答的问题。在这样的时代背景下，王老师结合自己多年在经济体制改革方面的比较研究及对苏联东欧经济改革方面的跟踪分析，很快在经济学系开设出了一门"苏联东欧经济改革理论"的研究生学位课程，对苏联东欧诸国的改革进行系统的讲解和分析。不难想象，这门课肯定会是一门很受欢迎的课程，因为它适应着时代的需要。事实的确是如此。王老师开设的这门课原本是研究生的学位课程，按理仅限于系里的研究生去上。但是，当时在复旦进修的教师们也很想听这门课，于是，只得将教室改在一间能容纳上百人的大教室。可是没想到，这间大教室仍然不够用，常常是不少人不得不坐在走廊里听课。我至今还清楚地记得，自己骑着自行车飞快地从南区赶往校内那间大教室去占座时的情景。与听这门课的所有人一样，我是上了王老师的这门课才对苏联东欧各国改革有了比较全面的了解。也正是通过王老师的这门课，我才对经济体制改革的理论和实践产生了浓厚的兴趣，继而萌生了将来毕业后要到与国家的经济体制改革和发展有密切关系的部门去工作的想法。当我把自己的这一想法告诉王老师后，王老师对我非常支持。她勉励我好好努力，多读些书，多思考些问题，多做些笔记，不断充实自己。她的这些谆谆教导，让我受益无穷。我迄今为止，一直都还保留着读书记笔记的习惯。到了读研究生的最后一年，在王老师的大力推荐之下和复旦研究生院院长办公室的安排下，我有幸参加了由国务院发展研究中心专家专程来沪主持的面试，随后被录取为该中心的正式研究人员。后来我到北京工作，王老师仍然一直关心着我的成长，有时来北京开会还会专门抽时间找我面谈。在她的鼓励之下，我在发展研究中心参与了不少对内对外的重大课题，还被发展研究中心的主要负责人指定兼任吴敬琏老师的研究助手。回想起这一切，我不得不由衷地感激王老师对我学业上的指导，做人上的教诲和生活上的关怀。

进入90年代后，王老师的学术研究转向了老年经济学。她在繁忙的研究之余，领导并参与了复旦老年经济学研究所的创建工作，自己还亲自出任该所的首任所长。老年经济学当时在中国属于一块尚未开垦的处女地。人们对于人口老龄化、社会养老保险制度不健全等带来的一系列经济社会问题，还没有引起足够的重视。但是，王老师凭着她在学术上的敏锐性和深厚的经济学功底，在老年经济学这块沃土上，默默耕耘，发人之所未发，在年届64岁时出版了我国第一部《老年经济学》，为中国老年经济学的发展作出了开创性的贡献。从经济体制改革比较研究转入老年经济学，其跨度之大，其难度之大，是显而易见的。但是，王老师并没有因此产生过任何动摇。她一如既往，潜心研究，积数年之功，竟初创之业，成一家之言，其精神是何等可贵，何等值得我们学生去效仿。"岁老根弥壮，阳骄叶更荫"，这正是王老师晚年学术生涯的一个真实写照。现在老年经济学在中国已经发展成为一门非常重要的学科，对国家的人口政策、就业政策、社会保障政策等已产生了举足轻重的影响。作为这门学科在中国的先驱，王老师的功劳是巨大的，是无可替代的。

2006年秋，我去洛杉矶拜见王老师和她的先生袁缉辉教授。师生阔别

袁平（右一）在加拿大多伦多接待王爱珠、袁缉辉两位老师

同爱共辉 TONGAI GONGHUI

近14年后再次重逢,心里格外高兴。一见面,王老师就仔细问起我的工作、生活情况。在得知我在国外早已成家立业后,她欣慰地说了不少勉励我的话,说话时的神情与我在复旦读书时一模一样。是的,在她面前,我永远都是她的学生,她永远都会把自己的学生当作自己的孩子来关心,来爱护。临别前,王老师还特地赠送给了我一本她再版的《老年经济学》。当时,我拿着这本书,心里异常激动,觉得这本书无比沉重,无比珍贵。因为我深深知道,它凝结着王老师数年的心血和汗水,它是中国老年经济学的里程碑,它是中国老年经济学发展的历史见证!

2013年春,王老师和袁缉辉老师来多伦多旅游,我们得以有机会再次相见。两位老师在我家做客的两天时间里,我们在一起聊了很多。其中重点谈了谈中国经济体制改革取得的成就和存在的问题。我们一致认为,相对于苏联及东欧各国的改革,中国的经济体制改革是很成功的。但是,苏联及东欧各国改革过程中的教训是值得中国注意的,尤其是腐败问题,它是导致苏联及东欧各国政府垮台的直接诱因。王老师在她1989年4月出版的那本《苏联东欧经济改革概论》中对此已早有论述。现在回过头来看,我对王老师当年的远见卓识佩服不已。

适逢王老师和袁老师钻石婚纪念日,在此敬祝两位老师寿比南山!

2018年2月

(作者为加拿大安大略省政府资深经济师)

第三篇

推进老年社会学在我国的教学与研究

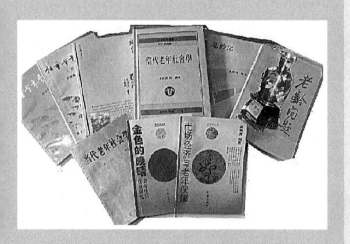

心路回眸

袁缉辉

我研究老年问题始于1978年上海市社会学学会成立之后，当时为了筹建上海市老年人问题研究会，我与上海总工会宣传部以及离退休老人有较多接触。1983年2月至9月，我以复旦大学分校社会学系副教授、系主任的身份去美国耶鲁大学社会学系做访问学者。我的合作者是戴维斯·弗里德曼副教授，老年社会学是她的研究领域之一。1985年7月，我作为中国代表之一，首次参加了国际老年学学会的学术活动，即在美国纽约召开的第十三届国际老年学大会。在此前后，我参与筹备上海市老年学学会。学会于1985年12月成立，是我国第一个地方性的老年学学会，我连任四届副会长。1986年4月，中国老年学学会成立，我当选为理事。

我的以上经历，以及多次去国（境）外参加老年学学术活动，促使我在社会学的教学科研领域中以老年社会学作为重要内容，并带动我所在上海大

袁缉辉（中）与范明林（右）、张钟汝在老年社会学研究所前合影（1996年）

学文学院社会学研究所的同事们从事这个领域的教学研究。1992年下半年我向上海市有关领导提出由市老龄问题委员会与各高校和社会科学院合作建立研究机构的建议。1993年3月,上海市老龄科研中心及其所属6个研究所正式建立。市老龄委与上海大学合作建立的是老年社会学研究所,并命我为首任所长;与复旦大学合作建立的老年经济学研究所,以王爱珠为首任所长。我们退休后改任老龄科研中心学术委员。市老龄科学研究中心及所属所的建立,大大推动了老年学科研的发展。

1995年3月17日《新民晚报》发表了题为《老龄化还不是大问题》的署名文章,在老龄工作干部中造成了思想混乱,为此我写了指名批评的专文。要感谢新闻界老前辈夏其言,他亲自写了导语并以《人口老龄化问题不能不成为中国关注的重大课题》为题发表于《上海老年报》,反响很大,后《中国老年报》予以转载。

学术撷英

1. 老龄问题是当今世界重大的社会问题*

老龄问题包含两个方面的内容：一是关于研究解决老年人个人特殊需要和保障老年人合法权益的问题；二是关于老年人在总人口中所占比重增大，对经济、社会发展产生的一系列影响和如何发挥老年人作用的问题。1982年，联合国世界老龄问题大会的召开及老龄问题国际行动计划的通过，标志着老龄问题提上了世界议事日程。

世界人口老化的趋势日益严重

按照联合国的有关规定，60岁及60岁以上者称为老年人。老年人占人口10%以上的地区或国家称为"老年型地区"或"老年型国家"。近三十年，在一些国家，主要是发达国家，出生率下降，平均寿命延长，因而老人在总人口中所占的比重日益增加。据统计：现在世界上已有50多个老年型地区、国家。其中有法国、联邦德国、瑞典、意大利、美国、苏联、民主德国和日本等国。

1950年，全世界老年人为2.14亿，1975年增加到3.5亿，预测到2000年将增到5.9亿，2025年将增至11.21亿。在这75年间，世界人口总数从25亿增加到82亿，增长3倍多，而老年人从2.14亿增加到11.21亿，增长5倍多。这就是说老年人增长的速度，大大快于人口增长的速度。在1950年，全世界老年人在人口中的比重为8.48%，平均每12个人中有1个老年人，而到2025年，老年人在人口中的比重上升为13.68%，平均每7个人中就将有1个老年人。

1985年，我国60岁以上的老年人有8 500万，在人口中的比重为8.2%，

---

* 原载《老龄问题》，复旦大学出版社1986年版。

江苏、浙江、山东、天津、北京、河北、河南和广东等八个省市老年人的比重超过了平均数，接近9%。上海为11.51%，已经进入"老年型"行列。在我国，人口老化的趋势是很快的。1950年，我国老年人为4 000多万，1975年为7 000万，预计到2000年，将为1.3亿，2025年将增至2.8亿。这75年间，我国人口由5亿多增加到14亿多，增长2.6倍，而老年人，却增长6.7倍。老年人增长的速度快于全国人口的增长。在1950年，我国老年人在人口中的比重约为7%，平均每14个人中有1个老年人，而到2025年，老年人在人口中的比重上升为20%，平均每5个人中就有1个老年人。这种发展速度，快于世界老年人增长的速度。

人口老化是社会经济发展的结果，是人民物质和文化生活提高、医疗卫生条件改善的结果。这是反映社会进步的一个现象。人的寿命越长，人类越应感到骄傲，受到鼓舞。但是人口老化也会对经济和社会发展带来一定的影响。发达国家人口老化过程经历了一百多年，各国政府虽然逐渐感到了老龄问题的严重性，但是却难以解决，还有越来越严重的趋势。

从目前情况看，我国人口结构总的来说还比较年轻，但是应该看到，我国人口老化速度将是人类有史以来最快的。到本世纪末，我国就将进入"老年型国家"。下一世纪，我国人口老化问题将十分突出。我们一定要充分发挥社会主义制度的优越性，汲取西方国家在解决老龄问题方面的经验与教训，从现在起就要把老龄问题提到战略高度去研究和解决。在经济体制改革过程中，把社会保障制度作为配套的重要措施建立和健全起来。

这里还要指出的是，人口老化的程度取决于死亡率和出生率（除去人口迁移因素），而出生率的下降则是加速人口老化的主要因素。计划生育是我国一项基本国策，我们既不能放松对人口数量的控制，也要考虑和预防随之而来的人口老化问题，避免使人口过分老化。我们可以根据人口发展规律及我国的实践经验，找出一个人口数量和人口老化程度都可接受的数量界限，制订今后的人口发展规划。解决因老龄化而带来的各种问题，也必将有利于计划生育政策的贯彻。

老龄问题世界大会（1982年，维也纳）秘书长威廉·柯里根曾说："中国政府已经注意到老龄化问题，并采取了有关措施。"他表示："希望中国在建设社会主义国家的同时，创造出一整套良好的家庭关系和正确对待老年人的榜样。"他认为,"这将是对人类一大贡献"。我们相信,在我国建设具有中国特色的社会主义过程中,也一定能够在老龄工作方面充分发扬尊老敬老的中国传统和体现社会主义制度的优越性。

人口老化对经济和社会发展的影响

老龄问题作为当今世界上普遍存在的重大社会问题,必然对经济和社会发展带来重要影响。

首先,人口老化使劳动人口相对减少,而消费人口相对增加,这样就会加重国家和整个社会的负担。社会保险福利支出大量增加,在西方普遍经济不景气,财政支出困难的情况下,各国政府都感到难以负担,目前,美国劳动者和领养老金者比例为6比1,预计五十年后将变为3比1。1982年美国支出150亿美元作为养老金和老年其他福利及服务用,这笔费用大约为社会保险总开支的一半。对此各国政府官方人士和学者专家想不出解决问题的好办法。在西欧有人提出延长老年人工作年限以减轻年轻人的"养老金负担"。在美国也有学者提出推迟老年人退休的时间。但这样做会使社会的失业问题更加严重,会使谋求职业的竞争加剧。欧洲共同体的一位专家说:"在未来的年头,赡养老年人的经费,可能成为各国面临的最尖锐的国内问题,而解决的办法却很难找到。"到2025年,我国每3个成年人也需要扶养1.5个年过60岁的老人。截至1984年底,我国退休、离休职工为1 458万多人,国家每年支付退休金高达106亿元,今后每年要净增120万名退离休职工,国家每年要增加7亿元左右退休金的开支。国家和集体还要安排大量人力、物力、财力为老年人提供福利、医疗、保健等。

其次,人口老化将使劳动力结构逐渐老化,直接影响到经济的发展。因为老年人虽然有较丰富的经验和积累了大量的知识,但由于自然规律的作用,老年人毕竟不如中青年灵活、勤快、适应性强。因而在科学技术水平不变的条件下,人口的老化必然会影响到生产增长的速度。据国际劳工组织估计,到2000年时,年过65岁的男子就业人数仍将占27%,妇女占10%(不包括家务劳动和种植供家庭消费的粮食),该组织还预测,由于人口老化的影响,本世纪末开始,一些工业国的生产将会下降,其中日本尤为严重。到2020年,日本65岁以上老人占总人口的25%,国民生产总值增长率将因此下降1%。日本通产省正考虑用机器人数量的增长去弥补一部分青壮年劳动力的不足。1980年，日本的机器人数量为7.7万具，预计到1990年将达到56万具，新设计的机器人将适合老年工人操纵，从而可以将退休年龄从55岁逐渐提高，这样可以在一定时期内解决一部分劳动力不足的问题。

就我国来说，1981年全国45岁以上的"老年"劳动力占劳动力人口的19%，预计到2000年，"老年"劳动力将占23%，而上海在1982年，45岁以上劳动力就占22%，预计到2000年，将占31%。这对经济的发展也会带来一定的影响。

再次，人口老化将使抚养指数上升，增加适龄人口赡养负担。老人在人口中的比重增加，这不仅将增加国家和社会的负担，应该说从经济方面来讲国家和社会的负担是主要的，但同时也会增加家庭的负担。老人的比重增加，意味着抚养指数也提高了。抚养指数指的是一名适龄劳动人口负担的老年和少儿人口数的比率。我国1981年总抚养指数为0.74。主要由于实行计划生育，出生率较前有较多下降，抚养指数在2000年将下降至0.55，而又由于人口老化，抚养指数将于下一世纪初上升，至2024年抚养指数将与1981年的指数相等。以后还要上升，至2034年抚养指数将超过1。这就是说，适龄劳动人口抚养的少年儿童虽然减少，但赡养的老人却增多，一对年轻夫妇可能赡养几位老人，虽然从经济来讲问题不会太大，因为老人的绝大多数都有退休金，但生活方面的照顾和精神上的慰藉，仍需要花费相当的时间和精力。人口的老化可能对家庭关系带来新的变化。

把老龄问题提到战略高度

人口老化的速度加快，虽然是一种社会进步的现象，是不可避免的，但是，对于这种人口发展趋势及其对经济和社会发展的影响还需要深入研究，因势利导，以积极态度去解决它。

首先，应对老人问题进行全面系统调查，加强组织管理，把老龄工作迅速开展起来。

1982年7月联合国在维也纳召开了老龄问题世界大会，通过了《老龄问题国际行动计划》，建议在各国政府内设立一个多学科和多部门的机构。经国务院批准，中国老龄问题全国委员会于1983年4月正式成立，它由政府有关部门，包括妇联、工会在内的各群众团体以及科研机构等二十个部门和单位组成。各省、市、自治区的地方老龄组织也已建立，应充分发挥它们的组织作用。要广泛宣传老年人问题的重要性和迫切性，深入发动全社会都来关心和解决老年人问题；要把尊老、敬老、养老、关心老年人问题，作为建设社会主义精神文明，进行共产主义道德教育，开展"五讲四美三热爱"活动，争取社会风气根本好转的重要内容；要像"妇女节""儿童节"那样，早日确定一天为"老人节"；要积极开展老人立法工作，切实维护老年人的合法权益。

其次，要使老年人有幸福的家庭生活。

我国在新中国成立以后形成的一整套的以家庭为主的、集体和国家共同照顾老人的制度，被国际人士誉为解决老年人问题的"中国方向"，"是全世界解决老年人问题的正确道路"。

家庭养老是我国传统的赡养老人的主要方式。我国宪法规定："成年子女有赡养老人的义务"，"禁止虐待老人"。婚姻法规定"子女不履行赡养义务时，无劳动能力或生活困难的父母，有要求子女付给赡养费的权利"。"有负担能力的孙子女、外孙子女，对子女已经死亡的祖父母、外祖父母，有赡养的义务"。《中华人民共和国继承法》也强调对老人的赡养义务。它把是否抚养、赡养老人作为享有继承权的重要依据。对与被继承人共同生活或尽了主要扶养义务的继承人，分配遗产时，予以适当多分。对有扶养能力和有扶养条件的继承人，不尽扶养义务的，分配遗产时，予以不分或者少分。这些规定从法律上肯定了对老人的赡养。可是在目前，许多老人的家庭生活并不幸福。城市住房紧张，许多小辈结婚要老人腾房，老人住房越来越小越差；不少小辈工资收入低，要老人经济上给予补贴；有的老人要做大量家务，甚至比退休前还要忙。但老人在家庭中却得不到应有的尊敬。根据1983年12月对上海市虹口区长春街道内的公婆与儿媳、岳父母与女婿共同生活的349户调查，老少关系相处较好的有143对，占41%；相互关系一般的有103对，占29.5%；家庭不和睦，老少经常发生冲突矛盾，甚至发展到小辈虐待长辈的也有103对，占29.5%。城乡各地揭露出的虐待老人和损害老人的合法权益的现象很多，如不愿承担赡养老人的义务，对老人侮辱、打、骂，反对老人再婚，在继承财产方面提出无理要求等等。

因此，要加强思想政治教育工作，深入开展"五好"家庭活动；要加强人民调解工作，教育转化不敬老养老的人；对于虐待老人、干涉老人合法权益情节严重者，要追究刑事责任；各单位在考核干部、职工政治思想时，应以在家庭中的表现，包括对待老人的态度，作为考核内容之一。老人要学会在必要时运用国家有关法律保护自己的合法权益，另一方面，老人也要严格要求自己，做到"老有所学"，不要娇纵小辈，要抓紧对子女的教育，在各个方面给小辈作出榜样。要做到家庭成员之间，政治上互相关心，互相帮助，生活上互相照顾，互相爱护，建立团结和睦的新型家庭关系，使老人安享幸福的晚年。

近几年，我国家庭日趋小型化，例如，在北京、天津、上海三个大城市中人口不超过3人的家庭，已分别占各城市总户数的48.6%、44.1%、49.2%。这是因为，现在的老人多数有几个子女，在城市中，当老人的子女长大结婚以后，老人往往只是与其中一个子女同住。在农村，老人的子女（主要是儿子）结婚后，仍与老人居住在一起或毗邻而居，但经济上往往分开（主要表现在分灶吃饭），称为分家或分户。在户籍统计上，也就列为若干小家庭。而在实际上，我国老人的绝大多数仍是与子女（其中的一个）居住在一起的。

1983年6月，上海大学社会学系师生抽样调查了上海市区681个有老人的家庭。这些家庭中，只有一代人的家庭有128个，占18.8%；两代人的家庭有223个，占32.74%；三代人的有314个，占46.11%；四代人的有16个，占2.35%。统计结果表明，有81%的老人是与子女，其中包括已婚子女共同生活的。

老人与子女生活在一起，有较适宜的生活环境，得到家庭的照顾与保护；另一方面老人也给予家庭照顾与帮助，有相当多的老人还担负着照管教育孙子女的责任。这是一种较好的家庭模式。一些报刊宣传我国的家庭模式要像西方那样核心家庭化，是不符合我国历史传统和社会主义道德观念的，也与当前我国实际情况不合。

还应该特别强调，要做到尊老敬老，使老年人有个幸福的晚年生活，尤其要做好妇女工作。因为，从我国当今社会的现状来看，被虐待的老人中，尤以老年妇女居多，这一方面是老年妇女在旧社会的地位低，而其中有些人又没有经济收入，所以在家庭中的地位更低，更容易成为被虐待的对象。另一方面，虐待老人的也多数是妇女，如儿媳虐待婆婆的现象就比较多。所以对妇女加强教育，做好妇女工作，这对改善家庭关系，养成尊老爱幼的好风气极为重要。

再次，要使各类老人都能得到国家和社会的照顾。我国宪法规定，年老公民"有从国家和社会获得物质帮助的权利。国家发展为公民享受终生权利所需要的社会保险、社会救济和医疗卫生事业"。现在许多离休退休干部和职工得到了妥善安排。但要满足老年人这一群体在生活必需品、医疗、社会福利、学习等方面的特殊需要，存在的问题很多，还有大量工作要做。例如，适合老年人需要的服装、鞋帽、食品等生活必需品很少或干脆没有供应；只有很少的医院有优先照顾老年人就诊的办法，医院没有开设老年专科门诊；小辈上班工作，无人陪伴老人就医。老人如因病卧床，不仅老人自己担心，也是子女最担心的事情。子女固然有义务给老人予照顾，但国家和社会也应积极发展老年医疗和老年福利事业。如办托老所，为老人送饭上门，建立服务所帮助老人住处打扫卫生、料理家务，为老人理发、沐浴。除采取措施方便老人就诊、发展家庭病床外，还应帮助解决老人住院期的陪伴及老人生活不能自理时的照顾问题。现在为老人服务的文化设施和教育事业还很不够，不少老人感到生活无聊，只得打扑克、下棋消磨时间，生活质量不高。应根据不同文化水平的人的要求，逐步满足他们在精神生活方面的需求。如举办老人学校（这类学校应不限于保健、绘画等方面的学习，还要帮助他们总结经验、调查研究、学习现代科学新成果，使他们通过学习能提出咨询和建议、推动社会主义建设），要发展老年人休息娱乐的活动场所，安排好他们闲暇时间的活动。目前，在一些大城市郊区和富裕地区已实行了农民退休养老制度。根据有关规定，凡男年满65岁、女满60岁、参加集体生产劳动十年以上者，可以享受养老金。但是发展很不平衡，据统计，全国现有66万农村老人享受养老金，它是我国农村社会保障的方向。它使少子女、无子女的老农解除老而无靠的担忧，而且有利于破除养儿防老的旧习惯，有利于我国农村计划生育的工作。在改革整个社会保障制度过程中，为支持发展多种经济形式，还应注意建立和完善集体所有制和个体劳动以及劳动合同制职工的养老保险制度。对鳏寡无靠的老人，在农村少数人由敬老院供养，截至1984年底，有农村敬老院20 875所，收养24.14万多人，而多数人分散享受"五保"。在城市，现有福利院684所，供养孤老21 732人，多数孤老分散居住，由左邻右舍的居民群众成立包护组照顾。敬老院还很少，农村五保户，城市的包护组也还没有完全落实。这些老年社会照顾问题，都应认真去抓，使老人在物质和精神生活两个方面都能得到更好满足，真正做到"老有所养"，充分显示社会主义制度优越性。

第四，要开辟多种途径，使老年人参与社会和经济发展。

有人认为，吸收退休老年人参加工作会影响青年就业。这种看法是片面的。应该看到，老年人一般都有专门的知识和技能，并在实践中积累了丰富的经验，他们是四化建设中不可低估的智力资源，应该受到重视和珍惜。事实证明，一些技术较高、体力较好的老工人，应聘担任技术指导，不仅推动了城乡经济发展，而且因此为扩大青年就业创造了条件。参加革命较早的老干部，可以在各级担任顾问或离休后参加地方的社会工作。老艺人、老中医、老科学家、老教授可以教徒弟、带研究生，更多的老年人可以在力所能及范围内参加街道工作、教育青少年、调解民事纠纷、维护社会治安，开展邻里互助等。我们要创造更多的形式，极大地调动老年人为建设两个文明而"余热发电"的积极性，使他们能够"老有所为"，促进我国社会和经济的发展。

最后，要积极开展老年学的研究，并做好国际交流工作。

老龄问题是多学科性的问题，老年学是对老年人问题进行综合研究的新兴边缘学科。国际上关于老年学的研究，在三十年代就已开始，而我国老年科研工作的基础还比较薄弱，面临着许多新课题。我们要着重研究老年社会学、老年人口学、老年心理学、老年医学、老年教育与老年体育等分支学科，要建立老年学的研究所，成立中国老年学学会，在有关高等学校增设老年学专业。经过努力，创造出具有中国特色的老年学。

近几年，我们同各国老年人和老龄专家、学者及国际机构的交往日益增加。1982年7月，联合国老龄问题世界大会（维也纳）及1985年7月第十三届国际老年学大会（纽约），我国均派员前往参加，取得了预期效果。我们要进一步了解国际上对老龄问题研究的动向和成果，加强来往，有所借鉴，把我国老龄工作建立在科学的基础上。

2. 人口老龄化问题不能不成为
中国关注的重大课题*

  1995年3月17日《新民晚报》"灯花"栏刊载了屠雨迅先生《老龄化不是大问题》一文。屠文认为,"人口老龄化还不是我国近期关系全局的大问题",他的根据是"到2000年,我国60岁以上的老人只有一亿人左右,占总人口不到10%"。

  人口老龄化与老年人口问题有所不同。老年人口问题是各个国家在不同时期普遍存在的社会问题。中国是世界上总人口和老年人口最多的国家,早在人口老龄化开始之前,老年人口问题就已经突出存在,如老年人的赡养、医疗和生活照料问题等等。人口老龄化是指总人口中年轻人口数量相对减少,年长人口数量相对增加而导致的老年人口比例相应增长的动态过程。在我国,从70年代开始,由于大力推行计划生育政策,生育率迅速下降,从而不可避免地引起少儿人口在总人口中所占比例的下降和年长人口比例的上升,从而开始了人口老龄化过程。既然人口老龄化是一个发展过程,它对社会、经济的影响也就会逐步显示出来,它有可能使早已存在的老年人口问题更加突出。这是因为人口老龄化的程度和速度影响着老年人口问题的严重程度。当一个国家或地区在人口年龄结构变化中从成年型人口转入老年型人口(一般以60岁及其以上年龄人口超过10%,0至14岁人口比重低于30%,年龄中位数超过30岁,老少比高于15%为标志)时,老年人口问题就将十分严重。为此我们应该"未雨绸缪",要在人口老龄化起始阶段就将它作为长期的、关系全局的战略问题来抓。特别是在我国,人口老龄化过程比发达国家要快得多,原因在于我国人口转变的速度,尤其是人口出生率的下降速度大大超过发达国家,而且我国是在经济还不够发达的基础上发生如此之快的人口转变过程。所以,比起一般经济发达国家,我国在对付人口老龄化方面困难会更大些。因此人口老龄化问题就不能不成为我国人民和政府关注的重

---

* 原载《上海老年报》1995年7月28日,《中国老年报》1995年10月25日摘登。转录自复旦大学出版社2005年版《同爱共辉》。

大课题。早在1984年8月，即我国人口结构由成年型向老年型转变的初期，党中央、国务院代表在全国老龄工作会议上的致词中就指出，"老龄问题是当今世界上重大的社会问题，同时也是直接关系到我国社会经济发展的战略问题"。

屠文所批评的"到本世纪末，中国60岁以上的老人总数将突破三亿"的说法（我未见到该文）当然是无稽之谈。但是屠先生自己推算到那时"我国60岁以上的老人只有一亿人左右，占总人口不到10%"，也是错误的。我们认为，对于包括老年人口在内的我国人口数字过分夸大、言过其实是不正确的，但是主观臆测，对老龄问题视而不见也是不足取的。从80年代以来，我国一些专家、学者组织以及某些国际合作项目对我国人口老化趋势进行了预测，尽管预测参数不同，预测时间也有差别，但各种预测显示出的我国人口老化趋势基本一致。在坚持控制人口过快增长，提高人口素质前提下，到本世纪末，我国60岁及其以上老年人口将为1.3亿左右，在总人口中所占比例将达10%，从而迈入老年型国家行列。眼前，中国人口老龄化已经显现在许多城市和地区，而不是如屠文所说仅在"个别大城市"。我国是一个地广人多的国家，各地区之间的经济发展水平极不平衡，人口发展也参差不齐，因而人口老化过程也各不相同。我国现已有三个直辖市（上海、天津、北京）和三个省（江苏、浙江、四川）进入老年型地区行列。上海市早在1979年率先于全国进入老龄化行列，截至1993年底，60岁及其以上的老年人口达210多万名，约占全市总人口的16%。最近，进入老年型社会的我国人口大省四川，截至1994年底，60岁及其以上老年人口已有1 070万名，占到全省总人口10%。总的说来，中国将循着东部、中部和西部地区的顺序先后进入人口老年型社会，前后相距20—30年的时间。由于地区之间发展不平衡，使我国人口老龄化存在着复杂性，为人口老龄化问题的解决增加了难度。

中国是一个有12亿人口的大国，老年人口又占世界首位，而且中国又是一个有敬老尊老传统的古国，中国人口老龄化过程及人口老龄化问题的解决受到全世界的关注。中国共产党第十三次全国代表大会的报告中指出，"要注意人口迅速老龄化的趋向，及时采取正确的政策"。在1984年8月全国老龄工作会议《全社会都来关心解决老年人问题》的报告中，完整地提出了"老有所养、老有所为、老有所学、老有所医、老有所乐"作为中国老龄工作的指导方针和工作目标。它在联合国第47届大会受到普遍赞同。在最近召开的八届全国人大三次会议政府工作报告也指出，老龄工作取得了新的成绩。而屠文却认为老龄问题"多年来就这么被人鼓噪着"，他特别指责北方一家报纸在显著位置呼吁"社会养老设施的建设成为迫在眉睫的任务"。我们认为，解决人口老龄化问题所采取的对策可以因地而异，具体做法也可讨论，但是贵在"及时"。屠先生认为，在我国"人口老龄化总有一天要到来"，具体哪一天他没有说，从上下文来看，似乎是说60年后我国才会进入老龄化社会，不知他的依据何在？如果到那时才把老龄问题当作大问题来抓，我国必将在人口问题上再犯错误。把正确认识老龄化问题和积极宣传妥善解决老龄问题看做"鼓噪"是错误的，认为当前只要给老龄问题一定重视也是不妥的。现在距我国进入老龄化社会的时间只有几年的时间了。面对着我国有一亿老年人口而养老保障制度又不完善的情况下，对老龄问题一定要给予高度重视。当然，这并不意味着现在就要国家拿出许多资金来建设社会养老设施，就是在我国进入老龄化社会后，也不是要把老年人都安排到社会养老机构中去，即使在经济发达国家，也只有极少数老人进养老机构，而大多数人还是在家养老。所以高度重视老龄问题，并非不顾我国国情和国力来盲目发展养老机构，而是要健全、完善养老社会保障制度，并重视老年人群体价值，组织老年人参与社会经济发展，以缓解人口老龄化的负面影响。（寄自美国）

3. 老年学的建立与发展[*]

老年学的英语单词Gerontology来源于希腊语geron（老人）与logos（学科）。世界上首先使用这一名词的是俄国生物学家梅契尼柯夫，他在1903年出版的《人类性质》一书中说，"我认为，对老人和死亡的研究极有可能使整个生命过程的晚年阶段发生巨大变化，而上述两方面的研究可以分别称之为老年学和死亡学"。但是，梅契尼柯夫当时所说的老年学的研究，仅指对个体老化、人体衰老本质的研究，即老年生物学的研究。稍后，奥地利医师

---

[*] 原载《社会老年学教程》，复旦大学出版社1998年第二版。转录自复旦大学出版社2005年版《同爱共辉》。

纳肖又创造了至今公认的"老年医学"的英译名geriatrics，并奠定了老年医学的学科基础。可见老年学是以老年生物学和老年医学的发展为其前驱的。二次世界大战以后，各国老龄化的进程以及老年社会和经济问题的发展，促使老年学的内容和结构发生了变化。在美国、西欧出现了新兴的研究领域，称为社会老年学（Social Gerontology），它包括了老年人口学、老年经济学和老年社会学等从社会科学方面来研究人口老化即群体老化的老年学分支学科。这时人们不仅对个体老化的认识日益加深，而且重视了对人类群体老化的研究。群体老化的决定性因素是社会因素，离开了社会科学是无法研究群体老化的。老年学的研究从生物学和医学方面发展到综合社会经济方面的研究、从自然科学领域扩大到社会科学领域并相互结合，标志着现代老年学的诞生，并被国际公认为正式的学科。从某种意义上说，研究群体老化比研究个体老化更为迫切，现阶段老年学的研究应以群体老化的研究为重点，这也为国际所公认。国际老年学学会的历次学术讨论会以及它所属的欧洲、北美洲、拉丁美洲和亚洲大洋洲地区委员会召开的学术讨论会上，社会老年学均占重要地位。

日本横滨（1991年）

《关于联合国老龄问题世界大会十周年的声明》（第15届国际老年学大会通过，1993年7月，匈牙利布达佩斯）指出，"必须继续清醒地意识到社会和文化的差异对不同国家老龄问题的影响，并把它放在优先位置予以考虑，老龄问题的解决才能取得成效。掌握科学的语言，就是把握住通往国际老年学未来的钥匙"。《阿德莱德宣言》（第16届国际老年学大会通过，1997年8月，澳大利亚阿德莱德）呼吁"国际学术界共同努力，为21世纪的老龄化制定出一个研究计划"。"今天的科学研究和老年学实践的进步不仅仅是对今天老年人生活质量的投资,而且也是对下个世纪几代人的投资。"

1999年国际老年人年的主题是"建立不分年龄人人共享的社会",为全球范围的一致行动提供了极好的沟通机会。联合国希望国际老年学界开展各种活动支持国际老年人年。

在我国,老年学起步较晚,1949年以后,才开始注意研究老年医学。1964年,在北京召开了第一届全国老年医学学术会议,由于"文革"的影响,老年医学和生物学的研究中断多年,直到1978年才开始恢复,1981年在桂林召开了第二届老年医学学术会议,同时成立了中华老年医学学会,发行了老年医学杂志等。80年代,我国第一大城市上海率先进入老年型地区行列,全国面临老龄化的挑战,迫切需要老年学理论作为工作的先导。1982年,在上海成立了我国第一个老年学研究组织——上海市老年人问题研究会,并促成了上海市老年学学会于1985年12月成立。1986年4月,中国老年学学会正式成立,它是我国老年学研究的新起点。我国代表还参加了于1985年至1997年分别在美国、墨、匈、澳召开的第13届至第16届国际老年学大会,我国老年学界与世界同行进行了广泛交流。

老年学是研究人类老化的科学,它需要从自然科学、社会科学结合起来进行综合研究,因而它是一门互相渗透的综合学科和边缘科学。它的科学体系与分支学科正在发展中。我国自然科学、社会科学工作者以及一切涉老部门工作者和关心老年事业者都应该而且可以为老年学的发展作出贡献。

学习老年学,开展老年学的科学研究,使之发挥理论指导和宣传教育作用,并通过各种途径培训出老年学专门人才是我们的光荣职责。

老年学的发展阶段

人类老化分为个体老化与群体老化。长期以来,人们只注意和研究个体老化,直到本世纪才注意到有关群体老化的若干问题,并开始形成了老年学科的研究。因而老年科学的发展与此相适应也分为若干阶段。

(1)老年科学的酝酿和准备

自有文字记载的历史开始直至19世纪中叶是老年学的潜科学时期。在西方,老年科学的萌芽可以追溯到希伯来、希腊和罗马关于老年人生理、病理和护理的论述,后人的研究往往是继承希腊的传统。

远在公元前200年问世的我国《内经》就论述了"养生""养性""摄生"之道。其后，汉、魏晋、南北朝以及唐、宋、元、明、清历代学者均加以充实与发展。在西方，16世纪以后，欧洲的意大利、法国、德国、奥地利发表了许多生理、病理和护理的有关老年病的文献，内容包括对长寿老人的观察和养生法探索等等。1839年，德国康司丹特医师著《老年人的疾病及其治疗》，它为老年医学奠定了基础，但也未能形成老年医学学科。综上所述，在这个时期，只能说是有了老年学的萌芽，它反映着人类对个体老化认识的发展，但并未形成科学，亦即老年学，尚处于潜科学时期。

（2）个体老化的研究与发展

从19世纪中叶开始，直到20世纪初，老年医学、老年生物学与老年临床医学有了很大发展。这些学科主要是对老年个体的研究，这一时期可以说是从自然科学的角度研究个体老化取得重大发展的时期。

老年生物学与老年医学是分不开的。医学在治疗环境来源的疾病有很大发展，但都未能有效地防止内源的疾病。老年生物学的研究正是要克服医学的这种局限性，要使医药学从解决外因性疾病转向重视人体内因性的疾病，亦即衰老所引起的老年病。只有真正认识衰老的过程，才能推迟衰老，延长寿命。而基础科学的发展和研究技术方法的提高，又使科学家们可以致力于衰老本质的研究。1903年，法国巴斯德研究所梅契尼柯夫首创Gerontology这一英文名词，在当时它仅指老年生物学的研究，他在生物学与衰老的研究上的贡献，使他在1908年荣获诺贝尔奖。后来1939年考得里在研究动脉硬化的基础上出版了《衰老问题》一书，才奠定了现代老年生物学的基础。1944年，美国老年学会以Gerontology作为老年学学科名称后，作为它原意的老年生物学在英文中就泛称为Biology of Aging，亦即衰老生物学之意。

以上表明这个时期老年学在研究个体老化的方面有很大的进展，但还没有接触到群体老化问题。

（3）群体老化的研究与发展

20世纪40年代，正是资本主义世界经济危机之后，在老年人口比重高的欧洲国家，老年人失业和生活贫困更加严重，老年社会问题的研究被提到日程上来。这时期老年学的研究已从考察人类个体老化，发展到群体老化。它的重要特点就是更多地从社会经济、社会心理等角度考察老化问题。例如要研究老年人口的社会保障问题,以保证老年群体生活,缓和阶级矛盾、争取社会安定等。为此,美国政府于1935年通过了社会安全法,规定老人可以领取养老金等。这时,老年经济学、老年人口学和老年社会学等应运而生。

从个体老化的研究发展到群体老化的研究,它表明现代老年学已基本形成,即老年学的研究从自然科学领域扩大到社会科学领域,从生物学和病理学的研究,扩大到社会与经济方面的探讨,从而为现代老年学奠定了基础。老年学成熟到一定程度又以国际老年学学会的成立为标志。国际老年学学会于1950年在比利时列日市正式成立。在此后定期举行的科学讨论为主要内容的代表大会,老年学的学术活动得到空前的发展。

(4)召开联合国老龄问题世界大会

联合国老龄问题世界大会对在世界范围内推动老年学的发展起了重大作用。由于老龄问题是涉及到各国经济、社会发展的战略性问题,它已是当今世界普遍存在的重大社会问题,因而联合国对之十分关注。1973年联合国通过了"年长和老年人问题"的决议,1977年敦请各国政府考虑召开一次老年人世界大会的可能性。1982年老龄问题世界大会在维也纳正式召开,这是在联合国历史上所从未有过的。这次会议把老龄问题提到了世界事务日程,有来自世界各个国家、地区和国际组织的124个代表团出席了大会。大会指出,老龄问题的两个方面,即个人老化问题为人道主义方面的问题,人口老化问题为社会发展方面的问题。它要求老年学的研究既要研究个体老化的人道主义问题而尤应以人口老化的研究为重点,即加强从社会科学的角度研究老年学。我国派遣代表团参加了这次世界大会。会后,老龄问题世界大会中国委员会向国务院报告了中国代表团参加世界大会的情况,并要求将该委员会改名为中国老龄问题全国委员会,于1983年4月获国务院批准。中国老龄问题全国委员会促成中国老年学学会于1986年4月正式成立。由于人口老化是人类社会的普遍规律,不仅在发达国家,越来越多的发展中国家也面临着人口老龄化的挑战,老年学也必须研究发展中国家的个体和人口老化问题。1990年,第45届联合国大会确定今后每年10月1日为"国际老人节"。1991年,第46届联合国大会通过了《联合国老年人原则》。1992年,第47届联合国大会通过了《老龄问题宣言》,并确定1999年为"国际老年人年"。联合国大会有关老龄问题远见卓识的举措，标志着世界老龄工作进入了一个新的历史阶段，它也对老年学研究的发展产生重大影响。本世纪最后一次国际老年学大会——第16届国际老年学大会的命题是"21世纪的人口老龄化——同一个世界，共同的未来"，意味着21世纪所有国家、整个人类都要老龄化，老年学将是21世纪最发达的学科之一。

老年学的研究对象

老年学是研究人类老化规律的科学，即研究人类个体老化和群体老化的各种问题的科学。它既研究受生物规律制约的个体老化规律，也要研究主要受社会规律制约的群体老化；群体老化是人类社会发展中不以人们意志为转移的客观规律，任何国家和地区都要经历人口老化的过程，它在老年学研究中的地位日益重要。

（1）老年学是自然科学和社会科学互相渗透的一门综合科学和边缘科学

从老年科学的发展看，最先瞩目老年问题的是一种朴素的哲学社会观。尔后人们从医学、生物学方面研究个体老化，再发展到从社会科学方面探索群体老化。老年医学、生物学对个体老化的研究又逐步发展，与社会科学交叉形成了老年心理学与老年精神病学等。在现代社会，离开了各种社会因素的纯自然科学是无从得到规律性认识的。从群体老化来看，其决定性的方面是社会因素，需要社会科学去研究，但人口老化又离不开个体老化的制约，所以同样也离不开自然科学。老年学研究人类老化，既从自然科学又从社会科学角度研究，它是自然科学和社会科学的互相渗透、交叉与融合，所以它是一门综合科学；又由于它为考察人类老化这一主题而形成多种学科的交叉，因而它又是一门边缘科学。

（2）老年学的学科体系

老年学是包括多种分支学科的科学。这些分支学科从各个侧面研究包括个体老化、人口老化在内的人类老化，老年学这些分支学科构成了老年学学科体系。

关于老年学学科体系，我国老年学界倾向于按人类老化的不同学科进行划分。而不是从研究个体老化、群化老化或理论老年学、应用老年学方面来划分（见表1-1）。

表1-1 老年学的学科体系

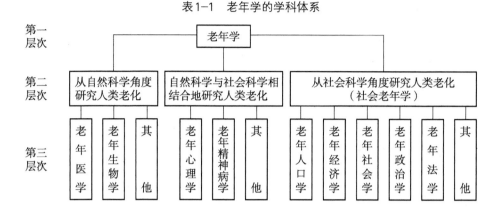

这样就是把老年学的学科体系分为三个层次,第一层次总称为老年学,第二层次是按科学性质分为自然科学、社会科学和自然科学与社会科学交叉研究三类。第三层次为研究人类老化的不同分支学科。

国内外老年学界普遍认为,老年学是一门新兴学科,现在不宜把刚刚起步的、各种研究人类老化的学科都作为老年学分支学科列入老年学科学体系,因为它们还很不成熟,没有充实的内涵足以表明是老年学的一门分支学科,只有在深入研究取得成效后,才能成为大家公认的、可以增加到科学体系中的老年学分支学科。

1986年4月中国老年学学会成立时制定的学会章程写道:老年科学"其学科结构主要是老年人口学、老年经济学、老年社会学、老年医学、老年心理学、老年生物学等学科"。

这里要特别介绍一下国际老年学学会关于老年学分支学科体系的划分,即(1)老年医学,(2)老年生物学,(3)老年心理学,(4)社会老年学(老年社会学、老年人口学、老年经济学、社会和行为科学),(5)实践和政策。

我们认为它的特点不仅在于把老年社会学、老年人口学以及社会和行为科学归类于社会老年学,特别重要的是它把实践和政策作为老年学的一个分支学科。我们以为把实践和政策作为一个分支,这是因为老年学是一门实践性很强的学科,实践出真知,需要不断地把实践上升为理论,丰富与发展老年学。老年学又和各国政府、地区制定的老龄政策密切相关,政策的制定需要以老年学理论为指导,而政策的贯彻、执行与总结又将丰富老年学宝库。

这不仅对一切从事老年学理论研究工作者来说是重要的，对于一切从事老龄工作的人们也有启示。它要求老龄工作者要使自己的工作在老年学指导下更为科学化，并在实际工作中为丰富和发展老年学而努力。

见证历史

1. 师恩难忘　当涌泉相报

张钟汝

虽说我并没有正式拜袁缉辉教授为导师，但在我心目中一直把袁老师看成慈父般的恩师。因为在我的成长历程中有好几个关键拐点与袁老师密不可分。袁缉辉教授的恩泽沐浴着我，使我能较顺利地一步步实现自己的人生目标，成为一个能为社会做点服务，于别人有点用处的人。

我很荣幸是我国社会学学科恢复以后的第一届社会学专业的毕业生。要说能获得这份荣幸，还真与袁老师有关系。我记得很清楚，当时是"文革"后恢复高考不久，考生到了录取分数线并不意味着就能进大学门了。一个闷热的下午，忽听邻居在喊我："大学里有老师来了！"那时我家五口人住在一个小阁楼里，慌乱中我不知该如何接待老师。只见两位衣着朴素的男教师站在门口，亲切地作自我介绍，说他们是来做家访的。我一看家里又小又热，只好拿出两只小矮凳请老师坐在弄堂里，回答老师们的问话，表达自己渴求进入高等学府深造的愿望。后来才知道那位儒雅的中年教师是系主任袁缉辉教授，那位清瘦的年轻教师是班主任黄明华老师。我感激系主任和班主任挑选了我，圆了我的大学梦，从此改变了我的人生轨迹。

袁教授是我国最早研究老年社会学的学者之一，早在上世纪70年代末80年代初他就撰文呼吁要重视人口老龄化问题研究。当时上海的人口年龄结构刚刚进入老年型城市的行列，无论是政府相关部门还是学术界均聚焦于计划生育控制人口增长。袁教授考察了美国人口老龄化发展趋势与老年人面临的问题，敏锐地觉察到上海在不久的将来也会碰到同样的问题。他带领着系里的老师从了解上海老年人现状入手，开始深入街道里弄、工厂企事业单位进行实证调查，掌握第一手资料。先后写出了《城市老年生活研究》《农村老年生活研究》《高龄老人问题研究》等原创性研究报告。我毕业留校后有幸被吸收到袁老师的老年社会学研究组，参与了袁老师主持的十几个相关课题的原始资料收集、整理、统计、分析等工作，在积累了一定的实证调查材料后，袁老师一方面带领我们开展老年社会学的学科研究，另一方面继续密切关注现实社会人口老龄化发展态势和老年群体中发生的新问题，先后对市场经济机制转换后老年社会保障制度建设问题、老年人生活质量问题、特殊老年群体问题、居家养老问题等进行专题调查，深化对老龄问题的认识，对老年社会政策的制定提出操作性较强的决策建议。

经过长期的实证研究积累和大量的国内外文献研究，袁教授组织我们编著了《社会老年学教程》。该书从老年学的建立和发展说起，涵盖了老年人口、老年经济、老年婚姻家庭、老年心理、老年闲暇生活、老年社会问题、老年死亡问题等社会老年学理论和实践的基本内容，在上世纪90年代曾为高等院校老年学课程建设、涉老部门干部培训提供了一本较为标准的教科书，受到广泛欢迎，获"中国老年学研究十年成果优秀奖"。该书不仅在复旦大学出版社一版再版，还在台湾水牛出版社发行繁体字版本。

张钟汝（左）、袁缉辉（中）、仇立平讨论书稿（1995年）

同爱共辉 TONGAI GONGHUI

我在跟随袁教授做老龄问题研究的20年里，受益是非常深的。袁老师身体力行带领我们到社会福利院、老年护理院、老年人家庭开座谈会、做访谈，收集到资料后课题组成员集中起来反复进行观点碰撞提炼，让我明白了做科学研究一定要扎扎实实，实事求是，来不得半点虚假。袁老师多次为我牵线搭桥争取到与美国、日本、香港同行合作研究的机会，使得我能直接接触学习生命周期研究、同期群体研究等现代研究方法，领悟国际社会倡导的"健康老龄化""积极老龄化"先进理念，了解发达国家和地区实施的老年社会政策和老年工作实务，拓展了视野，增强了研究能力。多年来我亲眼看见袁教授游说上海市有关领导部门，联络各高校研究机构，建议政府部门与学术机构联建老年研究所，不占人事编制，以项目凝聚科研力量在我国率先创建省市级老龄科研中心，高效开展课题研究的创新实践；亲身体验到袁教授跨国界、跨地域、跨学校、跨专业、跨部门成功组织合作课题的高超的协调能力，深深感受到从袁教授身上可以学到的东西太多太受用。

袁教授从教已有半个世纪，现在虽已退休，但他仍继续在关注着庞大的老年群体，仍继续在为他所钟爱的老年社会学耕耘着。我想对恩师最好的回报就是：像老师那样一直关注老年群体的疾苦、需求，为老年社会学学科建设添砖加瓦。

2004年末

（作者作此文时为上海大学社会学系教授）

2. 探究符合中国国情的养老模式

狄菊馨

一

1979年的阳春三月仍然寒意料峭，我告别了劳动五年的市郊农场，踏进了复旦分校开始了全新的大学生活。大一那年作为政治系的学生，我们上了文科类必修的基础课程。进入大二下半年，我们的大学生活发生了具有历史意义的变化，这所新建的学校乘改革的春风，大刀阔斧地在政治系分系，开创了当时社会急需的专业：法律、经济和社会学。我和其他28位同学进入了新建的社会学系，成为改革开放后第一批社会学专业的学生。

　　说到这个变化，我首先想到的是第一任社会学系主任袁缉辉老师。从复旦大学经济学系毕业后留校任教多年的袁缉辉教授是复旦分校的创始人之一，社会学系也是在他主导下建立的。众所周知，社会学在中国曾被称为资产阶级学科受到批判，在大学里提起社会学仍然心有余悸。在当时的历史条件下，跨出重建社会学的第一步需要多大的智慧和勇气。袁老师和他的同仁们有着政治家的卓识远见和学术敏锐性，看好这门学科的发展前景，锐意改革义无反顾地为社会学重建开始拼搏。袁老师还具有社会活动家的召唤力和执行力，从选教师到组织团队编写大纲和教材他全身心投入，亲力亲为。在他的努力下，我们幸运地师从一批当时学术最优秀、思想最活跃且勇于创新的社会学教师。事实上学生在接受最初的社会学专业知识时受益匪浅，就我而言，大大开阔了学术视野，培养了多角度思考问题的方法，凝练了我日后开展跨学科、跨专业科研工作的潜力。

　　毕业后，我一直在人口学领域工作。我曾在北京研修人口学，并获联合国奖学金赴荷兰接受人口学的专业培训。那个时期，我的主要课题是研究老年人口，比如上海市老年人生活意愿调查，分析比较中日老年人口问题之异同，这期间发现了诸多令人关注的问题，对老年人口学由此产生兴趣，并"从一而终"。当时袁老师的研究重心也转到了老年学。在市老龄委员会，我聆听过他根据自己在发达国家的访问和考察对欧美国家人口老龄化及其家庭和社会养老模式的介绍。这为我的兴趣和研究提供了新的视角。在国内当时兴起的老年问题讨论中，我看到人口学者较多关注的是人口模式的转换，如由生育率下降人口预期寿命提高及老年抚养系数上升对养老模式的影响。社会学者倾向于探讨社会变革下家庭文化和家庭类型的变化对养老模式的影响。但共同点是，大家都看到了改革开放以后中国开始了西方发达国家所经历过的工业化和城市化，伴随着这个进程，中国传统的三代同堂的主干家庭或扩大家庭类型正在发生分化，代之而起的是小的核心家庭的重要性开始上升。与西方国家不同的是，中国的独生子女政策促成了中国家庭核心化和人口老龄化的提前到来。这种现象预示着传统的反馈式家庭养老将难以为继。然而，在人们的观念里养老应该是家庭或子女的责任仍根深蒂固。同时，社会养老不具备条件,因为国家没有为老年人建立完备的社会保障体系。如何应对这个严峻的社会发展趋势,研究符合中国国情的养老模式无疑是当时国内老年学学者们瞻目注心的课题。

90年代,我在美国留学读研期间仍然是在社会学系,专业方向为人口学。秉持复旦分校养成的跨学科的思维方式,也为了延续在国内的研究兴趣,我的选课不单局限在社会学和人口学,还有几门是跨院系的老年学。后来我的博导委员会也是由这三个专业的教授组成。事实证明,这个选择对我的课题展开和以后择业极有帮助。我在美工作和生活多年,无论从数据还是亲眼所见,美国老年人的养老方式可谓多种多样,但90%以上的老人住在社区居家养老,仅5%的老人住进半护理或全护理养老设施。这种居家养老是以较完善的政府和社区支助体系为基础的。美国老人退休后一般都有联邦政府发放的社会安全金,享有联邦医疗保险;低收入老人还有社会补助金及医疗补助。各级政府为老人提预算立法,确保每年发放的老年基金,并与社区服务机构签约,为居家老人提供所需要的服务。居家老人有住在私人老年社区或公共老年公寓,也有仍住在自己家里或与子女亲戚同住。社区提供的老年服务项目,包括老年中心,服务评估管理中心,日照中心,送饭上门,在家日常生活和健康护理,交通接送,照料者支助服务,等等。有些服务根据老人支付能力,收取一定费用。家庭成员如不同住的成年子女给予老人的主要是精神上的照料,但他们作为老人和社区机构的联系人也扮演了重要的角色。

从复旦分校毕业一路走来,我在美国一直从事老年问题研究,甚感欣慰,同时也不断关注中国养老模式发生的变化。2000年至2010

狄菊馨在南加圣玛利诺拜见老师(2018年)

年间我曾经代表局研究室接待了不少来自中国的政府代表团,其中有经袁老师介绍来访的上海代表团。转眼毕业已有35年,但在复旦分校度过的四年就像发生在昨天。感叹当年选择社会学对自己后来的人生所带来的影响。感谢母校和社会学系的栽培!感恩我们的第一位系主任袁缉辉老师!欣闻袁老师和夫人王老师六十载钻石婚姻纪念,衷心祝愿二老健康、幸福、更美满!

2018年2月16日
(作者为美国纽约市老年局计划署研究员)

3. 见证老年社会学的发展

吴 蓓

　　袁缉辉教授是我在老年学领域的启蒙老师。1986年我还在上海大学社会学系读本科,就是在袁教授的课堂上,我第一次接触到老年社会学。袁教授无疑是中国老年学的开拓者之一,我们当时上课用的教材就是袁教授撰写的。在袁教授的课堂上,我们学习到了非常多关于老年社会学的基础知识,包括老龄化的概念与理论、老年人的代际支持与家庭支持,以及人口老龄化对社会经济发展的影响等。这些知识仿佛帮我们打开了一个新世界的大门,带给我们许多前所未闻的理论和见解。当时,中国正在贯彻落实1980年开始颁布的计划生育"一孩政策",我们当时学习的许多内容成为当今中国社会讨论的热点问题。我还记得,袁教授与我们分享了中国老龄问题全国委员会成立的消息。1982年,国际老龄问题世界大会在奥地利维也纳召开,中国政府派出代表团参加了此次会议。1986年,中国老年学学会成立(2014年更名为中国老年学和老年医学学会),这也成为中国老龄问题全国委员会成立的契机。

　　是袁教授为我提供了进入老年学领域工作的机会。当我1988年从上海大学毕业时,就业市场发生了转变。在此之前,所有的大学生在毕业之后都会由学校负责分配工作。但1988年开始毕业生分配政策改革,学校不再保障毕业生的就业安排,我们开始需要自己找工作。很多教授就尝试利用自己的社会关系帮助学生们找工作。袁教授联系了上海市老龄问题委员会（以下简称"上海市老龄委"），了解到那里还有一个空缺。他将这个消息告诉了我们，我就与上海市老龄委的人事工作人员取得了联系，决定进入上海市老龄委工作。上海市老龄委的使命是在直辖市级层面协调和推进各项老龄问题相关工作，并研究和制定上海市老龄政策。中国绝大部分地区的老龄委主要领导由高级政府官员如已退休的副省长、市长或其他达到退休年龄的厅局长担任。上海市老龄委的结构设置简单，只有三个组成部门，即研究组、联络组和秘书组，以及10个公务员编制。我开始是在研究组工作，是当时单位里最年轻的工作人员，也是中国最年轻的老年学研究人员。那时中国很少有大学毕业生参与老龄委的工作。上海市老龄委的研究组每年都负责组织老龄问题相关的会议，袁教授一直是会议的积极参与者、演讲者，他关于老龄问题的社会认识、老年人家庭支持的文章也被收录到我们部门的出版物中。后来王爱珠教授（袁教授的妻子）也开始参加到这些会议中。

1993年，上海市老龄科学研究中心成立了。我开始在该中心的政策研究室工作。同时，通过和上海各高校合作，中心成立了多个联合研究所，包括：（1）与上海大学联合成立的老年社会学所，袁教授任所长；（2）与复旦大学联合设立的老年经济学所，王爱珠教授任所长；（3）与华东师范大学联合设立的老年人口学所，桂世勋教授任所长；（4）与华东师范大学联合成立了老年心理研究所，时蓉华教授任所长；（5）与华东医院合作成立老年医学研究所，王赞舜院长任所长。上海市是当时全国唯一一个设立了多学科老龄问题研究架构的城市。以这些老龄问题研究所为基础，上海成为当时推进中国老龄问题研究的先驱者。1993年至1994年，袁教授与我的联系比以前更加频繁。他带领团队开展支持居家养老、退休职工再就业的社区服务项目。1993年，作为上海市老龄科研中心的代表，我与上海代表团一道出席了新加坡国际老龄会议。袁教授与王教授也是上海代表团的成员，这也是我第一次出国参加国际会议。袁教授鼓励我积极地与国际研究者们交流、联系。通过聆听演讲者们的发言，以及会下与他们交流，我收获良多。这次经历拓展了我的眼界，让对中国与发达国家在老龄问题研究领域的差距有了更深刻的认识，也促使我决定申请读老年学博士学位。但在1993年，中国还没有设立老年学研究生项目，开设老龄相关课程的学校也是少之又少。为了深造，我决定出国攻读老年学专业学位。

当我于1994年在美国申请老年学专业的时候，美国只有两所大学设立了老年学博士项目。一所是南加州大学，另一所是麻省大学。我向这两所大学提交了申请并收到了录取通知，但因为麻省大学更早发出录取通知，我选择了这所学校。南加州大学和麻省大学的跨学科教育形式非常相似，老年学博士课程包括社会学、心理学、经济学、公共政策、生物学、人类学、研究方法和统计学等多学科内容。近些年，由于美国人口结构的转变，老年学研究与教育有了快速发展，很多学校都设立了老年学博士项目。2017年，纽约大学成立老龄研究孵化器（NYU Aging Incubator），这是一个校级老龄研究机构。美国老年学学会（Gerontological Society of America，GSA）目前有5 000多个会员，每年都会定期召开参会者超过3 000人的学术会议。袁教授来美国之后尽管没有加入美国老年学学会，但他一直与美国老年学学会和下属中国老年学研究分会（我是分会召集人之一）保持着密切联系。

人口老龄化是当下中国社会热门话题。2016年，中国60岁及以上老年人口已达到2.31亿人，预计到2050年将达到4.83亿人。过去20年，老年学相关研究与教育也在加速发展。中国人民大学于1994年成立老龄研究中心，于2003年成立老年学研究所并开始招收老年学专业硕士、博士研究生，是中国第一所培养老年学专业研究生的学术机构，也是中国第一所老年学博士学位授予单位。2017年，复旦大学老年学博士、硕士学位授权点获批通过，成为第二家国内老年学博士学位授予单位。与此同时，很多学校设立了老年学研究机构，并开设老龄相关课程，课程设置既包括传

吴蓓

统的老年社会学、老年心理学、老龄经济学等，也包括新兴的老年医学、老年护理、老年法律、老年金融等。例如：2012年，西安交通大学成立老龄与健康研究中心，专注于中国社会转型期老年人口的养老与健康问题的理论与应用研究。2017年，清华大学成立校级科研平台老龄社会研究中心，针对中国的老龄化和养老难题开展综合性研究。很多国家级研究社团相继成立。同年，中国老年社会学专业委员会也经由中国社会学理事会批准成立，成为中国社会学会的分支机构。

  如何应对老龄化的问题是人类社会历史上从未面临过的一个全球性的挑战。中国的老年学在今后的几十年将会有更大的发展，也会有更多的年轻人加入这个领域。

2017年

（作者为纽约大学终身讲座教授，纽约大学老龄孵化器（NYU Aging Incubator）联合创立主任）

第四篇

开创老年经济学在中国的研究

心路回眸

王爱珠

老年经济学,作为老年学的一个分支,是伴随着社会经济发展和人口年龄结构趋于老化而产生和发展起来的一门新兴学科。

老年科学同其他科学一样,都是产生于人类社会对它的需要。20世纪初,老年医学、老年生物学等老年学分支学科的建立和发展,表明老年学的研究局限于个体老化。30年代,一方面由于老年人口数量日益增多、比重日益加大;另一方面资本主义经济大危机造成老年人口大量失业和生活贫困,促使美国等一些国家的政府对关系社会安定的老年问题予以关注;学术界也开始从经济和社会的角度对人口老龄化问题进行探讨。这些标志着老年学的研究开始由考察人类个体老化发展到考察群体老化。此后,随着发达国家人口老龄化的发展,出现了老年经济学、老年社会学等一系列的老年学的分支学科。

老年经济学在西方国家已有半个多世纪的研究历史,出版了一些专著和教材。但老年经济学,仍然是一个亟待开发的新课题。

我国上海市于1979年率先进入老龄化城市行列,全国于1999年10月进入老龄化国家行列。由于我国是一个人口大国,也是世界上老年人数最多的国家,又由于我国是在经济尚不够发达的情况下进入老龄化社会,由此而带来的经济和社会问题特多,因而研究老年经济学,从经济理论和对策思路上为老

老年经济学研究所的老中青三代:王爱珠(中)、李洁明(右)、许晓茵(20世纪90年代)

龄工作提供科学依据，显得更为迫切、更为重要。但我国对老年经济学的研究甚少，直到90年代中期，还没有出版过一本老年经济学方面的专著或教材。随着世界各国和我国人口老龄化现象日趋严重，老年经济学的研究具有越来越重要的理论意义和实践意义。

作者撰写的《老年经济学》，是上海市社会科学"八五"规划重点项目的研究成果。全书以马克思主义为指导，老年群体作为研究对象，老年经济关系作为研究内容，揭示人类群体老化和个体老化过程中形成的诸种经济关系和经济问题，以期建立一门体系比较完整、内容比较丰富的老年经济学。全书34.8万字，由复旦大学出版社于1996年6月出版。感谢蒋学模教授、裘逸娟教授和徐勤研究员分别在《上海改革》《世界经济文汇》和《解放日报》发表评介。《上海老年报》也对此书作了报道。该书出版后获中国老年学学会颁发的中国老年学研究十年成果一等奖（1996年10月）、教育部颁发的普通高等学校第二届人文社会科学研究成果奖经济学三等奖（1998年12月），并获1999年度复华教学科研奖。由于我国在1999年10月已经进入人口老龄化社会，掌握老年经济学等方面的理论知识，显得尤为迫切。应中国老年学学会办公室建议，复旦大学出版社约请作者作个别修改，并增加附录，推出《老年经济学》第二版，以满足广大读者的需要。再版出来后，又蒙中国老龄协会副会长赵宝华写了评介，并呼吁加强老年经济学的研究。

2000年由复旦大学出版社出版的《学苑撷英——复旦大学哲学社会科学获奖著作简介（1978—1999）》，收录此书。

老年经济学，既是一门理论学科，也是一门应用学科，其特点是理论紧密结合实际。90年代初，正是上海市以退休职工为主的经济实体犹如雨后春笋，方兴未艾。从当时的历史条件看，兴办退休职工经济实体，既是退休人员老有所为、以为助养的一种有效方式，也为发展经济、稳定社会提供了一支重要力量。为此，作者与上海市主持这项工作的有关领导，共同主编《退休职工经济实体实用手册》，撰写了《老有所为，为得其所——从社会生产力再利用论退休职工经济实体的作用》。其后，作者与老年经济研究所的教师和学生，对退休职工再就业、开发老年市场和退休人员共享社会经济发展成果等问题逐项调查研究，发表《上海市区退休职工再就业状况》《略论市场经济与人口老龄化问题》《发展老年经济，开展老年经济学研究》《更新观念，繁荣老年市场》《挂钩和分享应是离退休职工的合法经济权益》等文章。在亲自调查研究，并参阅国内外有关资料的基础上，写成《老年经济学》。该书出版后又对某些问题深入思考，发表了《退休金的实质和形式的矛盾——兼论21世纪退休金改革方向》《老年人共享社会发展成果的理论思考》《老年人是社会发展的参与者和受益者——纪念1999年国际老年人年》《提高老年人的消费质量》等文章。

学术撷英

1. 发展老年经济，开展老年经济学研究[*]

目前，我国的上海、北京、天津、浙江和江苏等省市已进入人口老年型地区。到本世纪末，我们整个国家都将进入人口老年型国家的行列。人口老龄化带来的诸多问题，集中到一点是给社会经济发展带来沉重负担。因此，大力发展经济，提高劳动生产率，以强大的经济实力作后盾，就比较容易解决人口老龄化带来的经济问题和社会问题。

在传统的计划经济体制下，人们对待老年人的指导思想只强调一个"养"，而且是由国家包下来"养"。这对于保证城镇职工退休后的基本生活，促进生产和社会安定起了积极作用。然而，十多年来的经验也告诉我们，仅仅突出一个"养"字，不符合退休职工的心愿，也不符合我国国情和当前形势的需要。因此，必须把老龄工作的指导思想转变到以"养"为主，以"为"促养，"养""为"结合上来。

共度2019年情人节（美国洛杉矶老年公寓）

---

[*] 原载《复旦学报（社会科学版）》1994年第2期，此处有删减。

江泽民同志在党的十四大报告中明确指出："我国经济体制改革的目标是建立社会主义市场经济"，它"涉及到我国经济基础和上层建筑的许多领域，需要有一系列相应的体制改革和政策调整"。这个许多领域，无疑也包括老龄事业。这就是说，我们无论是研究老龄化问题，还是做好老龄工作，都不能离开社会主义市场经济这个大环境。老龄事业要适应市场经济的需要而进行相应的改革和调整。老年经济学也要适应这一要求而开展研究工作。

生产领域

大家都说，人是生产中最宝贵的财富。那么，退休职工是否也仍然是生产中的宝贵财富？过去，人们的平均寿命比较短，多数人年过50，精力和体力便明显衰退，能活到60岁就算长寿，而活到70岁就是古来稀了。所以职工退休后，一般都是在家养老。由于人类寿命延长和健康状况改善，近年来有越来越多的老年职工退休后不愿赋闲在家，通过各种方式继续参与社会经济发展，这样既可以增加个人经济收入，又可以减少孤寂感，使精神有所寄托。合理开发利用老年人力资源，使"退休"了的生产力转化为现实的生产力，既增加了劳动资源，又节约了劳动成本，是发展经济的有效途径之一。

1. 老年劳动力和青年劳动力都要参与市场人才竞争，量才录用出效益。

我们采取"晚进晚退"的政策，即延长青少年受教育年限，使一定数量的青少年晚两年进入劳动力供给，同时让老年职工推迟两年退休，以保持劳动力供给总量的平衡。从劳动力资源配置的角度看，"晚进晚出"型比"早进早退"型，在投入产出上有更大的社会经济效益。

对劳动力是"量才录用"还是"量岁录用"，这实际上是从一个侧面反映市场经济和计划经济的区别。在传统的计划经济体制下，我国对劳动力是统包统配。老年劳动力一到法定退休年龄，不管身体是否健康，不管是否有一技之长，都要从原工作岗位上退下来。而对青年劳动力，不管本人是否合格，不管单位是否需要，都要安排。这种量岁录用的原则同发展市场经济的要求极不相容。市场经济的一个重要功能就是合理配置资源。这个资源不仅指物质资源，同样也包括人力资源。人力资源也有一个优化配置问题。在市场竞争中，首先是人才竞争。不管哪个企业，抓住人才，就能把生产和经营搞上去。在人才竞争中，相互竞争，各展其长，不是朝阳和夕阳"错位"，而是老少"促进"。老年职工能被企业聘用，这就证明他们自身有竞争力，他们确实是社会所需要的。而且其中拿较高报酬的大都是确有贡献的。现在人们都具有"商品意识""价值观念"，谁愿意花高价白供养一个没有贡献的老头？应该看到，这些"高价老头"所能起的作用，正是那些待业的"儿孙们"无法起到的，谈不上抢饭碗的问题。

2. 延长智力投资的效益期，防止智力人才提前报废。

现代世界是科学技术的世界，是知识的世界。人的知识水平是随着受教育年限的延长和年龄的增长而逐渐聚集提高的，人生的智力产出期直到丧失劳动能力或生命结束时才终结。人类寿命的延长，反映了人类的知识释放期也在相应延长。从宏观上看就是整个人口群的知识库在不断扩大和延伸，这必然有利于社会生产力的发展。

如果采取求实、灵活的退休政策，使那些有条件的骨干不受年龄限制，视需要可继续担任各级领导和学术带头人，90年代青黄不接的危机可望迎刃而解。

从经济学的观点看，延长知识分子的使用期，也是提高"人口投资"的效益。我国培养一个大学生需要16年，培养一个研究生需要18—20年，社会（包括国家和家庭在内）对其投资相当可观。如果他们的退休年龄也同其他人一样，势必造成受教育的年限越长，所积累的知识越多，为社会服务的时间却越短，这种极为反常的不经济状况，也必然会导致对人类知识和经验越来越高的社会需求同具有较高知识和较丰富经验的劳动者过早退出社会活动的矛盾。其实，要改变这种不经济的状况，一点也不困难。因为解决矛盾的手段已经孕育在矛盾本身之中，这就是使具有较高知识和较丰富经验的劳动者推迟退出社会活动领域，延长知识的释放期。在当前人均寿命较长的情况下，男60岁或女55岁，已远不是生命的末期。有很多人即使到了70多岁，还具有良好的健康状况和工作能力。对于这些人来说，60岁或55岁退休，既使他们失去了进一步积累知识和经验的机会，又使他们已经积累的知识和经验过早地被废弃，这可以说是社会精神财富的最大浪费。正是出于这种考虑，我国现在对具有高级职称的知识分子，可以推迟5年到10年退休。

3. 退休职工办经济实体是对社会生产力诸因素的第二次利用。

退休职工经济实体最早出现于上海。从1986年的39家，到目前已发展到3 700多家。从1988年至1991年累计创造生产经营总值19.5亿元,缴纳税金9 551万元,净利所得可用于退休职工的福利经费1.4亿元。有48万从业的退休职工增加了收入,80多万名未从业退休职工得到实惠。退休职工经济实体为什么发展如此迅速,而且经济效益逐年上升?是因为它无需投入或很少投入,而是对现有的人力资源、物质资源和科技力量进行充分利用。

据统计,在上海的百万退休大军中:(1)年龄在70岁及70岁以下的人要占到70%,其中25%的人还不到60岁。(2)身体尚好者占75%左右。(3)工程技术人员、经营管理人员和4级以上的技工,占退休人员总数的1/3左右。而且,老年职工一般有着严格的劳动纪律和良好的劳动态度。

上海是我国最大的工业城市,也是一个老工业基地,老技术工人和老专家、老知识分子比较多,他们在长期的实践中掌握了大量的科学知识和精湛技术。有关单位将他们组织起来,或攻克技术难关,促进技术改造;或开展技术咨询,帮助解决技术难题;开发智力,培训人才;或开设专家门诊,治疗疑难杂症;或贡献特技,承接"高、难、急"配套工程,实在是一件利国利民利己的大好事,它既推动了社会经济发展,又方便广大人民群众,而且退休职工本身也受惠得益。

4.发展庭院经济,增强农村老人自养的能力。

我国老年人口绝大多数在农村,老年问题的重点、难点也在农村。城镇老年人基本上享受退休金待遇,而农村绝大多数老年人没有退休金,养老问题较多,完全靠国家财力办不到,完全靠子女也有困难,而农村社会养老保险的普及还有一个过程。

近几年,我国部分农村组织老年人发展种植业和养殖业,为繁荣农村经济和增强老年人自立能力做出了很大成绩。山西省河曲县社梁乡把脱贫与养老结合起来,帮助农户发展庭院经济,开辟适合老人劳动的活路,并为他们就近参加生产创造条件;同时还可以照顾孙子女。这样,既增加了经济收入,又改善了代际关系,从而增强了家庭的凝聚力。山东省居住在农村的老干部带头发展庭院经济,扶持全省19万农户走上致富之路,使1.3万个村庄成为商品经济专业村。仅1991年,全省庭院经济总产值已达1.6亿元。近年来,栽树防老也在部分农村悄然兴起。据统计,山东省临朐县上林镇全镇410名农村老年人栽了柑橘、苹果等"养老树"。一对67岁老夫妇栽了120株苹果树，三年来，每年产果万斤左右，年收入5 000元左右，不但没有向儿女要分文，每年还有余钱资助儿女。

为了帮助庭院经济发展，有的地方如湖南省常德市成立了庭院经济协会，热情鼓励和积极支持农村庭院经济，这个做法值得提倡。

分配领域

老年人口在总人口中的比重增大，意味着有更多的国民收入用于老年人口的消费，致使劳动年龄人口负担加重，因而影响经济的发展，如何处理好养老负担过重与经济发展的关系，是人们十分关注的问题。

1. **积累养老基金，并使其在营运中增值。**

我国老年人口群体庞大。目前，60岁以上的老年人已达1亿人。我国现行的养老办法是，企业职工的养老金来源于本单位，属国民收入的初次分配，国家机关事业单位工作人员的养老金则由国家财政开支，属国民收入的再分配。随着老年人口日益增多，养老金数额巨大，采取现收现付的办法很难办好。如果继续沿用这种办法，很可能挤占当年国民收入相当大的部分，基本建设基金就要减少，在职职工的收入也可能受到影响，对于激发在业劳动者的生产积极性不利，甚至拖了经济发展的后腿。

改革退休养老制度，应从我国的国情出发，如果采取完全积累的模式，积累太高，国家、企业和个人都难以承受。而实行部分积累的模式，适应我国经济尚不发达，职工收入还不高的情况，又可避免因没有积累使国家不堪重负。退休养老金的积累，可根据国家、企业、劳动者个人的承受能力确定不同的比例，分别由国家、单位、个人三方交纳。经过若干年的积累，就有一笔可观的养老基金，保证在老龄化到来时用于退休金的支付。

我国老年人口的大头在农村。把广大农民都纳入养老保险范围，就可以积累一笔相当大的资金。我国民政部于1991年初开始组织建立县级农村社会养老保险制度的试点。在一年多的时间里，全国农村参加养老保险的农民达600多万人，缴纳保险金额3亿多元。按照这个数字推算，如果现有的7 200万老人都投了保，缴纳的保险金额就高达36亿元。

积累的养老金要管好用活，特别是在物价上涨的条件下，确保养老基金的保值增值是一个十分重要的问题。外国一些专家认为，中国最好成立统一养老金机构，它就像蓄水池一样，规模越大，调剂能力越强。养老基金不仅不能挪作他用，而且要确保它在营运中增值。但是，一要坚持可靠性，即能保证回收，防止沉淀；二是坚持高效性，即能获得足以保值增值的利息。在资金的投向上，既可以购买各种债券、股票等有价证券，也可以投资于风险小、效益高的行业，还可以自办储蓄所、信用社等金融业务。抓好资金营运这个环节，既可以使它在最大的比率内增大，以便可靠地保障职工退休后的晚年生活；又能为经济发展开拓投资的源泉，使其在社会主义经济建设中发挥作用。

2. 实行贡献与享受相联系的原则，多储存多得益。

我国现行养老保险制度的一大弊病是，国家包得过多，职工个人不承担养老费用。现在大家都已经认识到，养老保险资金的筹集，要由国家、集体（企业）和个人三方面共同负担。但个人缴费是纳入社会统筹，还是建立个人账户，会产生不同的效应。如果将个人缴费部分纳入社会统筹基金，固然也能增加养老保险的资金来源，但给人们的感觉是，自己缴费去赡养上一代人退休，到自己退休时再由下一代赡养。由于贡献与享受脱节，于是总想个人缴费越少越好，退休待遇越高越好。而如果将个人缴费连同企业为他缴费的部分记入个人账户，给人的感觉是，自己积钱准备养老。年轻时贡献大、工资高、自己缴费多，企业也给得越多，到退休时累计储存金额就多，养老金水平也高。在这种利益机制驱动下，人们会乐于接受个人缴费，也不会反对提高缴费比例。这种贡献与享受相联系的原则，既保障退休后享有较高的养老金，又能鼓励在职时努力工作，有利于推动经济发展。

3. 退休职工应分享社会发展成果。

1982年联合国老龄问题世界大会通过的《老龄问题国际行动计划》指出："使老年人能够在物质和精神方面享受公正和富裕的生活。"要做到这点，需要从两方面入手：一是保障老年人的退休金不致因通货膨胀而贬值，为此许多国家实行退休金同物价指数挂钩或同生活费用挂钩的办法；二是退休人员应和在职人员一样，他们的生活水平应该随着整个社会经济的发展而不断提高，换句话说，退休人员也要分享社会发展成果。

我国实行低工资制，职工退休时在低工资的基础上再打一个折扣，其退休金当然就更低了。这十多年来，随着改革开放和经济发展，在职职工的收入一涨再涨，除增加基本工资外，还有名目繁多的补贴和奖金，使在职职工的收入有较大增长。而退休人员的收入，增加甚微，长此下去，退休人员势必成为社会上相对贫困的阶层，这显然不符合社会主义共同富裕的原则。再说，正由于我国长期实行低工资制，退休人员为社会提供的积累是相当多的。他们提供的积累，大部分用于发展经济，如进行基本建设和增加机器设备等固定资产。试想，如果没有前人的积累，今天又怎么能进行扩大再生产，社会经济和文化又怎么能够发展？所以，问题非常清楚，在今天所创造的物质财富中，既包含现有职工创造的新价值，也包含前一代职工过去所创造的价值，即通过固定资产折旧转移到新产品中去的那部分。这也就是说，不仅是社会上已有的财富主要是前代劳动者创造的，就是新增加的社会财富也离不开前代劳动者的贡献。既然如此，作为社会财富创造者之一的退休人员分享社会发展成果，是理所当然。

流通领域

老年人口的需求和消费特点，与中青年显著不同。如何根据老年人的需求特点和消费方式，大力开发老年市场，既是积极为老年人服务，也是用流通促进生产。

1.研究老年人的需求特点，开发老年用品市场。

老年人随着年龄的增长和生理条件的变化，产生了不同于中青年人的特殊的物质需要和精神需要。老年人需要有方便化、保健化和舒适化的消费方式。"三化"渗透在衣、食、住、行等各个方面，如方便食品、保健食品、保健衣着、多功能用品等等。在目前市场上，许多老年人买不到自己急需和合用的商品。老年人需要的吃穿用等商品为什么总是被忽视？老年市场为什么长期被冷落？据分析，一是一些生产单位将老款式商品同中老年需求划等号，许多服装仍沿用黑、灰、蓝老色调和人民装中山装老款式。二是有些生产单位简单地把大规格与老年人需求划等号，将花花绿绿、奇异别致的年轻人服装放大规格后就算老年服装。三是有些商店把清仓处理商品同老年人讲求实惠划等号，用大批过时落后、积压滞销商品，冒充老年人用品。更重要的是，一些厂商认为老年人商品批量小、利润薄，而不愿生产和销售，虽然也有资金筹集材料落实和政策限制等客观原因，但主要还是厂商的经营思想，看不到老年人的需求在不断地发生变化；看不到老年人的市场潜力很大。

2. 开发老年商品，既有社会效益，也有经济效益。

有的厂商认为，开发老年商品，主要是社会效益，而很少有经济效益，因而生产和经营老年商品的积极性不高。

其实，实际情况并非如此。目前市场上，凡是适合老年人需要的吃、穿、用、玩等商品都很畅销，有的商品刚一上柜就被一抢而空。老年市场是一个具有很大潜力的市场。工厂和商店以及各种展销会在组织货源时，不应该再忽视老年人这个日益庞大、消费需求越来越高的购物群体。老年人之所以具有相当大的购买潜力和购买意向，主要是由于以下几方面原因：一是绝大多数城市老年人都领取退休金，有稳定的经济收入；二是子女都已长大成人，生活独立了，老年人的经济负担减轻，手头有多余的存款；三是老年人从工作岗位上退下来后，空闲时间多了，美化生活的愿望也就可能付诸实现；四是随着生活水平和健康水平的提高，他们并不认为自己已经衰老了，许多低龄老人还保持着青春活力，不愿把自己打扮成老气横秋、老态龙钟，因而在穿着上有新追求；五是老年人的观念已开始发生变化，他们认为抚养子女的责任已经完成，现在该是自己挣钱自己花费的时候了，在买东西时也都挑好的买。除上述原因外，更重要的当然还是由于老年人口队伍日益庞大。尽管老年人作为各个个体，其购买水平不一定很高，有不少人甚至很低，但老年人作为日益庞大的社会群体，其购买能力则相当可观。

3. 开展有偿服务，拓宽服务领域。

随着社会经济发展和人民生活水平的提高，家庭消费若干项目的社会化乃是一个必然的趋势。特别是老年人，他们对社会服务的需求，尤为迫切。人到老年，体力和精力都不支，即或有子女照顾，也不可能把老人的生活都包下来，特别是由于家庭结构小型化，对老年人的照料作用大大削弱。老人迫切要求用社会服务代替自我服务和子女服务。发展为老年人的社会服务，使老年人获得社会帮助，安度晚年，这不仅给老年人带来直接的利益，而且对老年人的家庭、儿女乃至整个社会都有好处。

长期以来，我们一谈到服务，就与无偿划等号，好像服务都是无偿的。因而只讲投入，不讲产出，只讲给予，不讲回收，致使服务的基础越来越亏空，服务的功能越来越脆弱。为了增强服务的后劲，拓宽服务领域，必须破除以无偿服务为主，有偿服务为辅的思想，树立以有偿服务为主，有偿服务与无偿服务相结合的新观念，建立福利型服务和经营服务两种服务机制，以满足服务对象的多元需求。

随着我国老年人口增加，老年群体的结构也在发展变化。目前，无子女、无生活来源的社会孤老逐年下降，有经济收入的离退休孤老和子女不在身边的老年人逐年增多。对于前一种人只能进行无偿服务，而对于后两种人则可提供有偿服务。因此，随着后两种人的日益增多，有偿服务发展的前景也日益宽广。如以敬老院为例，过去主要是收养社会孤老，是福利型机构。而近年来，自费寄养的老人开始增多。上海市级老年人社会福利院，床位1 000多个，收养的老人中，1979年自费老人约占14%，1989年上升到50%左右。而有的地方，自费老人已经远远超过"五保"老人。从开办有偿托老业务的敬老院和福利院来说，在保证"五保户"老有所养的条件下，发展社会服务型的托老事业，收取合理费用，既增强了自身的经济实力，又满足社会的托老需要，是一项很有发展前途的服务行业。

当然，大多数老人还是在家养老，这就需要开展有偿的上门服务和就近的社区服务。如开设钟点服务公司，实行计时服务，也是一项很有发展前途的服务行业。

消费领域

老年人吃饱穿暖后，也必然会随着时代文明的步伐，在生活上迈向高层次。老年人通过对美的享受，会感到自己还年轻，生活有意义，不致有"人老叹珠黄"之感。所以，老年人完全有理由并且有条件在人生的最后阶段，从外貌仪表到精神生活提出美的要求，使晚年生活过得更加充实和更有情趣。

1. 倡导合理消费，美化老人生活。

在目前我国人民生活水平有较大提高的情况下，包括老年人在内的全体人民仍应当发扬勤俭节约、艰苦朴素的优良传统。但是，不能把必要的、正当的消费看成浪费，不能把文明、健康、美好的生活方式当做奢侈。

现在，也有不少老年人想美、爱美，但不敢美，怕招人笑话，说是"老来俏"。"老来俏"过去被作为贬义词，今天，应该给它平反。现代医学界和心理学界已广泛注意老年人的美容，认为它有利于老人身心健康。第一，促使老年人心情开朗，生活愉快。由于人类寿命延长，老年人从60岁到80—90岁，可望跨越20—30年时间。在这漫长的时间，老年人从紧张工作转变为离岗休息，让老年人的衣着容貌整洁美好、多姿多彩，有助于消除和减少老年人容易产生的寂寞感、孤独感，使他们增加生活情趣。第二，有利于治疗和减少某些疾病。英国一家杂志调查了3 000余名老年人，发现注意衣着打扮者，患与精神因素有关疾病的比例比不善于打扮的老年人少30%以上。美国宾夕法尼亚大学针对老年人孤独寂寞的特点，开办了一个短期美容训练班，经过几个星期的实践，他们发现，这些老年人身心健康状况转入良好。这项实验表明，适当的美容修饰能给老人带来生命活力。第三，减少或避免事故的发生。老年人外出时穿戴鲜艳服饰，可以减少避免车祸。心理学家在经过大量实验后发现，红色能使人心理兴奋，蓝色使人镇静，绿色对人的心理活动有缓和作用。因此，老人的服饰鲜艳，就能促进汽车驾驶员的心理兴奋，从而精神集中，减少事故的发生。如遇不测，也可及时采取有效的避让措施。如果老人穿戴的服饰同马路的颜色相似，很容易引起司机的疏忽。

人到老年，失去润滑的肌肤，漂亮的身段，而色彩鲜艳、宽松得体的服装和恰当的美容修饰，却可以弥补这些缺陷。无怪乎不少老年人经过打扮后，依然像年轻人那样富有朝气。常听人说，外国人老而不显老，实际上这并不是人种本身有什么优势，在很大程度上是得益于修饰。在我们社会主义国家，爱美同样是人们的一种高级精神需要，它没有年龄和性别的限制。在美的面前，老年人应该多一些勇气，少一些顾虑。如果老年人都来穿上合身的新式服装，恰当的美容，既体现了老人的健康心理，又给人以美感，并焕发出时代的气息。那么，即将来临的老龄化世界不会是一个死气沉沉的灰白黑世界，而仍然是一个充满青春活力的俏丽世界。

2. 抑制丧葬消费，提倡厚养薄葬新风尚。

人老了免不了要死，死是不可抗拒的自然规律，但是，对于死后尸体、骨灰的处理方式，却反映了人们的价值观念。

现在农村人办丧事规模越办越大。湖南省部分地区统计，居民治丧平均每次开支达4 280元，90%的丧主因此举债。举债办丧事，死人不知道，活人活受罪。何不简办？天津市一项万人问卷调查表明：88%的人不赞成丧事大办，却又不得不办，因为怕落个"不孝"罪名。其实，对长辈孝敬与否，主要看生前赡养，而不是看死后哀荣。

这种对老人薄养厚葬的社会风气，如果任其蔓延，危害甚大。首先，它侵犯了老人的合法权益。对于这种"轻生重死、薄养厚葬"的现象，老人也很不满意，他们说"宁愿活着吃一口，不愿死后花两斗"，"宁要活着的愉快欢笑，不要死后的披麻戴孝"。其次，浪费严重，据有关部门统计，1978年，我国土葬率为18%，到1988年增加到30%，倘土葬一尸需花费土地20平方米，木材0.5立方米，人民币1 500元，按每年死亡600万人，以1988年的土葬率30%计算，全国每年有13万亩土地被死人占用，200万立方米木材埋入地下，70亿人民币付诸东流，如此浪费，令人痛惜。特别是死人同活人争地的矛盾，更将给子孙后代带来无穷灾难。

火葬同土葬相比，无疑是一项重大改革，它节省了许多土地和木材等重要资源。但是，近几年来骨灰墓葬又逐渐增多。上海从1984年到1990年，全市累计火化遗体56万多具，大部分骨灰仍留在本市安葬，一年要占用土地100余亩。有些骨灰被安葬到苏州、无锡等地的公墓。每年清明，人们还得踏上拥挤的旅途，赶到墓地祭扫，既费时、花钱，又疲劳不堪。

近年来，在上海、天津和广州等地已多次举行骨灰撒海活动。也有的地方将亲人的骨灰撒在待植树的坑穴里，树栽好后留下标记，每年为其除草培土，修枝剪叶，以此悼念。北京太子峪陵园已建成全国第一个骨灰纪念林，既美化环境，又节约土地，还可增加经济收入，真是一举多得。

2. 从经济看代际矛盾的转移和化解[*]

人的一生都要经历幼年、壮年和老年阶段。随着经济和科学发展，人类的寿命越来越长，致使老年阶段也越来越长，因而养老就成了人类社会生存与发展的客观需要。养老涉及老年人口和青年人口之间的代际关系和代际矛盾。代际关系和代际矛盾在任何社会中都存在，只不过在不同的社会经济条

---

[*] 原载《世界经济文汇》1994年第6期。

件和与此相适应的不同养老方式下，有不同的表现形式和不同的解决办法。

家庭养老使代际矛盾的内化

在以自然经济为主的前资本主义社会，养老主要靠家庭。在长达几千年的农业社会中，家庭既是生产单位，又是消费单位。家庭成员共同劳动，共享劳动所创造的物质财富。除了维持家庭成员的日常生存需要外，它的剩余产品和积累都留在家庭内部。到年老体衰、丧失劳动能力时，子女理所当然地负责他们的经济赡养；同时还担负着对老人的生活照料和精神慰藉。

家庭养老，除了积累物质财富外，主要还是以生育子女的形式来表现。因为在当时的生产条件下，作为生产资料的土地，同作为生产者的劳动者是统一于家庭内部，因而能调动人们的生产积极性。在生产资料所有制与劳动者统一的条件下，维持和扩大劳动力的供给，乃是维持和扩大家庭经济的基础。而劳动力的主要来源，是家庭的生育行为。提高家庭人口的出生率，就意味着未来家庭生产能力的扩大，生活水平的提高。在当时，科学技术很不发达，人口的死亡率，特别是婴儿死亡率高，人们只能以高出生率来抵偿高死亡率；也由于人口再生产的成本低，"多生一个孩子多抓一把米"，生儿育女就成了一种投资小而收益大的投资方式，因而也成了将来养老的储蓄。任何形式的养老，就其实质来讲都是储蓄。对成年人来说，那时最有效的养老储蓄莫过于多生孩子，老来可以用子女的劳动产品和劳务来维持晚年生活，这就是"养儿防老"。养老的经济来源靠家庭，生活照料靠子女，这是典型的家庭养老。

家庭养老，使老年人和青年人之间的代际关系，表现为父母和子女之间的亲情关系，代际矛盾表现为父母和子女之间的亲情矛盾。一般来说，家庭内部父母和子女之间的代际关系，要比社会上老年人口和青年人口之间的代际关系更为融洽；父母和子女之间的矛盾也容易协调。因为父母养育年幼儿女，儿女长大成人后赡养年老父母，这里不仅有经济上的给予和回报，还凝结着父母和子女之间的爱心和血缘亲情。不过，在封建的农业社会中，父母和子女之间的代际关系是建立在长幼辈分严明的基础上，父母居支配地位，子女居从属地位。由于老人是一家之主，因而也是土地和一切财产的当然所有者，只要老人不去世，不分家，儿子媳妇就没有或很少有个人财产。在这种社会经济条件下，很少发生儿子不养老的现象。中国自古以来，就重视家庭养老，即老必有所养，家有父祖老人，必有子丁留侍。同时，对不肖子孙，历代在刑法上又有严厉处罚，从而保证了家庭养老功能的发挥。

家庭养老虽然能较好地解决老年人口和青年人口之间的代际关系，但有很大的局限性。其一，有些家庭无子女，或有劳动能力的子女遭遇不幸，先于父母去世，就会使全家失去经济来源，老人的生活随之陷入困境。其二，随着农业社会向工业社会过渡，子女成年后往往外出谋生，特别是一些有文化知识，能掌握科学技术的年轻人走出家庭，离开农业劳动，转到了大工业生产中来，致使家庭的生产功能越来越弱，与此相适应，家庭的赡养功能也随之削弱。其三，一些家庭特别是经济较为贫困的家庭，子女无力赡养老年父母，或把赡养老人视为负担而加以嫌弃，使家庭养老处境艰难。

以美国为例，在20世纪30年代经济大危机以前，据统计30%的老年人口依靠他人赡养，其中大部分是靠亲属赡养。随着1930年经济危机的爆发，依靠他人为生的老年人口比重大幅度增加，到1935年已超过50%。因为在裁减工人中，总是先向老年工人开刀；同时，由于失业人口的大量增多，成千上万的家庭陷入了经济困境，严重地影响了家庭赡养老人的能力。于是，部分社会成员，特别是老弱人员的贫困，就成为欧美各国在实现工业化过程中遇到的一个严重社会问题。这个问题不解决，社会就将动荡不安，并进而影响经济发展。在这种形势下，美国政府就在是否应该建立一项养老金制度以及政府养老金制度的作用等问题上展开一场争论。1935年美国国会通过第一个社会保障法，建立了全国性老年社会保险制度，规定65岁为法定退休年龄，退休后可获取一定数量的养老金。美国联邦政府之所以采取退休和退休金制度等措施进行干预，一方面固然是解决大量贫困老人的生活问题，另一方面更重要的原因是鼓励老年职工不再继续工作，以便腾出岗位，为年轻人解决就业问题。

社会养老使代际矛盾外化

由家庭养老过渡到社会养老，其主要标志是退休制度作为一种社会现象在各发达国家普遍建立。这一转变，是不以人们意志为转移的。归根结底，它是经济和社会发展的必然结果，其一，现代医学发达和生活条件改善，使越来越多的人可以活到六七十岁，甚至更长，从而能进入退休阶段。其二，现代工业社会有赡养一个较大部分的非劳动人口的能力。从前，群体的生产几乎依靠所有成员的经济活动来维持，至于少量剩余产品也只能归少数奴隶主和封建主来享用。而现代工业社会，只需一部分人口进行劳动生产就能为其他人口提供生活资料，从而为大规模的退休提供了物质基础。其三，机器和新技术的广泛采用，对老年劳动力的需求减少，老年人经常被迫或被鼓励离开劳动队伍，以便让给掌握新技术、新知识的年轻人。因此，退休和退休金便成为用年轻人取代年老人的一种经济刺激。其四，从前，老年人很难为自己退休而储蓄足够的钱财，而现在通过在职时缴纳社会保险金和强制性储蓄，使绝大多数人在退休后能获得维持基本生活的经济保障。

社会养老的出现，无疑使老年人口和年轻人口之间的代际矛盾从家庭内部转移到家庭外部。过去是在一个家庭范围内，由成年子女赡养年老父母；而现在是在全社会范围内，由在职的年轻人口赡养退休的年老人口，这样就难免产生两代人之间的矛盾。不过，在社会养老制度建立初期，代际矛盾尚不明显。只是随着人口老龄化，这个矛盾越来越突出。再以美国为例，1870年，在65岁及其以上的老年人口中只有1/4是退休者；1950年，已有40%的老年人退休；到1977年，按美国人口普查署统计，认为应列入退休或退出劳动力队伍的老年男子为80.6%，老年妇女为91.6%。与此相适应，领取退休金的老年人数也越来越多。在40年代，领取退休金的人数不到10万人，而到1970年末、80年代初已经激增到2 100万人。这就是说，在40年中，领取退休金的人数竟然增加了210倍。这一方面是由于人均寿命越来越长，老年人口数量越来越多；另一方面也是由于近几十年不到65岁而提前退休的人数也日益增多。据美国卫生教育和福利部《老龄化21世纪的人口》提供的资料，1948年，年龄在55岁到64岁的男性职工，有89.5%参与劳动，到了1975年，这一比例下降为75.7%，预测到2000年，这一比例将下降到66.6%。

在退休和提前退休的老年人口增多的同时，劳动人口却由于生育率下降而相对减少。美国列宾斯坦教授认为，西方国家生育率下降是每个家庭从经济上比较了养育子女成本和养育子女效益的结果。具体说，子女成本有越来越高的倾向。在美国把一个婴儿抚养到成人，60年代需要约3.4万美元，70

年代增加到9万美元，80年代进一步提高到23万美元。如果把读大学、研究生费用再包括进去，那子女成本还要高得多。而另一方面，子女对家庭的效益，却有越来越弱的倾向，其中经济效益不仅相对地而且绝对地减少，至多是给父母带来精神效益。由于成本高而效益低，这就促使家庭的生育观发生变化，即不愿多生子女。由于生育率下降，劳动力人口相对减少，劳动人口对退休人口的负担必然越来越重。还是以美国为例，1945年时，42个劳动人口供养1个退休者；到1983年时，3.2个劳动者供养1个退休者；预计到2020年时，每两个劳动人口就要供养1个退休者。美国著名管理学家P.F.德雷克提出，要努力使劳动人口与退休人口比例保持在3∶1以上。他认为这一比例是支撑社会的最低界限，一旦超过这一比例，不仅在经济上有压力，如负担重、通货膨胀等，而且老年人与青年人之间的深刻矛盾将成为政治、社会问题。

现在许多西方国家都面临着退休金支付危机和日益深化的代际矛盾。

一是由于人均寿命延长，老年人口数量增多，为老年人支付的退休金和公共福利费用也日益增多。美国在1940年，支付退休金只有3 500余万元。到了1981年，付给老年职工的退休、福利、医疗及其他费用已高达1 500亿美元，在国家预算支出中占25%。据估计，到2000年时为40%，2025年时为63%。一些经济学家认为，如果这种现象不设法改变，美国严重的财政赤字问题将日益严重，美国的经济状况届时将难以支持下去。其实何止美国，几乎在所有工业化国家中退休金已成为政府开支中最大的一个项目。随着人口老龄化，退休金在国家预算中所占比例越来越大。根据目前趋势看，在今后50年内，退休金将大大超过卫生保健和教育开支的总和。

二是在职人员纳税增多，企业负担加重。由于多数国家的养老金制度是建立在接力式的筹款方式的基础上，即把现在工作的人定期交纳的养老金，用来当作已退休工人的养老金，等到这一代工作的人退休时，他们拿的是下一代工作的人所交的养老金，以此类推下去。因此，事情很清楚，随着人口日益老龄化，支付的退休金日益增多，就意味着，在职职工交纳的保险税和企业支付的福利开支也要相应增加。在瑞典、德国、意大利、荷兰等工业发达国家，如果把所有的保险项目包括进去，工人每月薪金的40%—50%要作为各项保险税。对企业来说，由于提高工资保险税，工厂的劳动成本提高，影响了产品的竞争力。又如日本，为解决高龄化的财源问题，1990年增加了所有商品的3%的特别消费税，但社会各界反对、不满的人很多。华盛顿保守派院外活动组织全国纳税人联合会的保罗·休伊特说"必须为此付出代价的年轻的纳税者自然越来越感到气愤不过了"。在美国老年学学会第35届年会上，一些青年学者认为老年人口占美国人口总数的12%，却占去国家财政预算的25%，这是"社会的不平等"。人们担心，在日益增长的退休金面前，总有一天，下一代人有可能不愿意交纳更高的税款或社会保险费，来养将来退休的这一代人。

三是西方国家老年职工退休后，虽然领取的退休金只相当于在职时工资的一半左右，收入明显下降，但他们中的多数人生活得还是不错。许多人有房产，少债务，又享受着各种优待老年人的福利。如美国，尽管人们普遍认为不重视老年人，可是美国用于65岁以上老人的开支，实际上超过了任何一个西欧国家和日本。社会保险、医疗保健以及一些次要的福利，每年要花去5 000亿美元。由于优待老年人的计划大量增加，老年人的贫困率已经由1960年的35%降到了今天的12%。然而，儿童的贫困率却从1967年的14%上升到1990年的20%。

老年人今天所领取的退休金，虽然从本质上讲是他们过去劳动报酬的延期支付，但是，一般来说，工人得到的养老金比他原来付的钱要多得多，特别是那些寿命很长的老人。据美国《洛杉矶时报》杂志提供的资料，一般的退休人员在不到6年的时间内就能收回他或她所支付的所有社会保险税。但是，此后他们还要继续领取这笔保险金。那么钱从哪里来？实际上政府一直靠借贷为社会保险制度提供资金，而把债务转嫁给纳税人。鉴于这种情况，美国政府有关官员承认，倘若不进行重大改革，那么到最后一批高峰时期出生的人退休时，社会保险制度就囊空如洗了。据美国1991年的一项调查表明，30—39岁的美国人中有90%说，他们不指望收回现在为社会保险制度付出的代价。

四是老年人医疗费用激增，也将是今后社会资源分配中的一个尖锐问题。随着老年人口增长，特别是体弱多病的高龄老人增多，社会上用于老人的医疗费用越来越多。据日本厚生省对国民医疗费用的调查，1980年一个老人的医疗费是年轻人的4倍。在日本，个人所得税的40%都用于老年人的医疗年金。如果在今后二三十年内继续维持目前的健康保险制度不变，那么将来就要征收职工每月工资的五六成作为保险费。当前一些国家正在进行的关于安乐死的争论，也涉及资源与分配问题。国外的一些学者提出拯救一个老人的费用可能相当于救活10个儿童的费用。这就涉及有限的卫生资源，在代际之间如何分配才更合理。

面对上述重重矛盾，许多国家都需要对现行的退休制度进行改革。否则，就有可能发生像一些西方学者所说的"年龄冲突"，有人甚至预言将产生的一场"代际的阶级斗争"。当然要进行改革，这本身也会有矛盾、有斗争。因为老年人总是要维护福利制度。据美国《洛杉矶时报杂志》的一篇标题为《新代沟》的文章分析，美国自80年代以来，随着财政赤字暴涨，政治家们千方百计地限制开支，然而，美国退休人员协会坚决捍卫社会保险制度。在它的领导下，老年人成功地保护了这个福利制度。每逢总统候选人按惯例访问老年中心时，他们的力量就展示无遗。为了政治目的，候选人往往答应不更改社会保险制度。但是，一旦到了这个制度实在维持不下去的时候，还得非改不可。最近，美国康奈尔大学经济学家奥利维亚·米切尔在一篇研究报告中指出："在今后的年头里，大多数国家将经历人口老化，高失业率和经济结构的变化，对退休制度来说，这构成了新的挑战，在提供津贴的方案和筹措资金的做法方面，可能都需要进行根本的改革。"尽管各国改革有异，但总的趋向是：在削减福利开支、减缓退休金增长速度、提高退休年龄的同时，大力增加私人储蓄，使人们认识到他们需要自己攒钱供退休后使用。

在中国，目前养老保险社会化的程度不高，养老保险的覆盖面局限于城镇职工，7 000多万名老年农民还排除在外。但即使如此，退休金的负担也日趋沉重。以上海为例，1988年有149.3万退休职工，相当于在职职工的29.3%，退休费开支已相当职工工资总额的19.2%。据预测，到2000年全国进入"老年型"社会时，上海市企业退休职工人数相当于在职职工人数的42.3%，退休费开支相当于在职职工总数的30.7%，到2025年，退休职工将达285.25万人，相当于在职职工的66.3%，退休费开支相当于在职职工工资总数的44.6%。国际公认，退休费达到工资总数的20%，已达警戒线，而达到29%时，已是极限。由此可见，在我国老年人口数量如此众多而经济又不发达的情况下，完全依靠社会养老，矛盾将更为突出。

个人储蓄养老有利缓和代际矛盾

从家庭养老发展到社会养老，诚然是社会一大进步。但是，当人口老龄化社会来到并日趋严重时，社会养老又暴露出许多矛盾。因为通过发放养老金实际上是将部分国民收入在代际之间进行再分配，即社会资金在两代人之间的转移。转移的多或转移的少，都会引起代际之间的矛盾。当社会上退休人员所占的比重很小，如在本世纪上半期，许多国家还是保持在几十个劳动人口供养一个退休人口时，实行这种资金转移，不会引起多大矛盾。因为分摊到每个劳动者的头上很少，只有几十分之一；而且对劳动人口来说，也解除了自己的后顾之忧。但是，当退休人口越来越多时，就不是几十个劳动人口供养一个退休人员，而是几个劳动人口甚至是两三个劳动人口供养一个退休人口，这时分摊到每个劳动者身上就不是几十分之一，而是几分之一时，两代人之间的矛盾就会越来越突出。在这种老年型人口结构的格局下，就需要在保持社会养老的同时，加大个人储蓄养老的比重，即实行自我养老和社会养老相结合，有利于缓和代际矛盾。

通过强制性储蓄养老，在新加坡已经取得了很大成功。从1955年开始，新加坡推行公积金制度，即雇主和雇员都必须以雇员的薪金为基数，按规定的比例，将公积金存入雇员公积金账户，到55岁法定退休年龄时可以领取积存的公积金。在开始创办公积金时，并不是把它作为一种社会养老保障制度，而是一种通过强制性储蓄来实现职工自我养老的保障制度。新加坡当时之所以选择这种做法，一方面认为经济发展还无力像西方国家那样提供高福利、高保险的社会保障制度；另一方面认为人总有少贡献多受益的倾向，过分强调个人安全感就会减少个人努力工作多赚钱的动力。为了解决职工养老和社会安定，当时实施了自存自用的公积金制度，强化了人们的自我养老意识。只是到后来随着经济的发展，才逐步引进社会保险机制，以完善巩固公积金制度。

四十年来，新加坡推行公积金制度，既为个人储存了一大笔养老金，又有力地支援了国家经济建设。这种办法明显的优点在于：第一，具有很强的激励机制，它把每个人的公积金存款与他本人的劳动贡献及工薪收入紧密地联系在一起。谁要想拥有更好的房屋，年老时生活过得更好，从年轻时起就必须更勤奋地工作。新加坡人自己形容这叫做"一分耕耘，一分收获"。第二，具有明显的稳定机制。它使绝大多数劳动者都有了属于他自己的养老资金和住房，免除个人和家庭的后顾之忧，减少了不安定因素，增加了社会的凝聚力。第三，更重要的是避免了人口老龄化的困扰，不会像其他许多国家出现的退休金支付困难和危机。新加坡国家财政虽为公积金支付提供担保，但几十年来实际上从未花过一分钱。这样上一代人就不会给下一代人留下任何包袱，避免了代际转移带来的各种社会问题。

当然，已经实行社会养老保险的西方国家，照搬新加坡的办法是不可能的，但在改革现行养老保险制度的同时，大力推行个人养老储蓄，实为上策。为鼓励个人养老储蓄，美国和加拿大等国都实行减税政策。如在美国有一种个人退休储蓄账户，这是一种个人养老计划，参加者把工作时每年所得工资的一部分另行储蓄起来，以备日后之需。为鼓励人们参加这种储蓄，政府提供减税优惠。

1993年美国美林公司发表的一项研究报告说，如果生育高峰期出生的一代人不进行大量储蓄，其生活水平在他们退休后可能会急剧下降。该公司对3 798个美国生育高峰出生的人的家庭储蓄率进行了调查，结果发现年龄在30多岁的这代人的储蓄率只达到可使他们在65岁退休后安度晚年所需储蓄的34%。现在美国的储蓄率只有4.6%。出生在战后至60年代初期的7 600万美国人想要在退休后保持现在的生活水准，必须在今后几年内勤俭持家，进行大量储蓄和投资。美林公司的负责人说，美国人的储蓄风气大有改进的余地。新加坡人储蓄率高达42%，日本的储蓄率也在20%—25%之间。美林公司的这项报告第一次采用了美林生育高峰退休指数，来测量生育高峰期出生的一代人为退休安享晚年的储蓄率。

法国消费研究资料中心也于1993年公布了应法国银行协会的要求所做的一项调查结果。该中心的调查报告指出，在10个未退休的法国人中有8个人认为，为使退休者能有一些"个人方面的补足金"，设立"退休储蓄基金会"是一个"好办法"。该中心副主任乔治·阿特许埃尔指出，未来的退休者"意识"到他们的退休养老金是不够的，"目前，人们已经意识到必须为将来的退休作一些个人的储蓄"。阿特许埃尔认为，广开个人方面的退休收入来源，用以补充基本退休养老金和其他补助金是可行的。在这方面存在着一个涉及48%未退休者的"潜在市场"。目前，有28%的未退休者正在或已经为他们未来的退休做了储蓄。

当然，要发展个人储蓄养老，一定要解决这笔资金的保值和增值问题。在通货膨胀的条件下，如果储存的资金不断贬值，又还有谁愿进行长期养老储蓄呢。新加坡的公积金制度之所以获得成功，其中一条极为重要的经验，就是公积金营运有效，使公积金的利率一直高于物价的涨幅，这样人们就乐于储蓄个人养老金。

还应该指出的是，养老储蓄，不仅是指现金储蓄，还包括劳务储蓄或劳动时间储蓄。日本为解决老年人生活上的劳动服务，开办了劳动力银行，运用银行的存储、支取方式储蓄劳动力。储户在银行的安排下，为老人作各种服务，这样就等于储蓄了劳动力。到自己年老生活不能自理需要他人帮助时，就能动用这些储存的劳动力。这个做法值得提倡，这真是所谓"有钱存钱""有力存力"。到了将来年老时，既可以用"钱"交换"劳务"，也可以用储存的"劳务"兑换现金。总之，既有"钱"又有"力"，将来的晚年生活就有了充分保障。

中国是在经济不够发达情况下进入人口老龄化，照搬西方国家的社会养老行不通，因国家财政不堪负担；采用新加坡办法也有困难，因工资水平低，个人积累能力弱。在我国，一方面可以把社会保障和自我保障结合起来，即在发展和完善社会养老保障的同时，鼓励个人养老储蓄（既包括资金储蓄也包括劳动时间的储蓄），同时组织低龄老人、健康老人，特别是有文化有技术的老人再就业，既增加个人经济收入，增强个人的自养能力；又可以发挥老人的潜力，继续为社会做贡献。当然，在我国还要继续发挥家庭在养老中的作用，特别是众多的农村老年人口，在现阶段除了自食其力外，还是要靠子女来赡养，对有条件赡养而不愿赡养老人的子女，既要加强教育，又要绳之以法。

结论

在本世纪，由家庭养老过渡到社会养老，是世界各国的普遍现象。在下一世纪，由社会养老发展到社会养老与自我储蓄养老相结合，也是一个共同趋势。我认为，把养老从互助互济转到自助互济的轨道上来，有利于缓和人口老龄化社会中的代际矛盾。

3. 退休金实质和形式的矛盾[*]
——兼论21世纪退休金改革方向

本文主要论述退休金实质、支付形式的矛盾及其解决办法，并提出我国近期难以采取延长退休年龄措施，但也不宜用提前退休的思路来解决年轻人就业问题，后者在西方已被证明是不成功的做法。

一、退休金实质和形式的形式矛盾

从创造物质财富或价值的角度看，人的一生分为三个阶段：一是准备时期，即从出生到开始加入劳动队伍；二是劳动时期，即从加入劳动大军到退出；三是退休时期，即从退出劳动队伍到去世。在这三个阶段中，第一和第三都属于纯消费时期，而只有第二阶段属于既消费又生产的时期。如果一个人在第二阶段所消费的产品的全部价值等于他所生产的产品的全部价值，那么他在第一和第三阶段的消费就纯粹属于占有他人的劳动。这对于极少数从不参加劳动或由于各种原因中途退出劳动队伍的人来说，是可能的。但从总体上看或就社会平均的人来说，则是不可能的。因为如果每个人或绝大多数人都如此，那么他第一阶段和第三阶段的消费就成了无源之水。因此，作为一个社会平均的人，他的第一和第三阶段的消费，必然是来源于他第二阶段的劳动。也就是说，每个劳动者在第二阶段所生产的物质财富一定要大于他在这一阶段的消费。在第二阶段，劳动者的消费是他劳动的直接所得；在第三阶段，他的消费实际上是第二阶段所创造的价值的延期支付。在第一阶段，他的消费由父母预支，类似一种"投资"，最终要以第二阶段所创造的价值补偿。这样，劳动者的养老费用，从本质上讲，属于自己劳动期间所创造价值的一部分就显而易见了。

至于养老费用采取何种形式，则与社会经济形态和经济发展水平有关。

---

[*] 原载《复旦学报（社会科学版）》1996年第5期，此处有删减。

在农业社会，养老费用留在家庭内部。那时除了极少数人以积累财富的形式实现外，大多数人主要还是以生育子女的形式来实现。即成年人在劳动期间将其所得的一部分用来抚养子女，到年老体衰、子女长大成人时，成年子女通过对老年父母的赡养将这笔费用返回到父母身上。

在工业社会，养老费用主要留在社会。到劳动者退休时由社会以支付退休金的形式来实现。马克思在《哥达纲领批判》中明确指出，社会主义社会对个人消费品的分配实行按劳分配，但在进入分配之前，应首先扣除用来补偿消费掉的生产资料和用来扩大再生产的追加部分，以及用来应付不幸事故、自然灾害的后备基金或保险基金，剩下来的部分才是用来作为消费资料的。但在进行个人分配之前，还将从中扣除：管理费用，满足共同需要的部分，和为丧失劳动能力的人等等设立的基金。其中为丧失劳动能力的人设立的基金，就包括劳动者退休后的养老费用在内。从上述种种扣除，也可以明显看出，退休金来源于劳动者过去劳动的积累。不过这部分"积累"，不是通过工资的形式储存在劳动者手里，而是留在社会。特别是我国过去长期实行低工资制，劳动者所创造的财富大部分留在国家手里，由国家通过对职工退休后支付退休金的形式来实现。

马克思的这段话虽然是在分析社会主义社会时说的，但其基本原理同样适用于资本主义社会。在西方国家，退休金的实质仍然是劳动者在劳动期间所创造的价值的一部分，只不过它是通过在职时缴纳社会保险税的方式储存在国家和企业，到老年退休后以社会保险金和退休金的形式返回。

但是，由于老年人口的养老费用，在大多数国家都没有足够的储备金，而是采取现收现支的办法，即用在职职工缴纳的社会保险税，支付已退休人员的退休金，从而产生了在职职工养活退休职工的假象和错觉。这种假象和错觉就是退休金的实质和形式产生了矛盾。不过，这里所说的矛盾还只是形式上的矛盾。所谓形式上的矛盾，就是说领取退休金的老人实际上是自己养活自己，而表现出来的形式却是在职人员养活退休人员。但是，不应忘记，这里所说的情况是从总体来看或就平均的人来说，至于从各个个体来讲，由于人们的寿命有长有短，一部分人虽然在他们工作期间缴纳多年的养老保险费但退休没多久甚至还没活到退休年龄就过早离开了人世；也有一部分人寿命很长，逐年领取的退休金远远超出他在工作期间缴纳的养老保险费。一些人缴纳多享受少，而另一些人缴纳少享受多，这就体现了社会养老保险的风险共担和互助互济性质。但是，如果大多数退休人员都是付给社会的少而从社会取回的多，那么此时退休金的实质和形式的矛盾，就会从形式上的矛盾转化为实质上的矛盾。

二、退休金形式和实质的实质矛盾

西方国家在创立社会养老保险制度初期，领取退休金的老年人数很少，国家每年支付的养老费用不多，社会负担不重。经过几十年的运转，如今许多国家都面临着退休金支付危机和日益深化的代际矛盾，据1994年世界银行报告研究小组组长埃斯特尔·詹姆斯说，在奥地利、德国、希腊、意大利和芬兰，政府预算约有1/3被用作养老金；而在瑞典、英国和美国，政府开支有将近1/3被用来支持老年人的生活。这种状况如不设法改变，许多国家的社会养老制度都将面临崩溃的危险。

造成这种状况，有以下原因：

一是人均寿命延长，老年人口数量增多。人均寿命延长，不仅使老年群体队伍迅速扩大，而且从老年个体来看，领取养老金的时间也越来越长。美国在1935年推出社会养老保障制度时，规定退休年龄为65岁，而那时的人均寿命是62岁，距此还差3岁，所以当时能够领社会保障金的人数不多；即使少数人能领取其年限也不会太长。但是到了本世纪80年代，人均寿命已经延长到74岁，90年代又进一步提高到76岁，因而能够领取养老金的人数激增，且个人领取养老金的时间也越来越长，因而社会支付的养老费用也越来越多。

二是提前退休的人数增多。还是以美国为例，据卫生教育和福利部《老龄化21世纪的人口》提供的资料，1948年，年龄在55—64岁的男性职工，有89.5%参与劳动；到了1975年，这一比例下降为75.7%；预计到2000年，这一比例将下降到66.6%。又根据美国默瑟公司1978年的研究资料，"现在80%以上的社会保障退休金（不包括发放残疾金）是发给年龄不到65岁的人，而20年以前只有12%"。由于大量老年职工提前退休，使退休人员队伍迅速庞大。

三是劳动人口由于出生率下降而相对减少。人口生育率下降的一个直接结果是青年人口在总人口中所占比例呈下降趋势。德国的人口出生率在本世纪80年代中期为欧洲最低,预计到本世纪末,年轻人的数量将从1985年的1 010万人下降到640万人,仅占总人口的10%。其他如英国和法国等国家,也都将出现"青年赤字"。据欧盟最近发表的关于欧盟15国人口状况的一份报告说,到2025年,欧盟60岁以上的人口将达到1.135亿人,而20岁以下的青年人将减少到只有950万人,下降幅度将达到11%。欧洲人口老化以及因此造成的工作年龄段成年人队伍的不断缩小,是欧洲大陆陷入财政危机的最主要原因。

四是失业率提高,纳税人员减少。大量失业人口已成为困扰欧洲许多国家的一个棘手问题,它既浪费人力资源,缩减了在职职工队伍;又增加财政负担,减少税收。

五是医疗费用膨胀。除了由于医疗机械昂贵和药品价格上涨外,还由于老年人特别是高龄老人的医疗费用增加。据一位日本学者的研究资料,65岁以上老年人的人均医疗支出是65岁以下的4.2倍;75岁以上老年人的人均医疗支出是65岁以下的5.6倍。40年前,法国医疗费用占国民生产总值的比重只有2.8%,1991年接近10%。目前西方工业发达国家的医疗保健开支占国内生产总值的份额在7%左右。

由于上述种种原因,一方面导致退休人员队伍的日益庞大,以及由此而支付的退休金和其他福利费用急剧增多;另一方面是创造社会财富的劳动人口队伍相对缩小,致使劳动人口与退休人口的比例日趋缩小。例如美国,1940年每个退休的福利金支领人背后有150名劳工在缴社安税金,现在已降到3.2个劳动者供养1个退休者;预计到2020年,每两个劳动者就要供养1个退休者。英国在1985年,纳税人与领取养老金的比例是2.3∶1,预计到2035年,将是1.6个纳税人供养1个退休者。美国著名管理学家P·F·德雷克提出,要努力使劳动人口与退休人口比例保持在3∶1以上。他认为这一比例是支撑社会的最低界限,一旦超过这一比例,不仅在经济上有压力,如负担重、通货膨胀等,而且老年人与青年人之间的深刻矛盾,将成为政治、社会问题。因为通过发放退休金和其他福利费用,实际上是将部分国民收入在代际之间进行再分配,即社会资金在两代人之间转移。转移的少,老年人的生活会受到影响;转移的多,则会引起年轻人的不满。在美国老年学学会第

35届年会上,一些青年学者认为,老年人口占美国人口总数的12%,却占去国家财政预算的25%,这是"社会的不平等"。

当社会上退休人员所占比重很小,如在本世纪上半期,许多国家还是保持着在几十个劳动人口供养1个退休人口时,实行这种资金转移不会引起多大矛盾。因为分摊到每个劳动者的头上很少,只有几十分之一;而且对在职人口来说,也解除了他们的后顾之忧。但是当退休人员越来越多时,就不是几十个劳动人口供养1个退休人口,而是几个甚至是两三个劳动人口供养着1个退休人员,这时分摊到每个劳动者身上就不是几十分之一,而是几分之一,甚至是三分之一到二分之一时,两代人之间的矛盾就会越来越突出。这是因为,社会支付的退休金越多,就意味着在职职工交纳的养老保险税越多。美国华盛顿保守派院外活动组织全国纳税人联合会的保罗·休伊特说:"必须为此付出代价的年轻纳税者自然越来越感到气愤不过了。"面对上述种种矛盾,许多国家都谋求对现行的退休制度和退休金进行改革。否则就有可能发生像一些西方学者所说的"年龄冲突",有人甚至预言将产生一场"代际的阶级斗争"。

三、缓解矛盾的共同趋向

从许多国家已经或即将进行改革的情况看,主要有以下几方面改革措施:

1. 提高退休年龄,延长劳动者工作年限。由于人类寿命延长和身体素质提高,人们完全可以工作更长的时间,以期达到退休人员的贡献和受益的个人平衡。如果在人们的有效劳动时间延长、生存价值提高的情况下,退休年龄依然不变,因而使劳动者退休前的贡献不变;而退休后的受养年数增加,势必造成社会上依赖养老金收入的受养人员增加,致使年轻的劳动者对老年人的供养系数提高,政府用于养老的福利开支也大为增加。在1940年时,一名美国人可以期望退休生活占其成年生命的7%;如今这段时间几乎延长了4倍,为26%。从寿命不断延伸的趋势看,不久的将来,平均一名退休者可以领取社会保障金30年,退休年数超过了其成年生命的1/3。如此沉重的负担是任何一个国家的社会保障制度都无法承受的。因而合理的方法则是把退休年龄随着增长的寿命来厘定,可以过一段时间选取一个增大的年龄。现在许多国家都延长了退休年龄,如德国、英国和法国、意大利等国将退休年龄从60岁提高到65岁,美国将提高到67岁,这样既可以减少退休金开支,又可缓解人口老龄化带来劳动力不足。但是,退休年龄究竟应该延长到多大才合适,目前还是科学上的一个难题。一是无人知道人的寿命可以延长到多长,而几年的差异就会使接受社会保障金和医药福利的人数增加好几倍。二是人类寿命增长是否人体老化会延后,或是否增寿的人们只是老残衰弱地度过更多年月而已。美国一些经济学家认为,目前70岁是合理的退休年龄,或者算出一个百分比,即以成年年数的1/5,作为退休年数。根据经合组织计算,德国到2030年时必须将退休年龄延长11年,即76岁;而意大利则将推迟10年。

2. 改革退休金计发办法,使其与个人贡献挂钩。在养老金的计发上,一些国家采取与个人工作业绩挂钩。如德国和日本的养老金发放主要参考指标是劳动者退休前的工龄长短及工作期间的纳税总量。也有的国家如瑞典,养老金的发放几乎是平均分配,"大锅饭"性质严重。目前瑞典朝野一致认为,一个人领取的养老金多少,必须同他一生中交纳的费用多少相联系。现在他们改革养老金的指导思想是,养老金是公民"工资的延续",而不是任何人到一定年龄就可以领取的"公民工资"。

3. 发展私营养老计划,增加个人养老储蓄。1994年世界银行报告建议,如果使政府控制的支持老年人制度多样化,使之更加依赖个人储蓄,并使私营金融部门积极参与老年基金的管理,就可以避免人口老龄化所面临的许多问题。

为了促使私人积蓄养老金,一些国家推行强制性养老储蓄,如新加坡从50年代中期开始实施职工自存自用的公积金制度,强化人们的自我养老意识,以后随着社会经济发展又引进社会保障机制,使其更加完善。40年来,新加坡推行的公积金制度,既为个人储存了一大笔养老金,又支援了国家经济建设。而且它的优点还在于:一是具有很强的激励机制。谁想老年时生活得更好,就必须年轻时更勤奋地工作;二是避免了人口老龄化的困扰。新加坡国家财政虽为公积金支付提供担保,但实际上政府未花过钱。这样上一代人就不会给下一代人留下包袱,避免了代际转移的矛盾。

当然,已经实行社会养老保险的国家,完全照搬新加坡的办法有困难。

但是在改革现行养老保险制度时，增强个人养老意识，推行个人养老储蓄实属上策。1995年5月，由250名企业高级主管和大学校长组成的经济发展委员会在向美国第4届白宫老年问题会议提供的一份报告中说："社会安全制度向未来退休人员提供的保障，如不大幅度增加财源，或向未来工作人员大肆征税，根本无法信守。目前绝大多数工作人员未来的经济情况，将极端仰赖私人积蓄和参加退休计划。"该委员会退休计划暨储蓄小组委员会主席温贝克说："平均40岁的工作人员如未开始储蓄，未来22年每年必须把所得的25%存起来，才能以相当他们退休时的所得的60%安享余年。"为鼓励个人养老储蓄，美国和加拿大等国都实行减税政策。由于这些国家税率都较高，所以减免税收颇具吸引力。

综观人类历史，在本世纪，发达国家由家庭养老过渡到社会养老是人类社会进步的标志；下一个世纪，由社会养老转变到社会养老与自我储蓄养老相结合则是历史的必然。把养老从互助互济转到自助互济的轨道上来，有利于解决人口老龄化社会中的代际矛盾。

四、提前退休不是新思路

从我国情况看，50年代初在城镇建立社会养老保险时，人口属于年轻型，退休人员少，社会负担轻。当时全国仅有2.8万退休人员，年支付退休金也只有1 000多万元。但是随着人口从年轻型到成年型转变乃至向老年型过渡，离退休人员激增，并且养老时间由于人均寿命延长而大幅度增加，于是养老问题日益突出。1991年，我国离休、退休、退职人数达2 433万人，比50年代初的2.8万人增加869倍，比1978年来的314万人增长6.7倍。离退休人员与在职职工的比例也由1978年的1∶30.3下降为1991年的1∶6。与此相应，离退休费用大幅度增加。1991年共支付离退休、退职人员的养老保险金和福利费用562亿元，比1978年的17.3亿元增长31倍，比50年代初的1 000万元增加5 620倍。随着我国人口老龄化，情况将更为严重。从80年代中期开始，对城镇养老保险制度进行改革，主要是实行养老费用由国家、企业和个人三方共同负担，并建立起社会统筹与个人账户相结合的全国大体统一的制度。

在我国，近期很难采取像许多国家那样延长退休年龄的措施。虽然从我国目前已经达到的人均寿命来看,这方面的潜力还是很大的。50年代初规定退休年龄男60岁,女55岁或50岁时,人均寿命还不到40岁。而现在人均寿命已经提高到70岁。如今绝大多数50多岁到60来岁的准老人和老人身心都很健康,而且要求继续工作的愿望也相当强烈。然而,由于我国人口超编、劳动力超编,在这种情况下,如果延长退休年龄势必加剧劳动力供求不平衡。但是,也不能采用上海某教授提出的"实行提前退休制度,以腾出岗位招聘年轻人"。如果按照这个所谓"新思路",把男工的退休年龄提前到50岁,女工提前到45岁,那么,瞬息之间,我国退休人口的队伍将更加庞大,退休金的负担将更加沉重。并且在如此庞大的退休人口队伍中,不仅有众多的年轻老人,而且还有大量风华正茂的中年人被"剥夺"了工作,让他们在长达30—40年甚至是50年的时间中靠领取退休金度过半生(退休时间甚至比工作时间还长),这对社会或是对个人都是无法承受的。

企图用提前退休解决失业问题,在许多国家已经被证明是不成功的经验,而绝不是什么"新思路"。西方国家从70年代中期石油危机以来经济不景气,存在大量失业人口。为了增加年轻人的就业机会,在劳动力市场的政策上,又采取鼓励提前退休的措施,从而使提前领取退休金的人数激剧增加。美国康奈尔大学经济学家奥利维亚·米切尔在他的一个研究报告中得出如下的结论:"作为对付不断上升的失业率的一种手段而于80年代开始的全球性提前退休的趋势既得不偿失,又毫无效率。"因为"提前退休计划对年岁较轻点的人来说是一种耗资巨大的长期补贴,从长期看,需要征收较高的赋税"。

我国要解决就业问题,主要是更新就业观念,广开就业门路,并引导农村剩余劳动力多数就地就近消化,将劳动力跨地区流动的规模加以控制,而不是降低退休年龄。从今后发展趋势看,我国也将与许多发达国家一样,待各方面条件成熟时,也将逐步提高退休年龄。

4. 老年人共享社会发展成果的理论思考[*]

1995年在丹麦哥本哈根召开社会发展问题世界首脑会议时确定它的主题

---

[*] 原载《复旦学报(社会科学版)》1999年第3期,与奚全治合作,此处有删减。

是:"建立一个不分年龄人人共享的社会"。共享的范围很广,除了收入保障、生活照料等物质方面的共享外,还包括人权、社会公平,特别是老年人的人格尊严。只有经济收入有保障,社会上不受歧视,不受欺侮等方面都做到了,才是真正的共享。本文主要就经济方面谈谈老年人共享社会发展成果。

一、老年人共享发展成果应成为全社会的共识

1994年底,中央领导胡锦涛同志明确提出,"应该使老同志和我们一样,同样都来分享改革的成果"。1996年10月颁布实施的《中华人民共和国老年人权益保障法》,在第一章"总则"第四条中规定:"老年人有从国家和社会获得物质帮助的权利,有享受社会发展成果的权利。"在第三章"社会保障"第二十一条又明确规定:"国家根据经济发展、人民生活水平提高和职工工资增长的情况增加养老金。"1998年10月,胡锦涛同志就国际老年人年向全国发表电视讲话时又强调指出,"认真依照《中华人民共和国老年人权益保障法》维护老年人的权益,切实为他们解决实际问题,保证他们同其他社会成员一起共享改革开放和现代化建设的成果"。虽然中央领导一再倡导,《中华人民共和国老年人权益保障法》也有明文规定,但老年人共享至今尚未形成全社会共识,还受着许多错误观念束缚。

老年人从总体上看,虽然已退出劳动岗位,不再直接为社会创造财富,但他们过去已经为经济发展、社会进步和抚养子女操劳了大半辈子,为家庭为社会作出了不可磨灭的贡献。何况今天还有许多老人仍然参与经济活动和社会活动,直接为社会创造物质财富和精神财富;此外还有更多老人为成年人子女操持家务、教育孙辈,以便让年轻人腾出更多的时间为社会作贡献。但不管老人们是直接或间接参与社会,都应看到,离退休人员今天所领取的养老金,只不过是他们过去劳动报酬的延期支付。马克思在《哥达纲领批判》中明确指出,社会主义社会对个人消费品的分配实行按劳分配,但在进入个人分配之前,应首先扣除用来补偿消费掉的生产资料和用来扩大再生产的追加部分,以及用来应付不幸事故、自然灾害等的后备基金或保险基金,剩下来的部分才是用来作为消费资料的。但在进行个人分配之前,还将从中扣除:管理费用,满足共同需要的部分,和为丧失劳动能力的人等等设立的基金。其中为丧失劳动能力的人设立的基金,就包括劳动者退休后的养老

金在内。由此可见，养老金来源于劳动者自己过去劳动的积累。不过这部分"积累"，在我国过去没有通过"工资"的形式储存在个人手里，而是由国家通过对职工年老退休后支付养老金的形式来实现。所以养老金的实质是劳动者劳动报酬的延期支付；退休职工用养老金换取消费品和劳务，实际上是他们过去劳动所创造的产品的延期使用。从这个意义上讲，仍然是老年人自己养活自己，并没有增加他人负担。

不仅如此，老年人在过去几十年的艰苦创业中，还为社会提供了大量积累，没有这些积累，也就没有今天社会经济的持续、快速发展。不仅过去的财富是老一代人劳动创造的，就是新增加的财富，也离不开老一代人的贡献。任何人都不能割断历史，每个社会都存在着财富上的代际转移，人类就是在这个转移过程中实现社会财富的创造与继承。这也就非常清楚地表明，当今社会财富是新老两代人共同努力的结果。因此，老年人与年轻人共享发展成果也是天经地义，理所当然。

在我国，退休职工共享社会发展成果，更为必要。由于我国长期实行低工资制，退休职工为社会提供的积累是相当多的。今天，社会经济发展了，人们的生活条件好起来了，就好比蛋糕做大了。当我们在分享这个大蛋糕时，怎能忘记那些长期领取低工资、过着艰苦朴素生活的退休老人，显然也应切一份比过去大些的蛋糕给他们，让大家来共享社会发展的成果。如果在职职工工资一涨再涨，生活水平不断提高；而退休职工仍然继续领取很低的养老金，那么不用多久，这些退休老人一个个都会成为社会上最贫困的阶层。由此可见，只有共享社会发展成果，才能缩小退休人员与在职人员收入水平的差距，提高退休老人的生活水平。这对保证退休人员安度晚年，以至整个社会的安定与团结，对解除中青年的后顾之忧，从而对增强我们国家的凝聚力和吸引力，都是非常有利的。

当然，共享也要有个"度"。一是以不影响社会经济发展为前提；二是不能损害中青年的积极性，在职的中青年，毕竟是当代社会财富的主要创造者，他们不仅对社会贡献要大得多，而且为维持个人形象和养老养小的生活开支也要多得多。因此，离退休人员分享不能与在职人员攀比、拉平，养老金的增长幅度理应低于工资的增长幅度。离退休人员不仅不应与在职人员攀比拉平，即使离退休人员之间也不宜攀比。这是因为，一是共享源于过去为社会提供的积累,一般来说,为社会提供的积累越多,意味着对社会所作的贡献也越多,因此今天共享的成果也应多些。二是共享是多层次多渠道的,除了由中央省市统一进行的共享外,还有各单位的补充共享。一般情况是,原单位效益较高,领导尊老敬老意识较强的,对离退休人员的共享也多些;反之则少。

应该强调,研究共享必须站在全社会立场。也就是说,既不能片面站在老年人立场,也不能片面站在年轻人立场,而是要站在社会全体成员的立场,从有利发展经济和实现社会安定这个大目标出发,用历史唯物主义和辩证唯物主义的观点,观察和处理问题。这样既不会损害老年人利益,也不会损害年轻人利益,而是构筑一个代际关系温馨和谐、老青两代人互相补充共同发展的新时代。

二、共享应是多层次多形式的

由于我国经济发展水平还不很高,且各地发展又很不平衡,共享必然是多层次多渠道多形式多方面地进行。

从共享的层次或渠道来看,主要有三个层次:

第一层次是全国性的共享。从我国具体情况看,我认为有两类性质的共享,即补偿性共享和发展性共享。补偿性共享是对过去低工资的适当补偿,发展性共享是在此基础上进一步共享社会发展成果。在新中国成立初期,各方面条件差,强调艰苦奋斗,人们对于领取低工资没有怨言;现在条件开始好起来,在职职工的工资也在逐年提高,对于退休人员的低退休金也应当给予补偿性的提高。全国从1993年10月开始的工资改革,就事业单位来讲,在增加在职人员的工资时,对离退休人员实行同步增长的原则,即参照同职务在职人员的平均增资水平增加离退休费。对离退休人员来讲,这次增资显然是一种共享,即共享改革和发展成果,因为没有十几年的改革开放和在此基础上的经济发展,就不可能有这次较大幅度的增资。但是,应该说这次共享还是带有补偿性质的共享,因为过去的工资实在太低。如以大学教授来说,即使是名闻全国的专家学者,也只不过七八百元,经过这次增资,可以提高到千元,适当提高他们的低退休金,不仅改善了他们晚年生活的条件,而且更重要的是对他们长期来为社会所作贡献的肯定与鼓励。随着社会经济继续发展，随着在职人员工资水平的不断提高，退休人员应继续共享社会发展成果。在适当补偿了过去低工资基础上的共享，可以说是发展性的共享。1997年国务院发文，规定基本养老金一般每年7月1日调整一次，调整幅度为当地职工上一年度平均工资增长的40%—60%。要求全国各地凡实行养老保险统筹的均按此办理。

第二个层次是省市地方性共享。90年代以来，一些经济较为发达的省市先后制定了离退休金的挂钩和共享机制。上海市于1993年4月开始实行离退休人员基本养老金物价补偿制度，1998年4月改按本市一年职工平均工资增长率的40%—60%的比例进行调整。北京市劳动局于1995年制定了离退休人员退休金正常增长政策，规定企业离退休人员的退休金在每年下半年根据本市职工平均工资的增长率按一定比例调整，以保障离退休人员的基本生活。又如珠海市规定行政事业单位的离退休人员各种生活福利补贴，如粮食补贴、物价补贴、煤气补贴、蔬菜补贴以及书报费、清凉饮料费等，均与在职的同等水平增加。为了解决企业的离退休人员生活补贴，市政府还专门发文，要求参照行政事业单位的标准执行，所需费用由社会劳动保险公司统筹解决。

第三个层次是企事业单位的共享。随着经济发展，许多企事业单位在提高职工收入水平的同时，也不同程度地增加了离退休人员的收入。上海许多企业单位建立了不同形式的共享发展成果的制度，其中有的是定期发给生活补贴，有的是不定期增加生活补贴。从事业单位看，如上海市各高校也都普遍地为离退休人员发放了共享金。1998年人均共享金1 168元，比1997年增加15%，其中最高的学校有3 000元之多，最低的由于某些特殊原因只有500元。在每个学校内，又还有院系共享。

从共享的内容来看，主要有收入性共享和非收入福利性共享两大类。

收入性共享是共享发展成果的基本部分，旨在保证离退休人员能获取一定数量的货币收入，以满足其基本生活需要。收入性共享是通过建立养老金的正常增长机制来实现的。由于养老金收入是绝大部分老年人晚年生活的主要经济来源，许多国家都建立了养老金的调整机制。调整的依据，各国不尽相同。有的采用工资指数法，如瑞典、芬兰、法国等的养老金随在职职工工资收入水平的变动而变动。有的采用物价指数法，如英国、美国、加拿大、澳大利亚、日本等国的养老金随物价指数或生活费用指数的变动而相应变动。也有的国家如瑞士、西班牙、挪威、意大利则同时按物价和工资的变动而调整养老金。还有国家采用自动增值法,如阿根廷规定如仍选择现收现付模式的退休人员,在交纳养老金保险费满30年以上即可获得1%—15%不等的退休金增值额,匈牙利规定养老金每年自动增值2%。

非收入的福利性共享,是共享发展成果的重要方面,旨在满足离退休人员的多种需要,以提高晚年生活质量。非收入福利性共享是通过发展医疗保健、社区服务、文化娱乐、体育、教育和各种老年设施来实现的。

对于老年人来说,良好的医疗保健是实现健康长寿、提高生活质量的重要条件。随着社会经济发展,医疗卫生事业有很大发展,受益最多的当然是老年人。不过,目前一些地区和单位不同程度地存在着退休人员医药费报销难,致使一些老人有病不能看,得不到及时治疗,这个问题亟待妥善解决。

由于人口老龄化和老年人口高龄化以及家庭小型化,要求进入各类养老设施的老年人数增加。随着经济发展,各地都兴建了一批老年福利院、敬老院、老年公寓等,以满足老年人的不同需要。许多地方还兴办各种文化娱乐设施,如老年学校、老年俱乐部、老年活动中心,开展适合老年人特点的教育、娱乐和健身活动。日益众多的老年人投身其中,既摆脱孤独寂寞,陶冶情操,又锻炼身体,显著提高了晚年生活质量。

随着经济和文化发展,老年人共享成果的方式和内容也日益多样化。一些地区对老年人乘公交车、游公园、购物、服务等免费或优惠。

但是,总的来说,我国老年人共享的覆盖面还不广,共享的程度也不够,离人人共享的目标还有很大差距。要建立人人共享的社会,既要求社会生产力有更大的发展,同时也要求人们特别是各级领导增强敬老意识,倡导中青年人尤其是子女要关心老人,帮助老人,使他们都能有一个幸福美满的晚年。

三、"共享"要以"挂钩"为基础

1982年联合国老龄问题世界大会通过的《老龄问题国际行动计划》指出:"使老年人能够在物质和精神方面享受公正和富裕的生活。"从物质生活来讲,要做到这点,需要从两方面入手:一是保障老年人的现有生活水平不再降低，具体说，就是保障退休金不致因通货膨胀而贬值，即实行退休金与物价挂钩制度；二是退休职工应和在职职工一样，他们的生活水平随着社会经济发展而不断提高，即退休人员也要共享社会发展成果。

"挂钩"与"共享"的共同目的，都是为了改善和提高离退休人员的生活质量。在这个大目标上，两者完全一致。但是，它们毕竟有所区别。作为一个科学范畴，它的存在总有其特定内容，起着特定的作用；否则，就会在人们的视野中消失。"挂钩"和"共享"的区别在于，它们是从两个不同的侧面来保障离退休人员的生活。所谓"挂钩"，是指将退休金同商品零售价格指数或居民消费价格指数挂钩，随着物价涨幅而相应调整退休金，以保证退休金不致因通货膨胀而贬值，从而保障离退休人员的原有生活水平不致降低。而"共享"，则是指分享经济发展成果，即随着国民经济发展和在职人员生活水平的提高，离退休人员也要相应提高生活水平。简单来说，"挂钩"是保持原有生活水平，而"共享"则是提高现有生活水平。

"挂钩"和"共享"的区别，可从以下五个方面来分析：

第一，依据不同。"挂钩"的依据是源于劳动者的劳动报酬。如前所述，退休金就其实质来讲，是退休者的过去劳动报酬。从社会角度说，是过去劳动报酬的延期支付；从个人角度说，是过去劳动报酬的延期使用。退休人员今天用退休金换取的生活资料和各种服务，实际上是他们过去劳动所创造的财富的延期使用。然而，在不同物价水平下，一定数量的退休金所实际享用的生活资料和服务是不同的。具体说，在物价不断上涨的情况下，一定数量的退休金所能换取的生活资料和服务在不断减少。这也就是人们通常所说的退休金贬值，其直接后果就是降低退休者的生活水平。为了解决退休金的贬值，必须按物价上涨幅度来及时调整退休金，以避免离退休人员生活水平下降。

"共享"的依据是源于劳动者为社会提供的积累。特别是在我国，老一辈人长期生活在"低工资、低消费、高积累、高发展"的年代，劳动者所创造的财富，留给个人的很少，绝大部分都上缴给国家投入了扩大再生产，因而为社会积累了巨额固定资产，为改革开放和现代化建设奠定了雄厚的物质基础，从而也为他们自己分享社会发展成果奠定了物质基础。如果用马克思的术语来说，"共享"源于 m，而"挂钩"源于 v，两者显然是不同的。

第二，增幅不同。"挂钩"的幅度，是根据物价的涨幅来确定。当物价涨幅较大时，退休金的增幅也较大；反之则小或为零。我国在90年代上半期，由于价格改革和经济过热等因素，有几年物价涨幅较大，年均在20%左右，上海等几个大城市还要高些，这期间退休金调整的幅度就大些。近两年由于加强宏观调控，物价涨幅回落。1997年，上海商品零售价格指数98.8，居民消费价格总指数102.8，全年价格涨幅为1985年以来的最低水平。在这种情况下，"挂钩"的幅度就要小得多。由此可见，"挂钩"是随着物价涨幅而相应调整退休金。

共享的幅度，则取决于国民经济发展状况和由此决定的在职职工工资水平提高的程度。当社会经济发展较快、在职人员收入提高较多时，退休人员分享的幅度也应该大些；反之则小。上海从1998年4月开始，基本养老金增长机制改按本市上一年职工平均工资增长率的40%—60%的比例调整，机关、事业单位的退休人员与企业一样进行调整。

关于共享的幅度，究竟是按上限好，还是按下限好？对此有不同意见。一种意见认为：离退休金高者按下限分享，离退休金低者按上限分享，理由是这样可以缩小差距。另一种意见是不论退休金高低，都按同一个比例分享。我认为前一种意见不妥。如前所述，共享是源于退休人员过去为社会提供的积累。一般来说，退休金较高者，意味着他们过去为社会创造的财富多，因而为社会所提供的积累也多；而退休金较低者，意味着他们过去为社会创造的财富少，为社会所提供的积累少。再说，即使领取较高退休金的人，由于过去在工资问题上已经长期受平均主义的干扰，差别不是很大，现在不宜再来个平均主义。后一种意见也欠佳。因为如果都按上限来分享，社会负担较重；如果都按下限来分享，势必更会加大退休人员与在职人员的收入差距。我主张是否可以按退休年限的早晚，分段确定比例。因为离退休越早的人，受低工资的影响越深，在低工资基础上计算的退休金也越低，现在分享时给他们以较高的比例，事实上是带有补偿的性质，是一种补偿性共享。在适当补偿了过去低工资基础上的共享，可以说是发展性共享。而退休越晚者，则是较多摆脱了低工资的影响，开始进入发展性共享，因而他们的分享比例可以依次降低。

第三，方式不同。挂钩主要是以货币补偿的形式来实现。因为挂钩就是将退休金同物价挂钩，按物价涨幅来调整退休金。这种调整只宜采取货币补偿，形式单一。

共享的方式，则要丰富得多。它除了主要以货币形式，即增加退休金来实现外，还有实物形式和社会福利享受等多种形式。如1998年春上海一些单位免费发放大米20公斤，在职人员和退休人员都有，这也是一种共享社会经济发展（粮食丰收）的成果。此外随着社会经济发展，各种养老设施和老年福利事业，也都在不断扩大和完善，使老人能从中得到更多实惠。

第四，渠道不同。挂钩主要是在全国范围或省市范围内进行。西方一些国家，挂钩是在全国范围内进行。我国由于国土广、幅员大，各地经济发展又很不平衡，且物价涨幅差异也大，所以，挂钩以省市为单位。上海市于1993年4月开始实行离退休人员基本养老金物价补偿制度。

共享，既可以是全国性或省市范围内，也可以由各单位根据自己的经济状况来确定。全国共享的幅度大体是统一的，而各单位共享的幅度，差异很大。一般来说，单位效益好的，退休人员共享较多；反之，则少。不过，除了经济效益外，也有思想认识，即领导是否重视。凡是领导重视的单位，退休人员共享较多；反之，则少。

第五，对象不同。"挂钩"的对象，具有普遍性。即凡是领取退休金者，其基本养老金都应与物价挂钩，而不能说退休金高者，就可以不挂了。当然，在物价涨幅为零时，也就无所谓"挂钩"了，这对每个领取退休金的人都一样。

共享的对象，既有普遍性一面，又有特殊性一面。在全国范围内或省市范围内的分享，是面向全国或全省市的退休人员，具有普遍性。如上海每年国庆节和春节时向离退休人员发放的150元、100元、50元的补助，即属此类。而各单位的分享对象，则是各单位的退休人员，具有特殊性。此外，对特困老人的困难补助和对百岁老人的特殊津贴（包括现金和实物），也都具有特殊性。即只有符合这些条件的退休人员，才能享受。

"挂钩"和"共享"，从理论上分析，虽然是两个不同的范畴，但由于它们的最终目的又是共同的，所以在实际操作时完全可以把两者结合起来，即在决定退休金的增幅时，可以把两方面的因素都考虑进去，来确定一个总的增加比例。在物价涨幅较大的情况下，"共享"必须是以"挂钩"为基础,即是在已经考虑到物价补偿的基础上来进行,否则就可能有虚假成分。譬如说,某年退休金增长10%,而当年物价上涨幅度也是10%,在这种情况下,退休金的增长仅仅是补偿了物价上涨而已,谈不上什么"共享"。只有在退休金增长幅度超过物价上涨幅度的情况下,其超过部分,才是真正的"共享"。

明确"挂钩"与"共享"的区别和联系,不仅有理论意义,而且有实际意义。1998年4月上海市的基本养老金改按本市上一年职工平均工资增长率的40%—60%的比例进行调整。据此,每个退休人员每月增加22元到33元不等的养老金。但是随着水、电、煤气、房租等的调价,退休人员所增加这点钱补偿不了实际增加的支出。也就是说,"共享"补偿不了"挂钩"。因此,退休人员养老金合理增长机制还有待完善。

见证历史

1. 我国老年经济学研究的开拓者

李洁明

王爱珠教授在复旦大学经济学院多年从事经济学的教学和研究工作,是众人眼中的"女强人"。作为王老师的学生和同事,我深深仰慕她。在学生时代,我就非常喜欢王老师的教学风格:语言准确明快,充满激情,能给学生以优美的艺术享受,让人涵泳其中、受益无穷。在我毕业留校任教后,王老师又是我学术事业的引路人,带领我及我的同事们闯入老年经济学的研究领域。

老年经济学既是老年学也是经济学的一个分支,是老年学和经济学相交叉的一门科学。王爱珠教授在上世纪90年代以前主要从事社会主义经济理论的研究,当看到人口老龄化的世界性趋势,为使经济学研究真正成为致用之学,她就将立足点移至老年经济学研究领域,在这块土地上精心开拓、耕耘,连创三个"首"字;

首创老年经济学研究所。上世纪70年代末,上海在全国率先进入人口老龄化城市行列,为了加强对老年经济学的研究,1993年3月,在上海老龄科研中心的支持下,王老师积极上通下达,与学校有关领导、部门联系与沟通,在复旦大学经济学院创办老年经济学研究所,并任首任所长。王老师积极组织研究队伍,主张老、中、青人员三结合。该所成立至今,不断承接来自现实需求的课题,例如,"上海市区退休职工再就业状况调查""上海老年消费市场研究""城镇退休人员分享经济发展和社会进步成果研究""上海农村老人分享经济发展和社会进步成果研究""上海社会办养老机构现状和发展研究""制约老年产业发展的因素及其对策研究"等等。王老师身体力行,带领我们上工厂、下农村、走市场搞调查,教我们如何获取数据,如何分析数据，如何撰写有价值的调查报告。我目睹她逐字逐句修改研究生撰写的调研初稿，她一贯肯定学生鲜活的思想，注意阐发学生观点中的学术价值，热情解答学生思考中的种种疑惑。这几年，王老师经常利用去国外参加学术会议乃至探亲的机会进行有关课题的考察活动，并及时发回很多有益的信息，大大丰富了我们调研报告的内容，也使调研报告对现实问题提供有益的理论解释，以便为政府部门决策提供坚实的理论基础。

首写《老年经济学》专著。随着国内经济学研究的细化，专业化分工的加强，经济研究要围绕着经济生活中出现的重大问题作出不同的理论解释，老年经济学需要从经济角度对人口老龄化问题进行探讨，在西方国家老年经济学的研究已有半个多世纪的历史，但在我国，直到上世纪90年代中期还未出版过一本涉及该领域的专著或教材，王老师的《老年经济学》专著填补了国内的空白。该书（1996年6月出第一版，2000年4月出第二版）与时俱进地运用马克思主义经济学的原理和方法，以老年群体作为研究对象，从社会生产和再生产过程的四个环节（生产、分配、流通和消费）来揭示人类群体老化过程中形成的诸种经济关系及其发展规律性，这从经济理论和对策思路上为我国制订人口老龄化对策提供了科学依据。王老师在这本书中首次提出的观点，有如，在提倡"老有所为"时提出"老年人口再就业率""社会参与率""老有所为参与率"三个指标；在论述养老金问题时提出"补偿性分享""发展性分享""多层次分享"，并强调"挂钩""分享"要立法；在分析社会养老保险改革趋势时提出"在下世纪，由社会养老发展到社会养老和自我储蓄养老相结合是一个共同趋势"，"把养老保险从互助互济转到自助互济轨道上来，有利于缓和人口老龄化社会中的代际矛盾"，等等。基于突出的理论贡献和实践意义，《老年经济学》被评为中国老年学研究十年优秀成果一等奖（1996年），同时被评为全国普通高等学校第二届人文社会科学研究成果三等奖（1998年）。

首开"老年经济学"课程。《老年经济学》专著问世后，复旦大学在全国率先为经济学研究生开设了"老年经济学"课程，由王爱珠教授主讲。由于王老师讲课生动，一些学生纷纷选听。当时参加听课、现已成为副教授的两位青年教师深有感触地说，王老师只要一走上讲台就神采飞扬，理论阐述清楚，观点见解鲜明，内容说明丰富，课后还热情地帮学生解答问题、查找资料，虚心地和学生们一起讨论问题，收获很大。该门课成为当时很有特色的一门研究生专业课程，给学生留下了深刻的印象，也因此有相当一些研究生对老年经济学产生了浓厚的兴趣，加入了研究行列。

如今，王爱珠教授对我国老年经济学研究的开拓精神正鼓舞、激励着一批中年的、青年的学者，我也是其中的一位，决心以王老师对学术事业的不懈追求为榜样，锐意进取，勇攀科学研究的高峰。

2004年秋

（作者作此文时为复旦大学经济学院教授）

2. 评介王爱珠新作《老年经济学》*

蒋学模

老年经济学是专门研究老年社会经济问题的一门学科。诸如老年人的经济收入和经济地位问题、社会保障问题、发挥余热问题、老年人的消费和老年市场问题，都可以包括在老年经济学的研究范围之内，它既是社会学的一个分支学科，也是经济学的一个分支学科。

相对于人口问题来说，老年经济问题在程度上远没有那样迫切，但两者基本上是类似的。而正是因为老年经济问题在迫切程度上不像人口问题那样咄咄逼人，所以它受到人们的关注也晚得多。

老年经济问题的核心是老年人的经济收入和医疗保障问题。在传统的计划经济体制下，当我国处在国家工业化初步阶段的时候，老年经济问题确实是不突出的。但是，随着工业化进程的发展，传统计划经济体制下由各个企业自己负担退休职工养老费用的制度，使新兴产业和传统产业的矛盾逐渐突显出来了。传统计划经济向社会主义市场经济的转变，使得退休职工多的老企业、老产业部门同退休职工少的新办企业和新兴产业部门之间，处于明显的不平等竞争状态；使得经济效益好的企业和产业部门，同经济效益差的

---

* 原载《上海改革》1996年第10期。

企业和产业部门的退休职工，在经济收入和医疗条件方面差距日益扩大。加之，在向社会主义市场经济转轨过程中几次严重的通货膨胀和物价上涨，使得老年退休职工的生活需要和医疗需要的满足程度，同在职职工比较起来，差距越来越大，老年经济问题也已经成为改革开放和社会主义现代化建设过程中一个日益引人关注的问题。

王爱珠的新作《老年经济学》"以老年经济关系及其发展变化的规律作为自己的研究对象"，具体"包括：（1）人口老龄化与社会经济发展之间的关系；（2）老年人与其子女或老年人口与中青年人口之间的代际交往关系；（3）老年人在社会生产、分配、交换和消费过程中的地位及其具体实现形式"（王爱珠著：《老年经济学》，复旦大学出版社1996年6月版，第10页）。依据这样的研究对象，作者把全书按总论篇、生产篇、分配篇、流通篇、消费篇共5篇12章的体系结构来阐述，形成一部近32万字的专著。

从研究对象和体系结构可以明显看出，全书是以马克思主义经济学基本原理作为指导思想的。作为我国出版的第一部《老年经济学》，作者在总论篇中介绍了国内外学者对老年经济学研究的进展情况和他们的研究成果。在生产、分配、流通、消费各篇章对具体的老年经济问题的研究中，作者也相应地阐述了西方发达国家和发展中国家特别是亚洲发展中国家的情况和问题，但这些都是为了从更广阔的视野来研究中国的老年经济问题。例如，这本书的第4章探讨了"老年人口再就业"问题，作者首先从社会经济发展史的角度论述了老年人口再就业既是老龄化社会的需要，也是提高老年生活质量的需要；接着介绍了世界各国老年人口再就业的状况；由此转入具体分析中国老年人口再就业的特点，并进一步具体分析了老年劳动力的供给和需求的有关问题，特别是开发老年人才资源的问题。该书第5章"多种形式的老有所为"则是第4章的延伸。首先探讨了"老有所为的内涵和争议"，老有所为的几大类主要形式，特别是详细阐述了我国以老年人为主体的各类经济实体参与市场竞争、蓬勃发展的情况，然后又从"实"回到"虚"，探讨了有关老年再就业的理论问题：老年人口再就业与年轻人口就业的关系，退休金与再就业的酬金的关系，老有所为与老有所养的关系。

初读王爱珠的《老年经济学》，觉得颇有收获。它为我国制订人口老龄化对策、发挥老年人口潜力，建立具有中国特色的养老模式、提高老年人口生活质量和促进社会经济发展提供了理论依据、改革思路、实施步骤和具体措施。我们建设有中国特色的社会主义,很需要以马克思主义经济学的基本原理为指导,来研究我国向社会主义市场经济转轨过程中新的经济问题。我期待继这本书出版之后,能有更多的同志来研究我国的老年经济问题,以适应我国社会主义现代化建设的需要。

(作者作此文时为复旦大学经济学院教授)

3. 亟待开发的新课题*
——我国第一部《老年经济学》面世

裘逸娟

展现在我面前的这本封面红白分明而醒目的新编经济学系列教材——《老年经济学》,是复旦大学出版社出版的该校王爱珠教授最新推出的一部新著。这是作者多年潜心研究的成果。

老年经济学,作为老年学的一个分支,在西方发达国家已有半个多世纪的研究历史,已出版了许多专著和教材,但这些成果离一门独立新兴学科的建立还有一段距离。对他们来说,老年经济学也还是一个亟待深入开发和探索的新课题。在我国,老年经济学的研究可说还只是刚刚开始,无论是广度上或深度上,研究都很不够,在此之前还没有一本老年经济学方面的专著或教材面世。

王爱珠的《老年经济学》就是在这样的历史背景下,既应我国制定人口老龄化对策和建立中国特色养老模式以促进社会主义社会经济发展的实践需要,又应创建老年经济学新学科以推进学科发展的理论需要,而奉献给广大读者的。作为我国第一部正式出版的《老年经济学》,在这个领域具有开拓创新、填补空白的重要理论意义;对即将进入人口老年型国家的我国,具有超前性和指导性的重要实践意义。

---

* 原载《世界经济文汇》1997年第3期。

第四篇　开创老年经济学在中国的研究

我一口气读完这部32万字的著作，感觉是亲切、实在、有说服力。这不是从老人的视角，而是从经济学、从社会的角度来审视的。从这样的角度来审视，《老年经济学》作出的贡献在于：

一、全书坚持以马克思主义的基本原理和方法为指导

这体现在《老年经济学》既明确以生产关系，即以老年群体及其经济关系为研究对象、研究内容，并以社会生产和再生产过程四个环节来揭示人类群体老化过程中形成的诸种经济关系及其发展规律性；又坚持从社会发展两对基本矛盾的相互联系和运动中，即从生产力和生产关系、经济基础和上层建筑的相互作用与矛盾运动中来揭示人口老龄化的产生与发展及其对社会经济发展和政策制定的相互影响的规律性。这就抓住了人口老龄化现象（及其影响）中具有普遍性、稳定性的本质联系和内容，为读者展示了人类社会人口结构变化中最重要的一种变化趋势。这个变化趋势的客观必然性、不可抗拒性，不以任何人的意志为转移，必将给人类社会经济的发展带来重要影响。对这个变化趋势，人们认识对策越早越掌握主动。这对于像我国这样一个超级人口大国，又是在刚刚奔小康的路上便要迎接人口老龄化的挑战的国家，尤为重要。

《老年经济学》坚持运用马克思主义的方法论——辩证唯物主义和历史唯物主义，强调从实际出发，从事的普遍联系和内部矛盾来寻求事物的本质、发展的原因和解决的办法；强调历史的方法，即要结合而不能脱离特定的历史、国情和特定的社会生产方式，不能抽象地、孤立地，而要置身于站立在各国不同历史发展阶段、不同国情背景和不同生产方式的基地上，具体研究各国的人口老龄化过程和老年经济关系。从而使共性的一般展示寓于特性的具体揭示之中。在书中我们还随时可见作者对辩证法两点论的生动运用，使读者既看到人口老龄化必将给国家社会经济的发展带来很多影响和矛盾，又看到决策正确、处理得当，消极因素便可在很大程度上向积极因素转化。坚持两点论就避免了片面性。

二、研究对象明确，体系完整，内容丰富

老年经济学既可视作老年学的分支学科，也可视作经济学的分支学科。它要从老年学或经济学领域中独立出来形成新学科，首先要解决它特有的研

究对象和研究领域问题。《老年经济学》认为，老年经济学既与老年学紧紧相连，又与经济学密不可分，但它绝不是老年学和经济学的简单相加。作为一门独立的学科，它既不同于一般老年学，也不同于一般的经济学。书中分析了老年经济学同老年学和经济学的联系与区别。指出：老年学研究的是人类老化的现象、过程的一般规律性以及人类老化同自然和社会之间的本质联系。老年经济学虽同样以老年群体为对象，但它并不具有老年学那样的研究范围的广泛性和综合性，它是专门从经济学的角度研究人类老化，即研究人类老化趋势的经济过程的反映以及同种经济因素之间的相互联系、相互制约的规律性。经济学研究的是人类社会发展各个历史阶段的经济关系及其发展变化的规律性。老年经济学虽也是研究人类社会的经济关系，但它并非以整个人口群体作为自己的对象，而是专门以老年这个社会群体作为观察的对象，它所研究的只是老年经济关系及其发展变化的规律，即要研究经济规律在老年经济关系的具体表现形式及其特殊性。《老年经济学》将老年经济关系概括为：（1）人口老龄化与社会经济发展之间的关系；（2）老年人与其子女或老年人口与中青年人口之间的代际交往关系；（3）老年人在社会生产、分配、交换和消费过程中的地位、行为、利益及其具体实现形式。这三个方面互相联系、有机结合，构成了社会经济关系中一个相对独立的部分，即老年经济学研究的特殊领域。老年经济学就是要站在全社会的立场，从社会经济发展的角度，研究人类老化所产生的各种经济问题和经济行为。

　　从总体上明确了研究对象，《老年经济学》便据以安排全书的体系结构。除第一篇总论用两章分别交代研究对象和阐述人口老龄化同社会经济发展的相互关系外，全书再以四篇十章的内容从生产、分配、交换和消费四个环节具体展开对老年经济关系的考察。作者认为，这样的安排，既能结合国民经济运行的全过程通过深入分析而具体地把握老年经济关系的全貌，又能通过具体经济过程、经济行为和经济利益关系的分析更充分揭示其本质。从而，既坚持以马克思主义经济学的基本原理为指导，又构成了老年经济学自身一个比较完整的体系。

　　《老年经济学》的内容是非常丰富的，它几乎囊括了老年经济关系主要的方方面面。在生产篇，从老年职工退休到再就业、从老年人才资源及其开发到多种形式的老有所为；在分配篇，从人口老龄化对国民收入分配的参与和影响到代际经济关系与代际矛盾、从社会养老保险的形成和各种养老保险类型及其比较、从中国养老保险制度的现状到其改革与发展；在流通篇，从老人的需求特点、消费倾向和购买潜力到老年市场的开发；在消费篇，则从老年人口的养老方式到老年人口各方面消费特点分析。

其中，有经济关系的分析，经济规律的揭示；有经济现象的描绘，实践发展的概括；有政策的评介，制度的比较；有矛盾、问题的提出，也有对策的建议；还有前景和发展趋势的预算等。并体现了理论与实际的结合，观点与材料的统一。

三、提出了一些重要观点和思路

《老年经济学》提醒我们：预计到本世纪末，我国便将成为人口老年型国家（上海于1979年已率先成为老龄化城市），届时老年人口有1.3亿。同已进入老龄化国家的发达国家相比，我国最大特点是老年人口绝对数量大，而经济发展又不能同人口老龄化速度同步，因而形势特别严峻。

本世纪80—90年代，世界上每5个老年人口中就有1个中国人，这个比例还在上升。按65岁以上老年人口预计，到2040年，世界老年人口10.96亿，中国2.99亿，占25%，即每4个老年人口中就有1个是中国人。

据1992年统计，世界上已进入老龄化的国家中，人均国民生产总值在10 000美元以上的有23个国家，在5 000—10 000美元的有7个国家，两者相加已超过一半。低的也都在1 000美元以上，只有极个别的除外。而中国成为老龄化国家时，预计人均产值只在800—1 000美元。

这两个特点决定了我国承担人口老龄化的负担更重，而承受能力却偏低，因而困难更大。

在人均产值还比较低、却面临老龄化将超前到来的严峻挑战的我国，该怎么办？

除了要千方百计加快发展经济、增加我国经济实力外（这是根本的出路），《老年经济学》借鉴外国经济，结合我国国情，提出了以下观点和思路：

重视老年人才资源开发，或是提高退休年龄，或是允许老人再就业。充分发挥老年人的潜在力量，已被视为人口老龄化的国际性对策。低龄老年人口仍然是不可忽视的人力资源。有文化有技能的老年人意味着人生阅历、丰富的知识和财富和实践经济，蕴含着成熟、老练、才干与智谋。所以，有人把进入60岁或65岁的老年比拟为人生新旅程的起点，或进入"第二人生"，可以继续有所作为，即"老有所为"。

作者指出，目前，世界各国对退休年龄的规定已有提高的趋势，而退休年龄后移有其必然性，是一个客观趋势。这主要是人均寿命延长（健康状况日好）、受教育年限延长、人口老龄化发展造成劳动力短缺以及退休金不断庞大而入不敷出等因素所决定的。不过，目前在我国，从总体上看，延长退休年龄的时机还不成熟。最主要的原因是我国劳动力过剩，还有亿万年轻劳动力等待就业。作者认为，虽然如此，但对具有高级职称和专业特长而又身体健康的老年人才，仍应从现在起就延长退休年龄，并通过立法形式加以确定。

《老年经济学》一方面尖锐地提出了我国新面临的人口老龄化到来的种种严峻矛盾，另一方面又提出了利用和开发老年人力资源的种种积极思路，而一扫西方的某些悲观论调和消极主张，给人以信心。作者说得好：科学技术和医疗保健事业的发展，给老年人的"生命以时间"；老年经济学的研究和国家的政策实施也要给老年人的"时间以生命"，让老年人在继续参与中既实现自身价值，又有益于社会经济的发展。

（作者作此文时为上海财经大学教授）

裘逸娟

4. 紧密联系实际的理论专著*
——写在《老年经济学》再版之时

赵宝华

在我国人口老龄化迅速发展、老龄工作和老龄科学研究需要加强的新形势下,复旦大学出版社应读者要求,再版发行王爱珠教授撰写的《老年经济学》,值得欢迎和祝贺。

王爱珠教授系复旦大学老年经济研究所首任所长、著名经济学学者。她在广泛汲取国内外研究成果的基础上,紧密结合我国实际,写成了我国第一部《老年经济学》专著,1996年6月出版后,受到了老龄工作领域和学术界的普遍好评,被认为填补了我国老年经济学研究领域的一个空白,对于创建有中国特色的老年经济学科学体系作出了贡献。该书先后获中国老年学学会颁发的"中国老年学研究十年成果一等奖"、教育部颁发的"普通高等学校第二届人文社会科学研究成果经济学三等奖",并获得1999年度"复华教学科研奖"。

在匈牙利参加第15届国际老年学大会期间在布达佩斯留影(1993年)

---

* 原载《中国老年报》2000年4月14日。转录自复旦大学出版社2005年版《同爱共辉》。

《老年经济学》以马克思主义、邓小平理论为指导，以老年群体为研究对象，从我国社会经济的现实出发，通过社会生产和再生产的四个环节，即生产、分配、流通和消费等方面深刻揭示了人类群体老化和个体老化过程中形成的诸种经济关系及其发展规律，详细论述了人口老龄化与社会经济发展的相互关系、退休制度和退休年龄、老年人口再就业和老年人才的开发利用、老年人口参与国民收入分配的形式和实质等方面的内容，对我国人口老龄化所涉及的许多重大社会问题进行了有益的探索，提出了许多有价值的见解，是一本值得领导干部、老龄工作者、老龄科学研究人员和老年人认真阅读的好书。

国务院副总理李岚清在全国老龄工作委员会第一次全体会议上指出，"要了解人口老龄化的成因及其发展过程，掌握老年经济学、人口学、社会学、医学等方面的理论知识"，这就把老年经济学的研究、学习、宣传提到了更加重要的位置。理论来源于实践，实践需要理论的指导。我相信，《老年经济学》的再版发行，对我国的老龄科学研究和老龄工作的实践，特别是老龄产业的发展，都将产生积极的推动作用。

（作者作此文时为中国老龄协会副会长）

5. 桃李不言　下自成蹊
——写在《同爱共辉》（2020年）出版之际

许晓茵

通常，学生对老师的情感可以分为三个层次：学识崇拜、能力模仿和学术追随。如果问自己何时萌发对老年经济学的研究兴趣并确立为自己的研究方向，那一定要从选修王爱珠老师的"老年经济学"课程说起。

1995年9月，我开始攻读本校硕士学位。全班来自五湖四海的女生一共10位，住在复旦大学南区增寿楼四楼面对面的四间宿舍里，选课是新生入学的第一任务。十几年前选课不像现在，都可以网上搞定。我们对着纸质排课表，填完必修课就开始敞开宿舍门讨论该填什么选修课。不知是谁说了一声：

经济学系好像只有一位女的正教授——王爱珠,要不一起选她的课?这一倡议得到了所有女生的一致响应。不过,难题来了:大家专业各不相同,要满足同一时段选同一门课程好像不太可能。作为本校直升上来的学生,我被大家"委派"去找当时分管教学的李洁明老师。想不到,李老师很快就给了我们一个让大家欢呼雀跃并令人肃然起敬的答复:王老师可以晚上到我们住的增寿楼四楼自修室来上课。于是,"老年经济学"这门课成为我们95级经济硕士班女生的共同选择。王老师、李老师和我,老中青三代的师徒之缘从此开始。

老年经济学是一门新兴学科,创立这门学科需要远见卓识。从1956年联合国确定人口老龄化划分标准,到1979年上海成为中国第一个迈进人口老龄化的城市,再到1982年维也纳老龄问题世界大会确立严重老龄化老年人口占比标准,中国有一批专家学者也前瞻性地看到了人口老龄化带来的机遇与挑战。他们从人口学、社会学等多角度致力于中国的人口老龄化研究,这包括著名人口学家邬沧萍教授,著名老年学学者熊必俊教授和王老师的爱人、上海大学社会学系首任系主任袁缉辉教授等。由于国内外学术界对老年经济问题的研究并没有统一范式,老年经济学是否能够成为独立学科一直处于探索之中。作为经济学领域的专家,王老师基于政治经济学逻辑框架创造性地开展老年经济学研究,并于1996年出版了中国第一本《老年经济学》专著。我清晰记得,由于宿舍自修室没有下课铃,当时的第一堂课王老师不知不觉讲了一个多小时。生产、分配、流通、消费,经典政治经济学的商品流通理论都被串在人口老龄化这根主线上,如行云流水,娓娓道来,所有学生都被王老师的深厚学识和思辨逻辑牢牢吸引。期末,大家被要求写作一篇课程小论文。我尝试性地写了一篇《退休职工分享社会发展成果的国际比较与借鉴》,心怀忐忑地交了上去。谁知,王老师专门让李老师找到我,邀请我一起参加复旦大学老年经济学研究所的组会讨论与课题研究,指导我从分享方式、分享幅度、分享保障三个方面修改这篇论文,并帮助我以独立作者身份把这篇论文发表在《世界经济文汇》杂志上。这对刚刚摸到研究之门的我是莫大的激励。

老年经济学是一门边缘学科,发展这门学科需要家国情怀。说是边缘学科,不外乎两层含义。一是从学科属性看。当经济学被划分为理论和应用两个一级学科后,老年经济学就一直站在理论和应用两大学科的边缘。有人将之归入理论经济中的人口、资源与环境经济学,有人将之归入应用经济中的劳动经济学。显然,这都不全面。二是从学术聚焦看。当经济学被公认为当代显学之后,相比微观经济、宏观经济及金融学等,老年经济学常处在学术聚焦的边缘,不少年青学者不愿意"未老先衰",研究一个看似小众的学术方向。不过,这丝毫没有影响到复旦大学老年经济学研究所的学术活力。在王老师带领下,研究所经常承担省部级课题,"家庭养老与社会养老""老年人共享社会发展成果""老年保障体系及其运行机制"等一系列研究项目为政府出台相关政策贡献了复旦智慧。王老师是一位讲话很有感召力的人。她的语速特别快,即便到了70岁,敏捷的思维也是一迸即出。当她用响亮的南京国语讲老年经济问题时,无论是懂行还是不懂行,都会被她感染,听完之后都有为人类谋幸福的热血沸腾感。的确,王老师正是带着胸怀天下的大志和构建健康老龄化社会的情怀从事老年经济学研究的。

  老年经济学是一门交叉学科,继承这门学科需要创新进取。说是交叉学科,不言自明、不言而喻。伴随社会进步与发展,老年经济学的学科内涵也越来越丰富,不仅与老年学、人口学、社会学等深度融合,还与医学、信息科学和大数据技术的应用相互交融。王老师退休后,李洁明老师接过老年经济研究所的大旗。研究所不仅承担了"老年服务需求调查""养老保险改革与资本市场发展"等一系列课题,采用与零点公司等单位合作大规模采集数据,还承担了国家社会科学基金重大项目子项目"老年利益论"的研究,取得了不少成绩。由于工作需要,我已离开经济学院,但仍参加老年经济研究所的活动,也常常记起跟着王老师和李老师,当然还有袁老师,一起去参加国内外学术会议的点点滴滴。王老师夫妇和李老师都住在复旦第十宿舍。每次去开会,四个人一部车。袁老师没有一点架子,总是主动坐在驾驶员旁边,负责指路、付款。而我和王老师、李老师则坐在后排一路畅谈。到了会场,王老师总是第一时间给我引见国内学术泰斗、国际学术同行,以及国家部委和上海市相关委办局的领导。提携之情,让我铭记在心,也成为我这个后生晚辈创新进取的动力源泉。

  今年是我进入复旦求学并留校任教的第27个年头,自己的女儿也已经18岁。女儿在高中阶段和她的同学一起参加了哈佛大学举办的"China Thinks Big"课题研究挑战赛。她们自己动手、查阅资料,走进社区、开展访谈，并推出公众号进行宣传。当我问她到底研究什么时，女儿告诉我，她们研究的是"上海老年综合津贴制度：基于人口红利视角的调查与研究"。我是又惊又喜，忙问女儿，怎么会想到这个选题，女儿说了一句："桃李不言，下自成蹊。"我想这大概可以是感恩王老师把我带入老年经济学研究殿堂的最好礼物吧！

2018年
（作者现为复旦大学经济学院副教授）

童年时期的袁缉辉

中学时期的王爱珠

在美国洛杉矶女儿家

第五篇

正确理解家庭养老与社会养老的科学含义

心路回眸

袁缉辉　王爱珠

  本篇选录了关于家庭养老与社会养老的文章三篇。家庭养老与社会养老这两个概念被人们广泛运用，但有必要明确这两个概念的科学含义。1989年3月在北京召开的第三次全国老年学术讨论会上，与会人员曾就家庭养老和社会养老问题，开展了热烈争论，会后《中国老年报》以《家庭养老好？还是社会养老好？》为标题做了报道（见该报1989年4月5日第二版）。我们认为不应把两者对立起来，而应从社会历史发展角度看待这一问题。家庭养老和社会养老这两个概念，主要应从养老资金来源和提供方式来划分。如果养老资金来源于家庭，由家庭成员（一般是子女）提供，就是家庭养老；如

参观美国一家将托老所与幼儿园办在一起的机构（1995年，后排居中者为袁缉辉）

第五篇 正确理解家庭养老与社会养老的科学含义

果养老资金来自社会，由社会通过养老金或社会救济金等形式提供就是社会养老。

我们认为，退休制度作为一种社会现象在各发达国家普遍建立，标志着由家庭养老过渡到社会养老，这是一个普遍的客观规律。随着人口老龄化发展，许多国家都面临退休金支付危机和日益深化的代际矛盾。其改革措施之一，就是在保持社会养老的同时，加大个人储蓄养老的比重。在下一世纪，由家庭养老发展到社会养老与自我储蓄养老相结合，将是一个共同趋势。因此建议，对我国个人储蓄性养老保险，亟须政府采取进一步措施与各方的支持。有关决策建议刊载在上海市人民政府研究室主办的《决策参考》1996年第2期（1995年5月美国第四届白宫老年会议召开时，袁缉辉正在美国做学术访问，文中有关材料直接引自会议文件）。

我们把在家养老与入院养老作为又一对范畴，并将其与家庭养老和社会养老这对范畴进行对比和区分。从养老场所来划分应该采用在家养老（或居家养老）和入院养老（或机构养老、设施养老）这一对范畴。同时，介绍了西方国家以及我国在家养老及入院养老的情况。我们认为不论在家庭养老保障或是在社会养老保障下，古今中外的绝大多数老人都是居家养老，为此撰写了《维系居家养老是国际社会的共识》一文。根据我国许多地方把养老院（社会福利院、敬老院）与老年公寓混同的情况，特别指出，在我国大城市今后不宜过多建造数人同居一室的养老院，而应适当发展与养老院有区别的老年公寓，使老人既有社会化服务，又有自己的个人居室，以满足不同的老人的居家需要。为此，撰写了要发展新型老年公寓的论文。

发展老年社会化服务是适应大多数老人希望在家养老的需要。要求在建立和完善社会养老保险的同时，充分发挥社区优势，使生活服务、医疗服务和娱乐服务贴近老人家门口。《建立居家养老的导向机制》《美国居家照顾服务》等为此而写。

此处收录的带有总结性的重点文章是《正确理解家庭养老和社会养老的科学涵义——评〈中华人民共和国老年人权益保障法释义〉若干观点》。1997年下半年中国老龄协会和中国老年学学会发出召开"全国家庭养老与社会化养老服务研讨会"的通知，在此之前，1997年4月华龄出版社出版了由中国老龄协会负责人为指导、老协工作人员为主编的《中华人民共和国老年人权益保障法释义》一书,分普通本及中英文对照精装本,由各基层订购,并据此宣讲,作为解释《老年人权益保障法》的权威资料,影响很大;但是其中的一些观点有明显错误,应予澄清。我们本着求教于专家、学者和老龄部门的实际工作者,正确理解和宣传《老年人权益保障法》,撰写了上述文章寄交会务组,不料会务组竟然打电话给上海有关方面转告作者,说什么这是"矛头向上"、大会将不予接纳。我们认为这种压制民主、阻碍学术讨论的做法十分恶劣。为此王爱珠愤然将文章交《复旦学报(社会科学版)》于1998年第2期发表,并在厦门召开的会议正式开始前面交会务组。然而,会上仍然不发放王爱珠的论文,不让她在大会上发言,也不让她参加会议期间的教授座谈会。好像这样做,她的观点、论文和教授资格统统都被取消了,真是可笑。

在闭幕会上该负责人继续发表所谓新观点。诸如,提出"居家养老""这是我们在思想认识上的一次飞跃"。"所谓'居家养老'就是以'家庭养老'为主、社会养老为辅的养老模式的总称"(见《中国的养老之路》,中国劳动出版社1998年版)。1998年10月,该负责人在某次国际会议上甚至提出"东方特色养老模式——家庭养老为下世纪老龄战略提供理论依据"(见《中华老年报》1998年12月3日),这些"新观点"在全国造成思想混乱。1998年9月,全国八城区(市)老龄工作经验交流会讨论了所谓"城市由家庭养老向居家养老过渡"问题(见《中华老年报》1998年10月19日),在1998年12月7日《中国人口报》上发表的一篇署名文章标题就是《中国养老的新设想——居家养老》,真是令人哭笑不得。据此,1998年12月18日、1999年1月6日重组前的《中国老年报》在该报与中国科学院老年科学研究所合办的"老年问题探讨专栏"发表署名本报学术顾问王爱珠题为《我国在解决养老问题上的发展方向》和《继续发挥家庭养老的功能》两篇文章,又对《中华人民共和国老年人权益保障法释义》一书进行了批评。民政部出台"老龄工作行动计划"正式提出"积极提倡居家养老,大力发展社区服务"后,改组后的《中国老年报》在2000年3月3日"老年论坛"发表了作者《居家养老与社区服务》一文。

学术撷英

1. 建立居家养老的导向机制[*]

自有家庭以来,绝大多数老年人的晚年生活都是在家庭中度过的,即居家养老。如今在西方发达国家,虽然已经有了较完备的社会养老保障制度,并建有许多社会化养老机构,但是绝大多数老人仍然是居家养老。

长期以来,我国老人都是同子女,包括已婚子女甚至孙辈曾孙辈住在一起,形成三代同堂或四代同堂的大家庭。现在,多数老人们仍然是同已婚子女或孙辈住在一起。据1995年抽样调查显示,在有老年人口的家庭户中,老年人与成年子女等亲属生活在一起的有6 764万户,占有老年人口户的

袁缉辉、王爱珠宴请姐姐袁迪新(2011年10月15日)

---

[*] 作者为袁缉辉,原载《文汇报》1988年5月29日。转录自复旦大学出版社2005年版《同爱共辉》。

74.73%。一些老年人即使与成年子女分户居住,但其中很多是"分而不离",即老年父母家庭与成年子女家庭同住一个地区,相距较近,因而在生活和感情上都有密切的联系。老年人如能与配偶、子女长期生活在一起或毗邻而居,则是比较理想的养老方式。因为家庭成员之间有着姻缘和血缘关系,他们之间的生活照料与精神慰藉是其他社会组织无法代替的。但是随着市场经济和人口老龄化的发展,家庭小型化和纯老户的增多是不可避免的。

从经济发展情况看,社会养老保险覆盖面将不断扩大,可以覆盖城镇所有从业人员,使经济上能够自立的老人大为增加。过去许多老人之所以同成年子女住在一起,除了亲情难舍外,也还有经济原因,即经济上不能自立,要依靠子女供养。而在今后,在城镇进入老年人行列的大多是领有退休金的老人。从未工作过的、无经济来源需子女供养的为数很少。1995年上海市民政局组织实施了对市区老人的抽样调查,有29.1%的老人在经济上还可帮助子女。在农村领取养老金的老人也将逐步增加。老人的经济独立为老人与子女分开居住自立生活创造了条件。

随着城镇住房制度改革和住房动迁以及我国农村经济的发展,使许多家庭住房条件有了明显改善,也为老人与子女分开居住创造了条件。过去住房是计划分配,年轻人分房机会少,成婚后不得不与老人挤在一起。现在许多年轻人有条件购买商品房,住房动迁时,老人与其子女都可以分到各自的住房。因而老人与子女分户居住的人数也越来越多。

从劳动力的流动看,由于生产力发达,科技水平高,年轻人接受较高教育后,往往会离开本乡本土到外地工作。劳动力流动规模大,而且频率高,一个人一生可以变换许多工种,并且在许多不同地区工作,因而一些年轻人就业、成家后就会远离父母,不能同住一个地

袁缉辉(左)与弟弟袁缉春

区。虽然可以通过现代化的通信工具经常问候父母,但在生活上则很难给予照顾。

从思想观念方面看,由于市场经济和价值观念变化,两代人生活情趣、兴趣爱好以及饮食起居、生活习惯等差异增多,双方都会感到与其长期住在一起产生矛盾,不如分开居住。不少老人认为在节假日三代团聚、在病痛时能够得到小辈的适当照料已很满足;而在平日,"两老世界"既可在家过清闲的日子,也可以外出潇洒走一回,到各地旅游观光等,不致成年累月为一大家人买菜、煮饭、带孩子等家务拖累。还有一些老人虽然乐意与子女住在一起,帮助子女做家务及照顾孙辈,但年老体衰,力不从心;而一些年轻夫妇工作繁忙,又要照看自己的子女,因而无暇再照料老人,老人也不愿住在一起拖累子女,只得与子女分开单过,或雇保姆照料自己,或去社会福利院、敬老院等社会养老机构。

同时,还应该看到,在下一世纪,随着人口老龄化速度加快,一些特殊老年群体将大量出现。由于我国人口平均寿命延长以及性别比的变化,丧偶老人主要是丧偶老年妇女会大量增加,在丧偶老人群体中的部分人将再婚,他们为避免矛盾,普遍希望与子女分开居住,另组家庭,而一些原来与子女分开居住的老年夫妇丧偶后,其中有些可能重新回到子女的家庭,与子女共同生活,重组主干家庭;也有许多老年夫妇因一方去世而成为单身老人家庭。其次,改革开放以来,我国年轻人出国(境)留学、工作和生活者增多,他们的父母除了少数随子女出国(境)定居,或在国内有其他子女照料外,留守老人群体中的绝大部分人在国内大城市单独居住。再次,本世纪80年代以后出生的大批独生子女,下一世纪初开始步入婚期,他们的父母也将由目前的准老人步入老年。一对独生子女夫妇需要同时照料四位老人,这是很困难的任务。最后,下一世纪人口高龄化将在我国出现,到那时许多低龄老人不能与其子女共居,但却要赡养已进入高龄的父母,组成低龄老人与高龄老人共居的老人家庭。

由于以上各种原因,可以预计在下一世纪三代同堂的家庭还会愈来愈少,而老年单身家庭、老年夫妇家庭、低龄老人与高龄老人两代共居家庭将有可能大规模、大面积地出现。这也就是说,过去和现在以至今后,虽然绝大多数老年人都是居家养老,然而居家养老的内容和形式却有了明显的变

同爱共辉 TONGAI GONGHUI

探望段祺瑞二女儿段式彬（卒年100岁）及表兄张中柱夫妇（右一、左一）（1993年）

化，显示出新的特点。为适合这一特点，就有必要建立支持居家养老的导向机制，以便使绝大多数老人得以在家安度晚年。我认为，在这方面有许多工作要做。

（1）大力发展社区服务帮助居家养老。60年代西方社会揭露了包括养老院在内的许多收容机构虐待被收容者的做法，激起了对传统大型制度性机构、封闭性的院舍生活的批判。与此同时，社区照顾服务应运而生。此后，社区为老人服务在西方国家有很大发展。在我国，社区为老人服务是社会保障体系中由国家支持的一项重要保障项目，它的最大特点是能承担部分原来由子女、亲属向老人提供的关心和照料，从而保证老人得以居家养老。社区为老人服务项目很多，应把上门服务放在首位。这是因为在老龄化发展过程中，高龄老人和不同程度地丧失生活自理能力的老人将增多。据调查，目前上海市生活自理有困难的老人多数人不愿去养老院，宁愿住在家里。其原因既有恋家难舍、经济困难等，而更多的是担心难以适应养老院的集体生活。对于这些老人应该实行上门服务，即所谓家庭照顾服务。家庭照顾服务，大体可分两类：一是家庭保健服务，如送医送药上门、开设家庭病床等。今后还应把在家护理与临终关怀服务承担起来。二是家务劳动服务，如帮助买菜做饭、打扫卫生等。总之，其服务项目应是为保证居家老人的日常生活而必须做的一切，其收费标准又是多数老人在经济上能够承担，其服务质量又能为老人乐于接受。

（2）改造和新建适合老年人居住的住房。改造老年人住宅是西方社会在80年代提出的新课题，在以后又有较大发展。在我国，过去没有专门设计、建造的适宜老年人居住的房屋。而老年人随着年龄增长，在视力、听觉以及行动能力等方面都出现了衰退现象，因此为帮助老人能够在家独立生活，有必要对老年人住宅进行改造，主要是增添无障碍设施。此外，除办好社会福利院、敬老院等社会福利机构外，还应适当开设与之有所区别的老年公寓。它的好处在于可以满足那些原来居住条件差或原有住宅缺少生活照顾服务，但又不愿去养老机构的老人的居住需求。

（3）开展义务助老的志愿活动。志愿活动是群众互助、互帮的形式。以上门和社区服务为特点的志愿者活动对有老人的家庭和老年个人帮助最多。今后，应建立相对稳定的志愿者队伍，使义务助老活动经常化；要做好科学管理、牵线搭桥的工作，充分调动志愿者的积极性，使该活动更具生命力；要实行有偿和无偿服务相结合的原则，这样做既能满足不同经济条件老人的各种需要，又能保护和调动志愿为老服务者的积极性；还要提倡在职职工加入到志愿者队伍中来，使他们结合自己行业特点开展多样化的为老志愿服务。

（4）制定支持和鼓励家庭照顾老人的政策。当今，社会上不尊重和不愿赡养老人的终究是少数，问题在于许多家庭成员特别是在职的中年人，既要忙于本职工作，又要照看下一代，在照顾老人方面，存在许多实际困难。要解决这些问题，既有待于社会养老保障事业的发展，以减轻家庭在赡养老人方面的压力。同时还要制定支持家庭赡养老人的政策。制定对敬老、养老成绩显著的家庭成员给予表扬或奖励的具体办法。对赡养人特别是与父母居住在一起并尽心照料老人的给予经济困难补助、购房贷款、护理假期和优先使用社区为老人服务设施等。要为赡养人学习家庭保健护理、丰富老人精神文化生活、维护老年人合法权益等技能知识创造条件。

2. 发展新型老年公寓　迎接人口老龄化高峰[*]

我国人口将于2000年左右进入老年型结构，即60岁以上老年人口在总人口中所占总比重达到10%，约为1.3亿；从此后直至2020年，将进入人口老龄化迅速发展时期，老年人口将陆续达到总人口的15.6%，约为2.3亿；从2020年到2050年，则进入人口老龄化的高峰时期，最高时老年人口的比重为27.4%，约4.1亿。随之，老龄人口的高龄化也日益发展，全国人口每四个人中有一位60岁以上的老人，每两个老人中就有一个在70岁以上。

这一严峻形势，要求我们在下一世纪人口老龄化高峰到来之前，要做好各种对策准备，其中为老人安排好居住场所，就是一项重要的物质准备。

"纯老户"的增加呼唤适合老年人的居所

下一世纪我国老年夫妇家庭、单身老人家庭、低龄老人与高龄老人共居家庭，即纯老人家庭或称纯老户将大规模、大面积出现。据1992年中国老年人供养体系调查数据显示，我国城市老年单身户占有老人家庭户总数的11.3%，老年夫妇户为29.7%，两者相加即纯老户为41%，多代同居及其他为59%。随着我国社会经济情况的发展，这种情况正在起变化，老年人与子女分居的比例日益增长。

据1988年《中国九大城市老年人状况抽样调查》、1992年上海《老年生活质量研究》等调查，城市老年家庭以主干家庭即三代同堂家庭比重最高，老年人与已婚儿女及孙辈住在一起的主要原因有：(1) 子女婚后无房；(2) 子女需要老人帮助料理家务及照顾孙辈；(3) 老人需要子女照顾；(4) 老人需要子女经济供养；(5) 老人希望享受天伦之乐。

近几年，情况有了较明显变化。随着城市住房制度改革及住房动迁，许多家庭住房条件有了明显改善，有的老年职工住房得到增配，有的年轻夫妇分配到新房，部分经济条件宽裕者购买了商品房，为老人与子女分开住创造

---

[*] 袁缉辉，《中华老年报》1997年8月4日、7日。转录自复旦大学出版社2005年版《同爱共辉》。

了条件。

城市离退休老人多数领有退休金,为老人自主生活提供了经济来源;而从未工作过的、无经济来源需要依靠子女供养的老人已大大减少。1995年,上海市民政局组织实施了对市区1 000名老人的抽样调查,有29.1%的老人在经济上还可帮助子女。

由于年轻夫妇工作繁忙,并要照看自己的儿女,因而无暇再照料老人,而老人又不愿住在一起拖累子女,不得不另图良策,或雇佣保姆,或进入社会养老机构。

两代人的生活情趣、兴趣爱好以及饮食起居和消费习惯均有差异,双方都感到与其长期居住在一起产生矛盾,不如分开居住;不少老人认为在节假日三代团聚,在病痛时能够得到子孙的适当照料已很满足。

除此以外,近年来,老人丧偶再婚者增多,为避免矛盾,再婚老人普遍希望与子女分开居住。另外,子女离开父母去外地或国(境)外工作、留学和生活者增多。80年代外出留学人员相当部分已在国外定居,有的还加入了居住国的国籍,他们的父母除了少数将随子女去国(境)外定居外,绝大部分老人留守在国内大城市单独居住。

在下一世纪人口老龄化迅速发展时期还会出现一些新的情况。首先,本世纪八十年代以后出生的大批独生子女已步入婚期,他们的父母也将由准老年步入老年。一对独生子女夫妇需要赡养四位老人,他们或与双方父母都分开而独立居住,即或与其中一方父母在一起,而另一方的父母也只能单独居住。其次,由于人类平均寿命延长,人口高龄化随之出现。那时的情况将是多数低龄老人不能与子女共居,但却要赡养自己的父母——高龄老人。

第三,老年人在总人口中的比重增加以及平均寿命增长,相应地丧偶老人主要是丧偶的老年妇女会增加。少数原来与子女分开居住的老年夫妇在丧偶后,有可能重新回到子女的家庭由子女照顾,重组主干家庭,多数老年夫妇因一方去世演变成为单身老人家庭。

下一世纪中期以前的老年人,即现在的中青年人,他们的养老意愿与现在的老年人有所区别。北京市西城区老龄委1993年8月对中青年人自身未来采取何种方式养老的一项调查表明,较多的人希望靠配偶照顾,如果配偶不在世,则希望由社会养老机构来照顾,或者接受安乐死,指望子女照顾的是少数。一些中青年人不希望儿女继续承受过重的养老负担，也担心指望儿女养老指而无望。据上海市1994年"代际关系与家庭互助"课题对21世纪的养老模式意愿调查，中年一代选择当自己年老生活不能自理时"在家由配偶照顾"占43%，"在家由子女照顾"仅占15.29%。

综合以上各种交错起作用的因素，在下世纪，独立居住的老年夫妇家庭、单身老人家庭和低龄老人与高龄老人共居家庭将逐步增加。

全面规划老年居所

现在的老人以及下一世纪的老人，有许多还要单独或与子女一起住在老房子。过去一些住房并没有特别为老年人设计，而老年人随着年龄增长，在视力、听觉以及行动能力上都出现了衰退，老年人仍然住在只适合中青年人起居的住宅，就会感到行动不便。因此，为防止事故，尽可能保证老年人独立生活，并使他们行动方便、舒适地居家养老，有必要对老年人住宅进行改造。改造老年人住宅是西方在人口日益老龄化情况下于80年代提出的新课题。随着我国经济发展、人口的老龄化，我们在城市住房改造过程中也应把改造老年居室及住房问题提到日程上来。在下一世纪中叶以前，老年人口比重及绝对数都在增长，必然相应地要专门为部分老年人建造新的居所。少数的是多代同居住宅，即老年人与已婚子女共居的主干家庭户，它可以有完全同居户型、半同居户型、半邻居户型、完全邻居户型等。也还要为老年夫妇或本身老人等纯老户建造新房。无论是住老房还是新房都必须发展社区为老服务以支持居家养老。

要发展一种既能使老人居家养老又能接受社会服务，两者相结合的新型老年住宅，即老年公寓。当老人身体基本健康时，就在老年公寓安度晚年。这种老年公寓应是老年人独立居住一整个住宅单元，单元内带有卫生间、厨房，公寓内有各种服务、文化娱乐、医疗设施与专门的服务人员。只有他们步入高龄且生活不能自理，公寓的社会服务难以满足需求时，再去制度性的养老机构，即养老院或护理院过集体生活。

近年来，各地陆续兴建了一些老年公寓。1988年6月，安徽省安庆市创办了全国第一家老年公寓。同年陕西省西安市开办了第一家由街道办的老年公寓。1990年5月10日上海市首家退休职工公寓浦东老年公寓开业，江泽民为公寓题词"浦江朝夕诗如画，秋色黄花送晚晴"。尔后，上海市退休职工管理委员会又创办了嘉定老年公寓等。1991年北京市第一家雏形老年公寓清华敬老公寓落成。1994年初，地跨三省11县的辽河油田拨出大量资金准备建设3万多平方米的老年公寓。1995年，上海市慈善基金会动工兴建众仁老年公寓，落成后可供250户左右特殊困难的老人家庭使用，它将成为上海慈善公益设施的标志性建筑。1996年10月首批50多位老人陆续入住。

综观各地已建的老年公寓有以下几个特点：(1)大多采用多人间，一室住有三至四位老人，仅有少数照顾夫妇合住的单间。(2)居室统一布局，无个性特点。(3)伙食标准略有不同，但均由大厨房统一供应。(4)多数公寓医疗、娱乐、学习设备较差，服务人员水平不高，仅有少数公寓设备齐全。

这些公寓实质上是另一种形式的养老院（社会福利院、敬老院），不同之处在于，社会福利院、敬老院主要收养孤寡老人，属福利救济性；而现有的老年公寓则主要收自费的老人。两者的软硬件无多大区别。这就有悖于倡议设立老年公寓的初衷。因为它名叫老年公寓，而老年人却不得不过集体宿舍生活，这是相当多的老人所不愿的。老人分别有各自的爱好、生活习惯，也有自己的隐私，只要条件允许，他们要求有独立的生活空间，而不愿受他人干扰。

老年居所的水准是一个国家社会文明程度的标志之一，适合我国特点的老年居所现在几乎没有起步。下一世纪中叶，我国社会经济会有更大发展，相应地也要求提高老年人口的生活质量。因此，从现在起就应开始建造一批较高标准的、供老年夫妇或老年人个人单独居住的实质性的老年公寓。

借鉴国外有益经验，建设具有中国特色的新型老年公寓

在西方，绝大多数老人没有同成年子女住在一起的生活习惯，但他们还是在家养老。他们不愿脱离自己的家庭生活，总认为社会化的养老机构再好，也比不上在家生活舒适与称心。欧美的老年居住建筑大体可分四类：(1)老年住宅，主要是供健康或基本健康的老人居住，他们生活基本上可以自理，仅需少量服务；(2)老年公寓，除前述老年住宅对象外，还可包括体弱或生活处理能力较差，要求根据需要提供补充性服务的老人居住；(3)养老院，供高龄老人或体衰多病生活基本不能自理需大量生活照料服务的老人

居住；（4）护理院、老年病医院，供因体力或智力缺陷需提供生活照料、护理或治病的老人居住。

西方老年公寓是70年代从北欧国家开始兴起的。它是介于老人住宅与养老院中间的一种住宅，它既可以使老人有独立的居住单元，保持家庭气氛，又可获得各种较好的社会服务，有利于居家安度晚年，而不需要在身体较为健康，年龄又不太高时进入过集体生活的养老院，在那里生活全由他人安排，许多人对这种生活单调、缺少乐趣的制度性养老机构不感兴趣。而老年公寓却深受老人欢迎。现在一些西方国家老年公寓已逐步取代了部分传统的养老院。

这些老年公寓，老人们住有独立的套间，设有卧室、起居室、储藏室、卫生间、洗浴设备和小厨房，老人可携带自己喜爱的家具，购置洗衣机、烘干机（每层面另设有洗衣房）。每户设紧急呼救装置。各层面设老人活动室（俱乐部）或整个公寓楼分设娱乐室、健身房、阅览室、会客室等，并设医务室、监护室及招待客房。公寓有服务人员负责打扫卫生、维修设备，也可根据需要送餐到户。辅助设施有小商场、邮电所、银行、库房、车房等。高层的公寓设电梯，在电梯内备有椅子供老人坐。档次较高的老年公寓还有室内游泳池、保龄球及寓外草坪、喷泉等。

我国社会经济状况和文化传统与西方国家不同，除应继续发展养老院、护理院、临终关怀机构等，以解决孤老、高龄老人和病残老人的入院要求外，还应该把发展具有中国特色的新型老年公寓放到应有的位置。所谓具有中国特色的新型老年公寓就是既要符合老年公寓的本意，使入住老人都有自己的单独套间，内有居室、卫生间、储藏室和餐厨设备，又要降低造价和收取费用，其他设施可以相应降低标准。老年公寓不一定都建造在城乡接合部，如有条件也可建造在贴近老人原来所在的社区。如能毗邻养老院、护理院或老年医院更好。

发展老年公寓，要广开门路，除各级政府兴办外，还可以把它推向市场，或卖或租。我国老年人口众多，特别是到下世纪随着现在的中青年陆续进入老年，他们的各类养老金同现在的老人相比必然有较大的提高，经济承受能力较强。可以肯定老年公寓市场还是很有潜力的，只要布局合理，方便生活，收取费用又不过高，对广大老年人还是有吸引力的。

3. 正确理解家庭养老和社会养老的科学涵义*
——评《中华人民共和国老年人权益保障法释义》若干观点

从1996年10月1日起施行的《中华人民共和国老年人权益保障法》(以下简称《老年法》),是我国第一部全面保障老年人权益的法律。它的制定和实施,为亿万老年人安度晚年提供了法律保护,并将促进社会、经济、文化进一步健康、稳定、持续地发展。

1997年4月华龄出版社出版的《中华人民共和国老年人权益保障法释义》(以下简称《释义》)对《老年法》逐条作了释义,这对帮助人们正确理解该法的全部内容,以便准确地运用有关条文,有着良

双胞胎孙女永诤、永谐幼儿园毕业与爷爷合影(1995年)

好的作用。但是,《释义》中提出的若干观点,我认为还值得进一步商榷。现就家庭养老和社会养老的一些基本概念和基本问题,谈些个人看法,以求教于专家学者和老龄部门的实际工作者。

一、养老类型的划分

《释义》在对第二十条的解释中提出"养老类型可划分为自我储蓄养老、家庭养老、社会福利机构养老和社会保险养老四种类型"(见第76页)。

我认为,上述四种类型,是将两种不同口径的划分标准混淆在一起了。

养老问题,首先是经济供养问题。从个人或家庭来看,凡经济收入水平较高,老人的吃穿用等物质生活不仅有保障,而且医疗保健、生活照料及生

---

* 作者为王爱珠,原载《复旦学报(社会科学版)》1998年第2期,此处有删减。

活情趣等方面问题，一般也都能较好地得到解决。从整个社会来看，也是如此。经济越发达，养老问题的解决也越有保障。所以说养老问题的核心是经济问题。

从养老的经济保障看，或者说从养老的资金来源看，养老类型可以划分为三种：家庭养老、社会养老和个人储蓄养老。所谓家庭养老，是指由子女提供养老经济保障。社会养老，是指由国家建立以养老保险为核心，包括社会保险、社会福利、社会救助等方面的社会保障制度。个人储蓄养老，是指个人年轻在业时为将来养老进行的专项储蓄。以上这些，都是从养老费用由谁来负担，即由谁来提供养老经济保障而言的。当然，这三者不是截然对立、互相排斥的，而可能是以其中一方为主，其他为辅或者实行三方面相结合。

至于《释义》中所说的"社会福利机构养老"，虽然它是现代社会中一种很重要的养老形式，但它不能与前三者并列，作为养老的另一种类型。因为这里讲的是养老场所，即在何处养老的问题。从养老资金来看，如果入住社会福利机构的老人是享受社会福利或领取社会救助者，则已经包含在社会养老保障之中。

从养老场所，即以在何处养老来划分养老类型，我认为可分为居家养老和入院养老，后者包括入住社会福利机构和各种公营与私营的养老院。

由子女提供经济保障的家庭养老，既可以是居家养老，也可以是把老人送到自费收养的社会化养老机构。领取养老金的社会养老，也同样既可以是居家养老，也可以是进入水平不同的各类社会化养老机构。所以，入院养老和居家养老是另一对范畴，它们是从养老场所来划分的；不能与从提供经济保障划分的家庭养老、社会养老和个人储蓄养老混同。把两种不同划分标准的养老类型混淆在一起，许多事就说不清楚。有人常将家庭养老与居家养老混用，实际上两者是有区别的。以我国城市来说，绝大多数老人都是居家养老，但是他们中的多数人领取退休金，又属社会养老范畴，而不属家庭养老范畴。

二、从以家庭养老为主向以社会养老为主过渡是社会发展的客观规律

《释义》在对第十条的解释中提出"那种认为家庭养老必然要过渡到社

会养老,社会养老要完全代替家庭养老,并认为这是社会发展的客观规律,是必然的、不可逆转的观点,是不能接受的。否则,则会重蹈西方社会已经走不通的覆辙"(见第28页)。

如果把问题绝对化,即如《释义》中所说的"社会养老要完全代替家庭养老",这当然是错误的,在人类社会的发展上也不可能有这样纯而又纯把事物绝对化的客观经济规律。经济规律是指在社会经济发展过程中经济现象间共同的、普遍的和经常起作用的东西,是经济现象间的本质联系,是经济现象发展变化的客观内在必然性。也就是说,这种发展变化的客观规律是不依赖人们的意志而存在,也不依人们的意志为转移。所以,正确的提法是:在养老经济保障上,从以家庭养老为主向以社会养老为主过渡,是从农业社会向工业社会转变过程中的一个不以人们意志为转移的客观规律。

从人类社会发展看,养老保障是受社会经济发展制约的。在自然经济为主的农业社会,主要是家庭养老保障。家庭既是生产单位,又是消费单位,家庭成员共同劳动,共享劳动所创造的成果。家庭养老主要是以生育子女的形式来实现。因为对成年人来讲,那时最有效的养老储蓄,莫过于多生孩子,"多生一个孩子,多抓一把米"。到自己日后年老丧失劳动能力时,就可用子女的劳动产品和劳务来维持晚年生活。这就是典型的"养儿防老"。但是,随着农业社会向工业社会过渡,大量年轻人走出家庭,离开农业劳动,转到大工业生产中去,致使家庭的生产功能削弱,与此相适应,家庭的养老功能也随之削弱。西方国家从18世纪60年代开始的工业革命,不仅极大地提高了劳动生产率,创造出更多的社会财富,为部分成员退出劳动岗位提供了物质基础,而且引起了一系列深刻的社会变化,老年人经常被迫或被鼓励离开劳动队伍,以便让位给掌握新技术、新知识的年轻人,因而退休制度和退休金便成为用年轻人取代老年人的一种经济刺激。特别是20世纪30年代资本主义经济大危机,许多老年工人被逐出工厂,生活陷入困境。这些问题不解决,必然造成社会动荡不安,并阻碍经济发展。此后,许多国家相继推出社会养老保险。退休制度和退休金作为一种社会现象在各发达国家普遍建立,标志着由家庭养老为主过渡到以社会养老为主。这是经济发展和社会进步的表现,也是人类社会发展到一定阶段上出现的一个不以人们意志为转移的客观规律。作为规律,不管人们是否承认和接受,它总是客观存在并在那里起作用。如果人们硬是不接受，只能到处碰壁，把事情搞糟。

三、发达国家推行社会养老保障的经验教训

《释义》在对第十条的解释中还提出"本法确立了以家庭养老为主的养老模式，是从中国国情出发，并借鉴吸收了西方发达国家经验教训之后作出的重大战略选择，它解决了我国在解决养老问题上应走什么道路、发展方向是什么和养老主要依靠谁这样一些重大的问题，是本法的核心内容之一，对于我国经济和社会的发展，将产生重大的影响"（见第25页）。"在中国，家庭养老为主不单单是农业社会阶段的养老方式，在目前和今后相当长的一个历史时期，仍然如此。这既有经济的原因，也有中国特有的传统因素，还有发达国家试图以社会养老取代家庭养老的教训"（见第26页）。

关于我国的养老模式问题留待下一个问题分析，这里主要分析究竟应该怎样来看待西方国家的经验教训。

西方国家在推行社会养老保障问题上确实存在不少问题，可以吸取的经验教训也很多，但必须正确认识它们，才能避免我们再走弯路。

西方国家在创立社会养老保障制度初期，领取退休金的老年人数很少，国家每年支付的养老费用不多，社会负担不重。经过几十年运转，如今许多国家都面临着退休金支付危机和日益深化的代际矛盾。据1994年世界银行报告研究小组组长埃斯特尔·詹姆斯说，在奥地利、德国、希腊、意大利和芬兰，政府预算约有1/3被用作养老金；而在瑞典、英国和美国，政府开支将近1/4被用来支持老年人的生活。这种状况如不设法改变，许多国家的社会养老保障制度都将面临崩溃的危险。用一句话来概括：发达国家推行社会养老保障制度的主要教训是标准过高、福利过多，超过了社会经济发展的承受能力。

造成这种状况，主要是由于人均寿命延长，老年人口数量增多；提前退休的人数增多；劳动人口由于出生率下降而相对减少；失业率提高，纳税人员减少；医疗费用膨胀等诸种原因。一方面导致退休人员队伍的日益庞大，以及由此而支付的退休金和其他福利费用急剧增多；另一方面是创造社会财富的劳动人口队伍相对缩小，致使劳动人口与退休人口的比例日趋缩小。当社会上退休人员所占比重很少，如在本世纪上半期，许多国家保持着几十个

劳动人口供养一个退休人口时，实行代际间的资金转移不会引起多大矛盾。因为分摊到每个劳动者的资金很少，只有几十分之一；而且对劳动人口来说，也解除了他们的后顾之忧。但是当退休人口越来越多时，就不是几十个劳动人口供养一个退休人口，而是几个甚至两三个劳动人口供养着一个退休人口，这时分摊到每个劳动人口头上的费用就不是几十分之一，而是几分之一，甚至是三分之一到二分之一时，在职人口和退休人口之间的矛盾越来越突出。这是因为社会支付的退休金越多，虽然眼前可用财政赤字来抵挡，但最终还是意味着在职职工交纳的养老保险税越多。美国华盛顿保守派院外活动组织全国纳税人联合会的保罗·休伊特说："必须为此付出代价的年轻纳税者自然越来越感到气愤不过了。"为此，许多国家都谋求对现行的退休制度和退休金进行改革。

从许多国家已经或即将进行改革的情况看，主要措施有：（1）提高退休年龄，延长劳动者的工作年限，以期达到退休人员的贡献和收益的个人平衡。（2）改革退休金计发办法，使其与个人贡献挂钩。（3）发展私营养老计划，增加个人养老储蓄。

各国改革尽管有异，但总的趋势是：在削减社会福利开支、减缓退休金增长速度的同时，大力增加个人储蓄，使人们认识到他们需要自己攒钱供退休后使用，才能过上较好的生活。而不是像《释义》所说的"反过来，他们正在采取增强家庭养老功能的措施"（见第76页）。综观人类历史，在本世纪，发达国家由家庭养老过渡到社会养老是人类社会进步的标志；下一个世纪由社会养老转变为社会养老与个人储蓄养老相结合，是历史的必然。把养老从互助互济转移到自助互济的轨道上来，有利于解决人口老龄化社会中的代际矛盾。

四、我国在解决养老问题上的发展方向

如前所述，《释义》把我国确立以家庭养老为主的养老模式，看成是借鉴吸取了西方发达国家的经验教训之后作出的重大战略选择，是不妥的。同样，把它看成是从我国国情出发，"解决了我国在解决养老问题上应走什么道路、发展方向是什么和养老主要依靠谁这样一些重大的问题"，也是错误的。

同爱共辉 TONGAI GONGHUI

我国在解决养老问题上，究竟应该走什么道路，发展方向是什么，这确实是一个重大问题，养老问题解决得好，可以促进经济和社会的持续发展；解决得不好，则将影响甚至阻碍经济和社会发展。《释义》看到了养老问题的重要性，可惜没有能够正确地把握这个问题，其错误在于把目前现状当作发展方向。

目前我国城镇老人多数都是退休职工，主要靠退休金生活；只是那些从未工作过的高龄老人依靠子女养老，所以在城市是以社会养老为主、家庭养老为辅。而在农村，目前能够领取退休金的人数很少，老年人口只要力所能及都会继续劳动，用劳动养活自己；只是到了年高体衰不能再继续劳动时，才由子女赡养，所以在农村还是以家庭养老为主。由于我国农村老年人占老年人口的多数，所以从量上来说，我国养老保障的现状，还是以家庭养老为主。

养老保障的现状绝不等于今后的发展方向，否则也就不用建立和完善社会养老保障制度。《老年法》在第一章总则、第三条中就明确指出"国家和社会应当采取措施，健全对老年人的社会保障制度"。在第三章中又专门论述了"社会保障"，第二十条规定："国家建立养老保险制度，保障老年人的基本生活。"为此，在城镇，要深化养老保险制度改革，建立国家基本养老保险、单位补充养老保险和个人储蓄养老保险相结合、实行社会统筹与个人账户相结合、兼有保障和激励功能、并覆盖全社会的养老保险制度。在农村，实行以劳动者自我缴费积累为主、集体补助为辅、国家政策支持的养老保险制度。《老年法》第二十二条还规定："农村除根据情况建立养老保险制度外，有条件的还可以将未承包的集体所有的部分土地、山林、水面、滩涂等作为养老基地，收益供老年人养老。"

以上海为例，到1996年底，全市已有425万城镇职工和186万余名离休人员参加了社会养老保险统筹，覆盖面已达95%。在沪郊，迄今已有119.6万农村人口参加养老保险，投保率达84.3%。当然，养老的标准还是比较低的，特别是农村只能保障老年人口基本生活。所以还要增加个人储蓄养老，并继续发挥家庭的养老功能。

同全国各地相比，上海由于经济发展水平较高，养老保险改革的步子会快些。其他各地由于种种原因，必然会有快有慢。如何实现两者平衡？其指导思想在《中国老龄工作七年发展纲要（1994—2000年）》和《上海市老年事业发展"九五"计划和2010年远景目标》中已明确指出："坚持家庭养老与社会养老相结合的原则。积极建立和完善老年社会保障，增加老年人福利设施，扩大社会化服务范围。同时继续发挥家庭在经济供养、生活照料、精神慰藉方面的作用。"

五、继续发挥家庭的养老功能

《老年法》第十条规定："老年人养老主要依靠家庭，家庭成员应当关心和照料老年人。"《释义》对此解释为"养老主要依靠家庭，即家庭养老为主"（见第25页）。我认为《释义》如此解释，不符合该条文的原意。

《老年法》是在第二章"家庭赡养与扶养"中提出了"老年人养老主要依靠家庭"这个重要命题。从前后条文来看，这一命题的主要内容包括：子女对老年人的经济供养、生活照料和精神慰藉，照顾老年人特殊需要等；并要妥善安排老年人住房，因为绝大多数老人都是居家养老。

老年人养老主要依靠家庭，这个命题是永恒的。也就是说，只要家庭存在，老年人的养老主要都是依靠家庭。在家庭养老保障下，老人养老主要依靠家庭；同样，在社会养老保障下，老年人养老也主要依靠家庭。当然，如果老年人有足够的经济收入，无需子女在经济上供养，那么作为小辈也要给老人以生活照料和精神慰藉，特别是生病时还要给以特殊护理。《释义》把"养老主要依靠家庭"这个永恒命题等同于人类历史发展特定阶段上出现的"以家庭养老为主"，这在理论上是站不住脚的，在实践中则会把人们引入停留在家庭养老为主的误区。

《释义》还提出"在一个相当长的时间内，老年人仍会以居家养老为主要的养老形式。一些发达国家正在进行的社会保障制度的改革，呼吁老年人回到家庭，已经提供了这方面的经验"（见第22—23页）。

其实，居家养老岂止是在一个相当长时期存在，而实际上它也是一个永恒的现象。只要家庭存在，居家养老也就会继续存在。无论是古今中外，绝大多数老人都是居家养老。据有关方面统计，西方发达国家入住养老院的老人只占5%左右，个别国家比例稍高些，但也不到10%，这就是说，90%以上的老人都是居家养老。我国由于种种原因，老人居家养老的比例更高，几乎是99%以上。《释义》说发达国家正在进行的社会保障制度改革，就是"呼吁老年人回到家庭"，看来又是一种误解。

从80年代开始，西方就出现了"维持家庭制度的运动"，其目的在于减少单亲家庭，主张把"家庭"限为两人或两人以上的因血缘、异性婚姻或收养关系而形成的结合体。因为在欧美，传统意义上的家庭正面临严峻考验。据有关统计，每百个新生婴儿中，法律上没有父亲被称作"私生子"的，在瑞典要占52.9%，丹麦占46.9%，法国和英国分别为34.9%和33.6%。显然，这种"维持家庭制度"，并不是呼吁老人回到家庭，因为实际上只要有可能老人都是生活在家庭中的；也不是要求成年子女与父母同住。在西方，无论是老人自己或是成年子女，他们都不习惯于共同生活在一个大家庭中，而是各自拥有自己的家；又由于老年人在经济上能够自立，客观上鼓励了子女放弃对父母的责任，致使一些子女不再照顾老人。但是多数人还是经常与父母保持较为密切的联系，主要表现在情感维系和生活照顾。

在我国，老年人大多数与成年子女和孙辈共同生活，即三代同堂家庭多；即使分开居住，其中不少人距离较近，"分而不离"家庭多。再加上许多老人在经济上还不能完全独立以及我国素有尊老敬老的传统美德等诸因素，成年子女对老年父母的生活照料和经济赡养的比例，要比西方国家高得多。这也是我国老年人深感晚年幸福的一个重要原因。在我国，继续发挥家庭的养老功能，尤为重要。

见证历史

1. 老龄研究工作中的"三同"伉俪

桂世勋

袁缉辉、王爱珠夫妇都是我十分敬重的学者。在我念大学时,就知道上海高校马列主义理论教育界有两位姓"王"的优秀女教师,一位是复旦大学的王爱珠,一位是教过我的老师、华东师范大学的王爱玲。我认识袁老师是"十年动乱"后,1981年他作为复旦大学分校社会学系的首任系主任,邀请我为该系第一、第二届学生讲授"人口社会学"。这样我们的见面就多起来了。

在上海老年科学研究和老年学学会中,袁教授和王教授同是上海市老龄科学研究中心下属两个研究所(上海市老年社会学研究所、上海市老年经济学研究所)的首任所长,同是上海市老龄科学研究中心的学术委员,同是上海市老年学学会的理事,袁教授更是长期担任上海市老年学学会副会长。夫妻共同担任老龄科学研究和学会的领导工作,共同研究老年科学,并且在老年科学研究中双双取得这么大的成就,这在中国老年学界是屈指可数的。除了北京的肖振禹研究员、战捷研究员夫妇外,便是上海的袁教授和王教授夫妇了。一北一南,两对伉俪,珠联璧合,共同参加老龄研究工作会议,共同参加国际和国内的老龄问题研讨会,共同探讨老龄问题,在我国老年学界传为佳话。

上海市老龄科学研究中心是1993年成立的。为了更好地团结和组织全市与老龄科研有关的社会科学与自然科学方面的专家学者,切实构建互通研究信息、优势互补、协作攻关的网络,上海市老龄委员会率先在全国各省、自治区、直辖市中建立了网络型的老龄科研机构。在1993年建立上海市老龄科学研究中心的同时,与本市有关高校、科研机构和医院共建了6个研究所：上海市老年人口学研究所（上海社会科学院）、上海市老年经济学研究所（复旦大学）、上海市老年社会学研究所（上海大学）、上海市老年心理学研究所（华东师范大学）、上海市老年医学研究所（华东医院）和上海市中风防治研究所（第二军医大学）。鉴于上海市有些从事老龄科学研究的著名学者还不属于上述这些研究所的成员或因年老不再担任所长等情况，上海市老龄科学研究中心又建立了学术委员会，聘请他们为学术委员会的委员。袁教授和王教授不仅在上海市老龄科学研究中心的组建时出谋划策，提出了构建科研网络的模式；在分别担任老年社会学研究所和老年经济学研究所首任所长时卓有成效地领导了这两个所开展许多研究课题，而且在上海市老龄科学研究中心召开的工作会议和组织的重点研究课题中发挥了重要作用。他们家离市老龄科研中心比较远，但不管酷热寒冬，不论刮风下雨，他们总是有请必到。即使近年来他们经常到美国去探亲，也是及时把自己的行踪告诉中心和学会的有关领导，一回上海就打电话来"报到"，使我们能趁他们在沪期间安排一些重要工作会议，让他们发表宝贵意见。1996年，上海市老龄科学研究中心组织开展重点课题"上海市老年保障体系及其运行机制研究"，他们不仅积极主持承担了分课题研究，还一丝不苟地对课题的初稿提出不少修改建议。

我与袁教授、王教授在共同参与上海市及全国召开的一些研讨会或其他学术活动中，感受最深的是他们在老龄科学研究中的高度学术敏锐性和敢于探求真理的理论勇气。不管面对的是政府部门的高官，还是国内外著名的学术大师，当他们发现其谈论老龄问题的某些重要观点或措辞值得商榷时，便在会上或撰文直率提出自己的不同意见。记得有一次在上海老龄科学研究中心召开的会议上袁教授拿出1997年10月10日的《新民晚报》，针对一位学术大师在该报发表的《谈所谓"老龄化社会"》短文，指名道姓不同意他在文中写的"……60岁以上就算是老年。我不知道，这个规定是从哪里来的？是不是国际公认的？"。我当时随即表示支持，因为在1982年9月21日联合国第三十七届大会通过的《联合国关于老龄问题的决议和维也纳国际行动计划》中，已明确使用"60岁及60岁以上的人"为"老年人"的统计数据。其实，作为一名学术大师并不是在每个学术领域都是内行的，发表的观点也不都是准确的。袁教授夫妇的这种敢于向权威挑战的精神，值得在学

第五篇　正确理解家庭养老与社会养老的科学含义

术界保持和发扬。

在上海市老龄科学研究中心和上海市老年学学会举办的"迈向21世纪老龄问题研讨会"（1996年）、"迈向21世纪老龄问题国际研讨会"（1997年）、"第二届华裔老人国际研讨会"（2001年）中，他们都积极参与会议的筹备工作，单独或与同事合作撰写提交了《养老的理论和实践》《退休金实质和形式的矛盾——兼论21世纪退休金改革方向》《上海城市老年人家人照顾与社区服务网络建设研究》《退休人员分享经济发展和社会进步成果研究》《提高老年人生活质量，实现健康老龄化——老龄工作的重大课题》等论文。特别是最后一篇关于提高老年人生活质量的论文，是由他们夫妇合作撰写、共同署名的。在这篇论文中，他们回顾了国际、国内有关生活质量尤其是老年人生活质量的研究及对其内涵的争论后，提出了"政府和社会是提高老年生活质量的主导""家庭是提高老年生活质量的基础""老年人自身是提高老年生活质量的关键"等观点，并认为在评价老年人生活质量时应"把客观标准和主观感受两者结合起来"。他们说："从一个国家和地区来讲，应该致力于改善老年人的生活条件（包括物质和精神），以便老年人有一个较好的生活环境。而从老年人自身来讲，在既定的客观条件下，应该尽量发挥自己的

袁缉辉（左）与桂世勋讨论书稿（1985年）

主观能动性,要学会生活、善于生活,使自己有一个幸福美满的晚年,不要哀叹'夕阳近黄昏',而要高唱'夕阳无限好'。"袁缉辉教授和王爱珠教授对提高老年人的生活质量是这样倡导的,同时自己也是亲力亲为,以年轻人的活力热爱生活、享受生活。我衷心希望他们夫妇"夕阳无限好",幸福度过"金婚""翡翠婚""钻石婚"……

2019年10月28日

(作者为中国社会保障学会荣誉理事、华东师范大学终身教授)

2. 伉俪教授　心系老年学

吴锡耕

袁缉辉与王爱珠这对伉俪教授是《上海老年报》的热心作者与读者。他们俩先后从事老年学的研究,为《上海老年报》撰稿,向人们传授老年学的相关知识,呼吁政府和社会关注人口老龄化问题,强调重视老年人的生活质量;《上海老年报》的记者也多次对伉俪教授进行了采访,报道他们在老年学研究中的新课题、新见解、新成果。可以说,《上海老年报》与袁缉辉、王爱珠教授之间有着不解之缘。让《上海老年报》的编辑和记者们甚为感动的是,这对伉俪教授对老年学研究的科学理念、执着精神和严谨态度。

一

1996年3月17日,《新民晚报》刊载《老龄化不是大问题》的署名文章时,袁缉辉教授正在美国探亲。他从《新民晚报》美国版上看到这篇文章后,即写文章对《老龄化不是大问题》提出了严肃而认真的看法,表明自己对中国人口老龄化问题的认识和态度。他的文章从美国寄给《新民晚报》后没有得到回应,又寄给上海老年报社。当时的社长夏其言等报社领导认为:"老龄问题不仅是重大的社会问题,同时也是直接关系到一个国家社会经济发展的战略问题,因此,人口老龄化问题不能不成为中国关注的重大课题。"并以此作为文章的引题和标题,在1996年7月12日《上海老年报》"实践与探索"版面上全文刊登了袁缉辉的署名文章。这在社会上引起了强烈反响，使更多的人关注人口老龄化问题，重视老龄工作。

袁教授敢于表明他对老龄化问题的深刻认识和严肃态度，得益于他对人口老龄化问题的深入研究。早在上世纪80年代初，上海刚刚步入老年型社会，他已开始研究老年问题。1986年1月《上海老年报》创刊后，他就为老年报撰稿。1992年11月27日他在《上海老年报》上发表了《迎接人口老龄化的挑战》的学术论文。这篇文章以学习党的十四大文件为切入点，阐述人口老龄化的状况和我国人口老龄化的特点，明确提出了"我国治理老龄化问题的重要性、紧迫性、复杂性与艰巨性"。从这一侧面，我们不难看到，他对《老龄化不是大问题》署名文章提出批评是有其厚实的学术功底的。

在进入新世纪前夕，我国政府宣布，全国60岁以上人口已达到1.26亿人，其中65岁以上人口达到8 600万人，分别占总人口的10%和7%。按照国际通行标准，我国人口年龄结构已进入老龄化阶段。事实胜于雄辩。袁教授当年对老龄化的认识和研究成果与许多专家学者的认识和研究成果是一致的，是经得起实践检验的。正如2000年中共中央和国务院在《关于加强老龄工作的决定》中指出的："老龄问题涉及政治、经济、文化和社会生活等诸多领域，是关系国计民生和国家长治久安的一个重大社会问题。全党全社会必须从改革、发展、稳定的大局出发，高度重视和切实加强老龄工作。"

二

老年学是一门新兴的社会学科。研究老年社会学不仅要从宏观上构建科学完整的学说体系，而且应当确立起学科的一些基本概念。袁缉辉、王爱珠教授十分重视在老龄化战略对策的研究中去把握一些重要的基本概念。

上世纪70年代，社会上对于"家庭养老""社会养老""在家养老""入院养老"等概念的理解和使用含糊不清。甚至个别高官也不恰当地运用一些模糊概念。对此，袁、王教授进行了认真的比较研究，并适时地发表自己的学术观点。

袁缉辉等于1990年8月31日在《上海老年报》上发表了《社会养老不可能取代家庭养老》，1991年11月8日袁缉辉又在《上海老年报》上发表了《"社会养老"不否定"在家养老"》。与此同时，王爱珠也特别强调要正确理解家庭养老和社会养老的科学含义。有关这方面的研讨,在老年学研究中曾引起不小的反响。

袁缉辉、王爱珠教授对此曾多次发表文章,反复强调这些基本概念的定位和重要作用。"家庭养老"和"社会养老"是区分供养方式的两个不同概念。如果养老的经济保障主要是由家庭成员承担的,就是"家庭养老";倘若养老的经济保障主要是由社会保险或社会福利或社会救助提供的,那就是"社会养老"。关于"在家养老"(即居家养老)和"入院养老"(即机构养老),这是养老居住方式的对应概念。如果住在自己家中养老,即为"居家养老"或"在家养老";倘若入住养老院、护理院、福利院等集体养老场所养老,那就是"入院养老"或"机构养老"。弄清楚这些基本概念的特定含义,有利于构建老年学的科学体系,有利于制定正确的老龄事业的方针政策,也有利于指导老龄工作的实践。

遗憾的是,时至2004年,有些媒体仍然出现"适合中国经济与社会发展现阶段的养老模式有家庭养老、机构养老与社区养老三种"、"居家养老,适合中国国情的养老新模式"等模糊提法。事实上,居家养老不是什么新创造,古今中外皆有之,即使在经济发达国家,目前仍以居家养老为主。从我国实际出发,当前和今后相当长的时期内,在构建适合中国国情的养老体系过程中,应加大力度建立以居家养老为基础、社区服务为依托、机构养老为补充的养老机制。在我国人口老龄化高峰到来之前,一方面应加快建立社区为老服务网络,让老年人不出家门就能享受到社会提供的生活照料、医疗护理、精神慰藉、应急救助等服务;另一方面要加速发展社会办养老机构的步伐,适度发展新型的养老机构,以适应高龄化快速发展和独居老人增多的社会需要。

我们由此看到,弄清楚一些基本概念和科学含义不易,把具有科学含义的概念运用到实践中去,也不是一帆风顺的,需要的是像袁缉辉、王爱珠教授那样,从理论和实践的结合上弄懂搞通,才能使理论发挥指导实践的作用。

三

1995年12月8日和1996年7月12日,《上海老年报》先后刊发了由记者采写的关于王爱珠教授新著《老年经济学》的两条新闻,引起了较大反响。

主要是报道中反映了王爱珠关于以"挂钩"和"分享"的方式来维护退休职工经济权益的新观点。这个观点既有学术上的理性思考,又有联系实际的可行性分析,自然得到社会的强烈共鸣。尽管当时已有不少单位在探索经济发展中,不让退休职工生活水平下降的方法,但大都是初步的,且未能上升到经济理论和经济权益上去深入思考。王爱珠教授的观点,无疑让人们的认识前进了一步。这为后来的清欠职工退休金、实施养老金统筹等起到了积极的作用。

老年经济学在中国是个新学科,但随着我国人口老龄化的发展及其对经济产生的影响,必将备受人们的关注。王爱珠的《老年经济学》已使这门学科有了一个良好开端,我们期盼有更多的专家学者涉足这一领域,使老年经济学在国民经济和社会发展总体规划中有一席之地,在构建社会主义和谐社会中发挥积极的作用。

2004年

(作者作此文时为上海老年报社副总编辑)

3. 抚今追昔,鉴往知来
——忆当年养老概念之争

沈 妍

光阴荏苒,如白驹过隙,一转眼,迎来了恩师袁教授和王教授两位学术界前辈的钻石婚之喜,讲述二老生平的《同爱共辉》2020年版一书即将交付出版。再一次翻看手中2005年版的书,往事历历在目。

遥记当年在社会学系就读之时,先生给我的印象一直是一个风度翩翩、性格随和风趣的人,与想象之中不苟言笑、肃穆端方的老教授形象相去甚远,反倒更像一位慈祥的长者,我们作为学生都很喜欢他。那时候,我们还不是很清楚袁教授在学术圈的成就,更无从得知他不凡的家世和传奇的经历。后来,由于先生的引介,我进入了市老龄科研中心,也因此认识了王爱珠教授,她从事的是老年经济学方面的研究。那时候就觉得,夫妇二人同为教授，又从事相关的专业，简直完美啊。后来，我还是通过《同爱共辉》这本书才对两位先生的经历以及从事老年学方面研究的历程略知一二。

　　人口老龄化问题是当今中国社会的一个热点话题，而作为全国第一个迈入人口老龄化的地区，上海早在1979年户籍人口之中，60岁及以上的老年人口便达到了10%，即达到了联合国的人口老化标准。我们知道，对于社会问题的认识往往是滞后的，多是要在其产生比较明显的影响之后再回头去追根溯源。对于老龄问题的认识亦不例外。事实上，当年国人，包括学术界对于人口老龄化的认识还近乎空白，甚至于在十多年之后老龄问题已经逐渐引发社会重视的情况之下，仍然有主流媒体发文认为人口老龄化还不是一个大问题。可想而知，在1979年，哪怕是在学界，也少有人知晓老龄化这一在今天已然是社会热点的概念。然而也正是在1979年先生与上海总工会筹组"上海老年人问题研究会"之时，他敏锐地预见到了老龄化对于社会发展的影响力，并在其后的学术生涯之中以此作为研究的主要方向。并且，在他的建议下，王教授也将研究方向转至老年学方面。

　　30多年来，上海的人口老龄化程度一直领先于全国其他地区，而上海的老年学研究以及老龄工作的进展也始终保持在全国前列。饮水思源，先生也是当年的奠基人和推动者之一。1993年，上海市老龄科学研究中心成立，并与各高校合作成立了六个研究所，很好地起到了学术研究与实践工作结合的桥梁作用，其中也多有先生为之出力。作为一名社会科学的研究者，他非常重视学术研究与实际工作的结合，这实际上也正是老年学研究的价值所在。而这种模式在其后几年也发挥了巨大的效能，充分显示了其优势所在。上海多项老龄政策的出台背后，都有科研中心的辛劳成果。

　　理论研究和实际工作之间相互促进的局面无疑是双赢的，但事情的发展往往不可能是一片坦途的。须知在那个年代，无论是政府部门还是社会各界，对于老龄问题的认识和理论素养，远不如现在，在那样的情境下，出现思想的混乱几乎是必然的。家庭养老与社会养老的科学含义之争便是一个典型的事件。事情的来龙去脉在书中已多有叙述，这里不再赘言。事实上，这场争论的焦点其实非常简单。家庭养老和社会养老是按照养老的经济来源而区分的，而居家养老和机构养老是按照养老的场所而分的。有些人将这两组分类标准不同的概念放在一起混谈而产生混淆。其实，误读概念并不是什么大不了的事情，我们对事物的认识总归是有个过程的，问题在于要有严谨和实事求是的态度，尤其是对于具有巨大社会影响力的决策者而言。然而，正是由于一些上位者的傲慢，导致了老龄工作领域的思想混乱，其影响甚至至今仍有余存。

可能有一些观点会认为，几个概念而已，并没有什么大不了，又不是做理论研究，只要把工作做好就行了。彼时也有不少人劝两位教授不必太过较真，让领导难堪，但他们两位却十分顶真，坚定地站在同一阵线，在各种场合进行澄清。当时，作为初入门的新人，其实当时我也不是很能理解两位先生的执着，但现在，20多年之后，回头看这场争论，方才能够理解他们的苦心之一二。正是那场含义之争使得我看到了两位德高望重的老教授顶真、执着的另一面，令我最为敬佩的并不仅仅是他们严谨的治学态度，更是作为学者为坚持真理而无畏的风骨。我们多感慨于两位先生在学术研究方面的敏锐，如今却发现，他们身上最为可贵的品质乃是风骨，只是如今这样的人是越来越少了。这场争论的意义其实远远超过了概念本身，正是因为他们当年不遗余力地澄清，上海的学界和实际工作领域对于相关概念的认识还是比较清楚的，并未产生思想混乱。正是在这一基础之上，2005年，上海率先提出了建设"9073"养老服务格局，即90%由家庭自我照顾，7%享受社区居家养老服务，3%享受机构养老服务。这一提法虽然从理论研究的角度看仍然是有瑕疵的，但对于居家养老和机构养老的概念把握的大方向是正确的。9073养老服务格局的建立，确立了居家养老的导向机制，与先生当年所提出的观点一致。而且，这一工作思路为全国老龄工作的开展提供了可复制、可操作的成功范本，为国家建立新型养老服务体系提供了重要借鉴，对于全国的老龄工作产生了深远影响，同时也起到了消除当年概念混淆所造成的思想混乱局面的作用。

时至今日，居家养老作为老年人养老的主要方式已经不仅是上海的共识，也成为全国的共识。当前，随着为老服务的发展，形式也越来越丰富，出现了很多新模式和新业态，对于我们研究者而言，如果没有坚实的理论基础，势必会晕头转向，研究也会误入歧途。试想一下，如果连居家养老、家庭养老的概念也分不清楚，如何来厘清家庭、社会在赡养照料老年人方面的责任呢？又如何定位社会服务的功能呢？没有正确的理论指导，面对纷繁复

同爱共辉 TONGAI GONGHUI

沈妍

杂的局面,又从何着手研究呢?所以,回过头来看,必须感谢两位先生在那时候对于真理的坚持,才有如今的良好局面。再看看他们当年的著述,发现他们所提出的诸如"发展新型老年公寓""急需发挥家庭的养老功能""对老年住宅进行改造""大力发展社区服务帮助居家养老""发展老年社会化服务"等在上世纪八九十年代提出的诸多观点,在当前的实际工作之中正在陆续施行,令人不得不感慨他们的远见卓识。作为晚生后辈,值此先生伉俪钻石婚之际,衷心祝愿二老健康长寿,晚年幸福安泰,为我们的健康老龄化、积极老龄化再做楷模!

2019年3月

(作者为上海市老龄事业发展促进中心研究人员)

第六篇

老，也可以很快乐

心路回眸

袁缉辉　王爱珠

1995年我们去台湾做学术交流，其间应邀撰写《老，也可以快乐》。全书以"老有所养""老有所为""老有所医""老有所学""老有所乐"等五个"老有"为主线，描述我国大陆老年人口生活的各个方面。

"老有"可以提出许许多多，诸如"老有所居""老有所伴"等等。但是，上述五个"老有"，是保证老人生活的最基本方面。这五个方面做到了，老年人生活质量就会提高，晚年就会幸福快乐。

回顾"五个老有"提出的一段历史，颇有意义，80年代以前，我国对

在美国洛杉矶"快乐之家"老人日间保健中心参加太极扇与高山舞表演（2005年，右着高山舞表演服装者为袁缉辉，左着太极扇表演服装者为王爱珠）

"老龄""人口老龄化"等词汇还很陌生。通过1981年、1982年两次派出代表团参加世界性老龄会议，和国内人口老龄化形势将趋严峻的现实，使人们对老龄化问题的认识有了一个飞跃。1983年3月，国务院批发的全国老龄委《关于我国老龄工作中几个问题的请示》中提到"老龄工作要做到，老有所养、健康长寿、老有所为、余热发挥"，开始提出两个"老有"。1984年3月，全国老龄委在向国务院提出的《关于充实机构增加人员编制的请示》中提出："如何维护老年人的正当权益，使他们能够老有所养、老有所为、老有所学、健康长寿，是一个重大的社会问题"，这里增加到三个"老有"。1984年7月，卫生部、北京市人民政府、全国老龄委在联合给国务院《关于在北京建立老年病医院的请示》中首次提出"老有所医"。1984年8月，在第一次全国老龄工作会议上提出的《全社会都来关心解决老年人的问题》的报告中，完整地提出了"老有所养、老有所为、老有所学、老有所医、老有所乐"。把五个"老有"作为中国老龄工作的指导方针和工作目标，充分反映了广大老年人的愿望。这在联合国第47届大会上受到普遍赞同。

金色晚晴

1. 打造金色年华*

1995年11月,我们去美国加州大学洛杉矶分校老年研究中心访问,在回程时,应邀到台湾作学术交流,会见许多学术界人士。我们的老朋友成露茜博士谈及她正在编辑一套"摩登的成熟:现代银发族系列丛书",已出版的有《养老在海外》《银发新世界》《牵手银发行》等卷,并拟出版《养老在大陆》和《养老在台湾》等卷。我们十分高兴地表示愿意撰写与中国大陆老年生活有关的书。

全书以"老有所养""老有所为""老有所医""老有所学"和"老有所乐"等五个"老有"为主线,描绘中国大陆老年人口生活的各个方面,以供海峡两岸、港澳及海外华人读者了解大陆老人的养老概貌。本书所用资料有我们自己的研究成果,也有近年报刊公开发表的材料。

王爱珠制作的手工艺品

---

* 原载《老,也可以很快乐》,台湾鼎言传播事业有限公司1997年版。转录自复旦大学出版社2005年版《同爱共辉》。

第六篇　老，也可以很快乐

中国是一个人口大国，也是世界上老年人口最多的国家，中国又是一个文明古国，素有尊老、养老、助老的传统美德。

赡养老人，不仅要使老人吃饱穿暖，而且要为他们欢度晚年，营造一个良好环境。五个"老有"是对老年人基本生存权利的肯定，也是老龄工作的目标和要求，它充分反映广大老年人的愿望，并在联合国四十七届大会上受到普遍赞同。

中国大陆虽然经济发展较快，但综合国力和人均占有水平仍较低，到公元2000年成为老年型国家时，经济发展水平仅为小康，国家财力不可能全部承担起老年人的供养需求。

目前，社会保障水平还不高，社会养老设施还不发达，一方面在积极建立和完善社会养老保险制度，增加老年人福利设施，扩大社会化服务范围，另外还要充分发挥家庭在养老中的重要作用，它包括经济供养、生活照料和精神慰藉，以便逐步建立起国家、社区、家庭、个人相结合的社会养老保障体系。

当前，大陆老年人口百分之七十属于低龄和健康老人。他们的经验、智慧和技能，不用再投入即可转变为现实的财富。无论是从老年人个人还是从社会角度，都要坚持走积极养老的道路，大力开发老有所为，倡导老有所学和老有所乐，坚持以"为"促"养"、养为结合；以"学"促"为"，学为结合；寓"养"于为、学、乐之中，促进老年人身心健康，丰富晚年生活。

由于老年人口众多，且各地经济和文化发展又很不平衡，要求各地都普遍做到：老有所养，养有质量；老有所医，医有保障；老有所为，为有渠道；老有所学，学有场所；老有所乐，乐有设施，还需要

王爱珠制作的手工艺品

同爱共辉 TONGAI GONGHUI

全社会努力,这其中老年人口的自身努力也是极为重要的。老年人要学会运用法律武器维护老有所养、保障老有所医;自寻门路,施展老有所为;自寻场所,进行老有所学;自寻老友,开展老有所乐。老人还要善于自得其乐,助人为乐,使"乐"充满在晚年生活之中。

2. 想追回自己失去的美是有可能的*

许多老年人自己也认为,每天穿上合宜得体的服装,人就好像年轻了几岁。这种年轻的感觉不仅是显示在外观方面,更主要的是表现在心理上。它可以促使当事人注意平时的举止、谈吐与仪态,尤其能激发出那种对待人生的乐观开朗和不服老的心态。

丽丽:你好!

我们已有好久未通音信了。昨天在南京路华联商厦买衣服时,见到了你

复旦大学历史系1964届部分学生祝贺老师80华诞座谈会留影(2011年10月21日,右四为王爱珠,右五为袁缉辉)

---

* 作者为王爱珠,原载《跨世纪老人的通信》,上海文化出版社1995年版。

第六篇　老，也可以很快乐

复旦大学经济学系教师拔河比赛（20世纪50年代，左一为王爱珠）

的女儿小丽。我问起你的近况。据小丽说，你的身体还好，就是情绪不佳。我又问她情绪为何不佳的原因。她说，你时常对镜感叹，有时还自言自语，好像在说："如果一个人能追回自己失去的美该有多好！"当时，由于时间仓促，顾客拥挤，我没法再与小丽深谈。但回家之后却思绪翻腾，不能自已。故特地写这封信给你，想在信中与你好好聊一聊这个问题。

　　一个人能否追回自己失去的美？我个人的认识是，既"不能"又"能"。所谓"不能"，是从生理的角度来说，因为每个人的一生岁月确实是一去不复返的。任何一个老年人，不管你拥有多大的权力，也不管你拥有多少财富，都没有可能追回自己已经失去了的青春年华与美。人们常说的"返老还童"，只不过是一种愿望而已，最多也不过是对某人的一种比喻或褒美。而所谓"能"，则是从心理的角度来说，即一个人进入老年期后，虽然从外在仪表到内在机体，已经不可能再恢复年轻，但重要的是却还能保持一颗永远年轻的心。有了这颗年轻的心，就有利于做到身心健康，有利于做到青春常驻。去年，我从《解放日报》上看到一篇关于著名艺术家吴青霞的采访报道，很受感动。吴老已经八十多岁了，仍然满头黑发，脸色红润。她对记者说："我今年八十二岁了,但我把它看作二十八岁,趁现在身体还不错,还要多学点,多画点,更好地为四化建设服务。"把八十二岁当成二十八岁,这是多么有趣的数字颠倒。但这个颠倒并不意味着岁月可以倒流,而是标志着老人有一颗永远年轻的心。正是这颗年轻的心,支撑着老人热爱生活、勤奋工作和奋勇向前。还是用老人自己的话来说吧:"虽然我年已耄耋,但我仍然有一颗年轻活泼的心,要勤奋,要向上,一天要有一天的进步。"看来,也正是因为有了这颗勤奋向上的年轻的心,才使吴青霞成为享誉我国画坛的一名奇女子。

诚然,一位老年人如果在保有一颗年轻的心同时,能再加上适当的美容和得体的服饰,就更会显示出一种生机蓬勃的精神状态。我这样说,你也许会问,适当美容和穿着得体,这不是多年来都被人讽刺为"老来俏"吗?是的,在过去,一个年轻人如果肩披长发,身穿牛仔裤,也会被斥之为奇装异服,甚至被排除在校门外。何况是老年人,更是与花花绿绿无缘,只能生活在由蓝、灰、黑构成的灰暗世界中。但是,今天随着改革开放的深入,情况早已大有不同,人们的思想观念已发生了很大的变化,不仅青年人爱美,老年人也同样爱美。这种变化的客观原因,除了由于时代的进步外,另一个重要因素无疑是由于我国经济的发展和人民生活的安定。古人云:"食必常饱,然后求美;衣必常暖,然后求丽。"老年人在吃饱穿暖之余,自然也会随着时代文明的步伐,在生活上迈向更高的层次。老年人通过这种对美的享受,不仅感到自己仍然年轻,生活得很有意义,而且也大大减少了消极的"人老珠黄"之感。所以,当代老年人完全有理由、有条件在人生的最后阶段,从外貌仪表到精神生活,提出对美的要求,使自己的晚年生活过得更加充实也更有情趣。

近十多年,我曾先后访问过南斯拉夫、奥地利、意大利、美国和日本。在这些国家中,许多老年人不仅吃、穿、用很讲究,而且对外在仪表也很重视。老人外出时,穿红戴绿和美容修饰,是十分普遍的现象。有的国家不仅举办年轻小姐选美活动,而且还开展老太太选美活动。丽丽:你说这事新鲜吗?老太太居然也可参加选美。美国一年一度的全国老太太选美大会,迄今已经举行了六届。去年的这项活动,就是在美国年轻小姐的选美胜地——新泽西州的亚特兰大市国际度假旅馆的超级明星戏院内举行的。参赛的老太太们身穿晚礼服,一个个登台和观众见面,并发表简短演说,谈她们个人的人生哲学。例如,一位名叫班尼特的老太太说:"我一生遭受过很多的不幸,但信心和乐观一直与我同在。我透过玫瑰色的玻璃窗去看四周和人们，所以，我所看到的都很美妙。这就是我的人生哲学。"在美国，老人们时常感到很孤独，也得不到尊重。举办老年选美的目的，就是要让老太太们冲破年纪大的障碍，显示出自身的活力和美好的情趣。通过选美活动，年轻人也看到了老太太们能做很多事情，她们拥有才能和精力，应当受到全社会的尊重。

丽丽：这里我还要告诉你一个重要的信息，就是现代医学界已开始广泛注意老年人的美容。并且认为，美容修饰有利于老人的身心健康。其一，它能促使老年人心情开朗，生活愉快。由于人类寿命的延长，老年人从六十岁到八九十岁，可望跨越二三十年的时间。在这段漫长的时间里，老年人从紧张工作转变为离岗休息。如果能让老年人的衣着容貌整洁美好，多姿多彩，将有助于消除和减少老年人容易产生的孤独感和空虚感，使他们增加生活的情趣。其实，许多老年人自己也认为，每天穿上合宜得体的服装，人就好像年轻了几岁。这种年轻的感觉不仅是显示在外观方面，更主要的是表现在心理上。它可以促使当事人注意平时的举止、谈吐与仪态，尤其能激发出那种对待人生的乐观开朗和不服老的心态。其二，它有利于治疗和减少某些疾病。英国一家杂志调查了三千八百余名老年人，发现凡注意衣着打扮者，患与精神因素有关疾病要比不善于打扮的老人低百分之三十以上。美国宾夕法尼亚大学针对老年人易感孤独寂寞的特点，开办了一个短期美容训练班，经过几个星期的实践，他们发现这些老年人身心健康状况明显转入良好状态。这项实践表明，适当的美容修饰能给老年人带来生命的活力。其三，它能减少或避免事故的发生。老年人外出时，穿戴鲜艳的服饰，可以减少或避免车祸。心理学家在经过大量实验后发现，红色能使人心理兴奋，蓝色能使人镇静，绿色则对人的心理活动有缓和作用。因此，老人穿着较鲜艳的服饰，就能促进汽车驾驶员的心理兴奋，从而精神集中，减少事故的发生。如遇不测，也可及时采取有效的避让措施。如果老人穿戴的服饰与马路的颜色相似，情况就会相反。所以，一个一直习惯于穿比较素雅的服装的老人，外出时至少手中也可以携带一个红色或黄色的提包，以求创造一种醒目的效果。

丽丽：写到这里，你也许会逐渐赞同我上面的说法。看来，"老来俏"还是有道理的。不过，要是一个老年人真正"俏"起来，一定也会招到不少人的笑话，如果碰到这种情况，我认为我们完全可以理直气壮地告诉这些人，你们的这种观念已经落后于时代了。实际上,现在已经有越来越多的老年人认为人到老年更应该注意打扮。据上海大学文学院社会学研究室在1991年四五月对上海市五百零一位老人所作的调查分析,持这种观点的男性达百分之七十一点一,女性达百分之八十一点七。当然,在现实生活中,确实也有不少老年人爱美、想美,但是却不敢求美。我有一位年过六十的老朋友,她女儿给她买了一套时装。她想想自己已上年纪,穿上后会不会太时髦,就一直不敢穿。经过女儿再三做工作,才动了心。一穿,果然挺合身,立即显得精神焕发,神采照人,年龄一下子像倒退了六七岁。这时她才意识到"人要衣装""三分长相七分打扮"等这些说法的有理,并体会到"敢穿也是福"。可见,关键还是认识问题。

丽丽:写到这里,我似乎可以停笔了,而且也很想听听你的意见。我希望你也相信你会同意我的看法的。最后,请让我用下面几句话来作为我谈论这个问题的结尾:一个人生理上的青春是短暂的,而心理上的青春却可延长。如果老年人都能穿上新颖合身的服装和作恰当的美容,这既体现了老年人的健康心理,又能给人们以美感,并散发出时代的气息,那么,即将来临的老龄化世界就不会是一个死气沉沉的"灰暗世界",而仍然会是一个充满青春活力的"俏丽世界"。

祝

全家好

爱珠　1992年8月5日

3. 人生最美夕阳红*

西方发达国家都已进入人口老龄化社会,老年人口数量多、比重大,且具有一定购买力,老年市场繁荣,老年产业发达。目前我国已有上海、北京、天津、江苏、浙江、辽宁、四川和山东等8个省和直辖市进入人口老龄化地区,到2000年全国也将成为老龄化社会。届时60岁及其以上老年人口有1.3亿,居世界之冠。我国老年人口数量多,而老年市场却难拓展。这个

---

* 作者为王爱珠,原载《现代社会保险》1996年第6期。转录自复旦大学出版社2005年版《同爱共辉》。

诸侄祝贺叔婶60大寿（1991年，前坐者为王爱珠、袁缉辉）

问题应从两方面来解决：一方面老年人应该更新思想观念，增加消费，装点人生，提高自己的生活质量。另一方面，作为商家，也应适应老年人的需求，开拓老年市场，让他们的晚年生活更加温馨与从容。

老年人观念日益更新

长期以来，人们误认为上了年纪就该吃穿简单，得过且过。在某些老人的生活中还存在着误区：一是重积累轻消费。有的老人因物价上涨，实际收入减少，只好节衣缩食来增加储蓄，以备不时之需。但也有的老人苛待自己，该吃的不吃，该穿的不穿，过着苦行僧式的清贫生活。前两年报上披露一条耐人寻味的新闻，一位姓阎的老奶奶无儿无女，平时靠摆小摊度日，生活艰苦。老人去世后，亲戚在整理她的遗物时，发现床底下的一个旧木桶中竟藏着50元和100元面额的人民币10多万元，其中3万元已腐蚀霉烂。二是重子孙轻自身。不少老人把子女抚养成人，不仅没有得到应有的经济赡养和生活照顾，反而要补贴子女。据调查，北京市1992年老人对成年子女的经济帮助平均为212元，而子女对老人的经济帮助平均仅201元。天津市1994年对河东区10个居委百户家庭消费状况的调查表明，个人高消费者多半是赚钱不多的年青人，而他们的父母却拼命挣钱供养子女，父母年人均消费额不及子女的一半。

但是近年来,有越来越多老年人的消费观念悄然变化。只要经济条件允许,他们在衣食住行等方面不甘落后。一是衣着时髦,以"现在不穿啥时穿"和"上了年纪更应打扮"为由,大胆地追求服饰美。二是吃求营养,开始注重健康投资和营养保健。三是玩追舒心,趁还能走动时,结伴外出旅游,乐在晚年潇洒走几回。

老年人深感来日不长,对生命看得较重,凡有利于健康长寿的食品和用品都想尝试。从上海市历届中老年用品展销会看,桂圆、木耳、莲心、红枣及菌类食品等天然营养滋补品的销售,经久不衰,对各类保健用品的购买力也十分踊跃,特别是50元以下健身器材和保健用品相当好销。

适度的美容和修饰,使自己比实际年龄轻些,也是现代老人的一个新追求。据调查,1993年美容市场最突出的特点,就是蓬勃兴起的中老年妇女化妆热,化妆品抹去的不仅仅是眼角的皱纹,而且可以从中找回失去的青春。上海南京美发公司透露,前来理发的人员中,白发老人约占20%;一些经济条件较好的老年人每月去美发厅一次,花几十元买一个年轻漂亮的发型。又悉,近年来老年人买衣难的情况有所缓解,其中重要原因还是由于一些老人开始穿起过去他们认为只能是中青年人才能穿的服装。从商店的服饰销售看,也说明了这点。一些老色调、老款式的服装,少有人问津;而一些款式新颖、色泽明亮的服装,却吸引了不少老年人。

一些收入较高、吃穿有余的老年人,也像年轻人一样,要把生活安排得潇洒些。一个颇能说明问题的是日益兴起的老年婚补消费。山东济南皇宫婚纱摄影厅开业以来。拍结婚照的顾客中有25%是老年夫妇。在金婚、银婚纪念日购买金银珠宝首饰赠送老伴,或老年夫妇外出旅游补度"蜜月"的也日渐增多。

也有一些老年人想美爱美而不敢美,怕招人笑话,说是"老来俏"。其实从医学和心理学观点来看,"老来俏"并不是坏事,而是好事。因为适当的服饰和美容,能使老年人心情开朗,生活愉快;并有利于治疗和减少某些疾病;同时能减少或避免车祸等事故发生;而且一旦发生意外,也有利于及时抢救。近年来,日本警视厅交通部就曾向老人呼吁:"请各位穿得更漂亮,更引人注目些。"因为在日本因交通事故而死亡的人数中,老年人的比例在不断增长。有关方面对此研究的结论是:老年人喜欢穿黑色或茶色服饰,而这些颜色同周围环境的色调极其相近,使司机难以辨别,这是造成事故的一个因素。

1995年9月，交通部还别开生面地举办了一个面向老年人的服饰表演会。

一个人生理上的青春是短暂的，而心理上的青春却可以延长。有条件的老年人如果都能穿上合适的服饰并恰当地美容。既体现了老年人的健康心理，又给人以美的享受。那么即将来临的老龄化世界，就不会是一个死气沉沉的蓝灰黑世界，而仍然是一个充满青春活力、五颜六色的俏丽世界。

端正经营思想，拓展老年市场

目前我国老年市场不发达，老年人感到买东西难、买到称心满意的东西更难。在各色各样的商厦和展览会上，琳琅满目的商品面前，常有许多老人举步不前，望货兴叹！买穿的，不合身；买吃的，不对口；买用的，不称心：真是手里攥着钱无处花。

老年市场之所以被忽视，从厂商方面讲，一方面是看不到老年人的需求在不断地发生变化，购买能力在不断地提高，以致仍将中山装人民装的老款式和蓝黑灰等老色调的服装以及几十年一贯制的老面孔用品，甚至清仓物资、冷背商品，拿来充当老年用品，因而不受老年人欢迎。另一方面认为生产老年人商品批量小、利润薄，因而积极性不高，有的甚至认为开发老年商品，主要是社会效益，而很少有经济效益，不愿生产和销售。

其实，实际情况并非如此。目前市场上凡是适合老年人需要的吃、穿、玩等商品都很畅销，有的一上柜就销售一空。1991年上海华联商厦兴办了一个"银发市场"展览会，许多银发人闻讯而至，买到了自己满意的商品。

老年市场是一个具有很大潜力的市场。工厂和商店以及各种展销会，在组织货源或提供各种服务时，千万不要忽视老年人这个日益庞大、消费需求日益旺盛的购物群体。在已经进入人口老龄化的西方国家，不论是美国、法国，还是近邻日本，许多厂商都把眼光瞄准到老年人身上，大做老年人的生意。什么"银发产业""银发市场""老人世界"可热闹极了。

做老年人的生意，当然要讲究经济效益。不过也应该看到，由于目前我国多数老年人收入水平不高，对许多商品虽有需求，但如果价格昂贵就买不起，由此也决定了老年消费市场的一个重要特点是，为老年人提供的商品和劳务一定要价格低廉。价格昂贵的商品，老年人是不会轻易接受的。老年人历经艰辛，深知钱财来之不易，即使手里有钱也不随便乱花。因此，要求

同爱共辉 TONGAI GONGHUI

商家将商品向物美价廉方面定位,而且,价廉物美是厂商成功的法宝,这无论在哪一个国家都是如此。西方国家的许多商品,也是以物美价廉招揽老年顾客。美国的一些商店,有的规定每周有一天优待60岁以上的老人。其实他们也不问年龄,看到老年人就主动打折扣。还有麦当劳快餐店以某天减价20%来接待老年顾客。日本全国老人福利援助会从1980年夏天开始,以东甲信越地区480万老年人为对象,开展了一个"寿星运动",指定"老人服务商店",贴上"幸福寿星"的商标,凡是成为会员的老人,每月6日、16日、26日三天去购物时,降价10%—20%。

目前我国一些企业,也开始对老人实行减价优惠和送货上门服务。上海市银发工程的参与单位,到1995年底,已有1 500家,几乎涵盖了与人们衣食住行有关的商业和服务行业。25万名持有"敬老证"者,可以在这些地方享受到大至家电百货、小到洗澡理发等一系列优质和低于市价3%—20%的优惠。

老年市场前景灿烂

目前我国老年市场比较冷落,并不意味老年商品就没有市场,更不是说老年人的购买欲望已经在市场上得到实现。事实上,广大老年人的购买愿望远远没有得到满足,老年市场的潜在容量非常之大。最主要是由于我国老年人口数量众多,只要其中的百分之一或千分之一,甚至万分之一的老人对某种商品有需求,这就是一个非常了不起的大市场。特别是从发展趋势看,目前多数老年人虽然退休金不多,但随着社会经济发展,他们的收入水平也将逐步提高。再过几年,当现在50来岁的中年人或准老人步入老年后,他们既有较高的退休金,又有一定的个人储蓄,其购买潜力是很大的;而且,当这些准老人进入老年

与双胞胎孙女永诤、永谐在上海某公园合影(1993年)

后，其消费观念也会有很大的变化。现在八九十岁老人的观念已经不同，他们的消费逐步向中年人靠拢，只要经济条件允许，购买愿望越来越强，购买能力也越来越高，必将推动着老年市场的蓬勃发展。这些都意味着我国市场有着广阔的前景。

西方发达国家的多数老年人口，一方面由于有较多的退休金和个人财产，经济生活有保障；另一方面，他们的价值观念是"自己挣钱自己花"，不为子孙后代操心，因此在吃、穿、用、玩等方面都舍得花钱，老年人口的消费水平一般都比较高，为老年人服务的银发市场和银发产业也都很发达。

在泰国旅行期间留影（1996年）

21世纪是人口老龄化的世纪，不仅发达国家，而且发展中国家也都将先后进入人口老龄化社会。届时银发市场的容量，不仅将随着世界各国老年人口数量日益提高而迅速扩大；而且它所涉及的范围也日益广泛，除了吃穿用等商品市场外，劳务市场、文化娱乐市场和旅游市场等等也将越来越发达。可以预见，在人口老龄化的世纪，老年人同样可以领先世纪新潮流，这是任何人都无法抗拒的新趋势。

见证历史

1. 同爱共辉*

张广智

前些日子,在上海图书馆二楼贵宾室,灯光敞亮,笑语喧哗,吾班借此小聚,朝杖之人围观50件由玻璃水晶手工编织的工艺品,这是远在大洋彼岸的袁缉辉老师夫妇刚给我们寄来的,令人无比喜悦、无比激动。这些工艺品,有十二生肖的,有女性饰件的,有日常用品的,有儿童玩具的,真是花色繁多,琳琅满目,沪上同学近水楼台先得月,可优先选一件,我一眼看中了一只小钟:钟身为白色玻璃球,边沿红白相间,内有一个小小的铜铃,煞是可爱。举目直视,不禁让我回忆起六十年前刚入复旦的往事。

敝人乃寒门子弟,在上海的"下只角"闸北区(现合并在静安区)长大,考入复旦,好似跃登龙门,自是高兴。入学后一天去燕园玩,一时兴起,朝着燕园西南大铜钟的方向猛吼:"复旦,我来了!"事后,我把这趣事告诉了时任我们年级政治辅导员的袁老师,记得他鼓励我要学出个样子来。一挥手,60年过去了,他当时给我励志的话忘了,但现在我看着手上的小钟一摆动,发出了幽幽的响声,好像警钟长鸣,奏出来的强音分明是"博学而笃志,切问而近思"(复旦校训)。

当下,贵宾室可热闹了,徐爱珠同学确如其名,她眼明手快,视这些工艺品为"珠",在桌子上不断摆弄出不同的图形,即刻用手机拍下了多张照片,发至群内。我挑了几张,转发给袁老师夫妇俩,瞬间就有回复,四个字:"同爱共辉"。

好一个"同爱共辉"!这四个字蕴含了多层意义,传达出许多传奇的故

---

* 原载《新民晚报》2020年11月18日。

事：师母名为王爱珠，这一双贤伉俪同龄，虽非同月同日生，但也只差24天；同班同学，皆为复旦大学1953年经济系的毕业生；毕业后均留校工作，成就昭然。这"三同"似不多见吧，尤其难能可贵的是，他们晚年一起置身于老年学的研究，既有其言，又有其行，是两位名副其实的老年学的倡导者和实践者。他们提出要"积极养老"，以"老有所为"达到"老有所乐"，不是吗？师母在耄耋之年，像小姑娘那样学习钩针，编织工艺品，乐不可支，赠送给我们的礼品，就是王老师巧手制作的。"予人玫瑰，手有余香"也。写到这里，读者会认出"同爱共辉"，是从夫妇俩的名字中各取一字缀合成词，透过字面，这"同爱共辉"让人感受到他们共同的爱好，显示了共同的学术旨趣和辉煌。

袁老师不只是我们年级的政治辅导员，尽心尽职做了三年，还是我们《马列主义基础课》的教员，大一上他就给我们深入讲解《共产党宣言》，给大家留下了深刻的印象；袁老师也是李鸿章、袁世凯、段祺瑞的后人，我们念书时是不知晓的，现在想来这对贤伉俪，竟然能经受风风雨雨，平安无恙，这难道不是一个"奇迹"吗？

这些精巧的手工艺制品，品质如同清晨的露珠，颜色如同雨后的彩霞，象征着浓浓情谊，让人浮想联翩，突然想起了李白的名诗《赠汪伦》，即仿诗仙得一打油诗作为结尾：窗外风雨宅内静，同爱共辉闪晶莹。大洋浩瀚深万丈，不及吾师赠我情！

（作者为复旦大学历史系教授）

2. 人老心不老

王　玮

在洛杉矶的一个老年食堂，有位"年轻"的老人经常被人们怀疑她是不是已年过60了（按规定60岁和60岁以上老人，才能在此用餐），因为从其外貌和穿着打扮来看，她更像是一个20多岁的妙龄女郎。于是经常会有人询问她保持年轻的窍门，才知这一位"年轻"的老人之所以能保持她的外表，得益于她大学时期一位老师的话："人都会老，但不能有老相。"是的，人变老是一个自然规则，不以人们的意志为转移。但是如何面对变老，每个人的心态则大不相同了。究竟是人老心也老，还是人老心不老，这两种态度会产生绝然不同的效果。所谓"老相"就是不重仪表，不爱学习，不肯运动，不愿交友，不想外出，整天闷在家里，闷闷不乐，久而久之，自然易出"老相"。由于这位"年轻"老人从年轻时就记住她老师这句话，而且记了一辈子，她一直坚持运动，热爱学习，乐于与人交往，注意穿着，适当打扮，做到老也很快乐，老也来点俏，使其晚年生活多姿多彩，美满幸福。于是乎，相由心生！

在一次在食堂用餐时，她戴了一顶时下流行的棕褐色假发，让许多老人颇为惊叹！这个问在哪里买、多少钱，那个问要不要订制，订做要多长时间。她笑着一一回答，并让一些老人轮流试戴，逗得大家哈哈大笑。食堂的热闹和欢乐气氛久久不散。

2020年

（作者曾任美国加州房地产经纪人协会资深研究员）

3. 欢乐的时刻

叶玉桐

在洛杉矶拜见袁缉辉教授、袁师母，并和三位同系校友共六人一起饮茶聚餐，非常开心。袁老师还一一向我介绍那些我的任课教授的近况，感觉无比亲切，仿佛又回到了当年。袁老师身体健康，思路敏捷，令我敬佩。袁、王教授伉俪向我赠送了他们编著的《同爱共辉》一书。袁师母除送我精美食物之外，还送了一个她亲手制作的水晶金鱼挂件，比精美的食物更精美。《同爱共辉》（2005年复旦大学出版社出版）一书描述了他们的学术生涯和家庭生活，2020年上海大学出版社准备出版的将要增加"百年校庆　金婚庆典"和"从金婚到钻石婚"两篇，见证他们的老年生活也是很快乐的。"快乐"本是各年龄层的人们都应享有的情趣，只是不同年龄层生活在不同

第六篇 老,也可以很快乐

叶玉桐在洛杉矶会见老师与学妹(2017年,后排左起:王玮、赵玲、叶玉桐、王俊)

的快乐方式中。由于在餐厅,虽然不能尽兴畅谈,但是欢声笑语不断,令人兴奋激动不已。学妹的热情好客,不吝赞美,我本想表达一下学生对老师的谢意,报答一下学妹的善意,但是还是被学妹赵玲硬抢买了单。洛杉矶的朋友也太客气了,好温馨啊!谢谢老师,谢谢学妹,期待你们来年到多伦多欢聚!

2018年

(作者为加拿大天宝旅游公司总裁)

孙女分享奶奶（王爱珠）制作的手工艺品

袁缉辉跟儿子袁道唯学习电脑（2009年1月4日）

第七篇

百年校庆
金婚庆典

心路回眸

王爱珠　袁缉辉

从1990年开始，我们多次往返上海和洛杉矶两地，先后帮助儿子家和女儿家照顾孙辈。因为我们当时还未退休，退休后又继续返聘，每次在洛杉矶只能住半年多时间，就匆匆返回上海，继续从事教学和科研。直到2003年，我们开始移居洛杉矶，常住女儿家。儿子一家也常来此相聚，在异国他乡享受一个大家庭的天伦之乐。

2005年，母校复旦大学百年校庆，并首次在高校举办金婚庆典。主办单位复旦大学退休教职工管理委员会邀请我们夫妇参加，并作为金婚夫妇代表，在庆典大会上发言，我们欣然接受。

在上海参加金婚庆典后，我们开始了金婚蜜月行。由儿子一家陪同于5月黄金周畅游云南西双版纳。尔后去香港、广东、山东等地祭祀双方父母，并会见诸兄弟姐妹。久别重逢的亲人相聚，倍感温馨。只是时间太短，匆匆几天，又逐个告别，于6月返回洛杉矶。

复旦大学百年校庆金婚庆典活动时使用的席卡（2005年）

收入本篇的文章，是为此撰写的《校庆献礼:〈同爱共辉〉》《复旦大学首届金婚庆典》《金婚夫妇代表讲话》《美国南加州复旦大学校友会庆母校百年华诞》等四篇。还有1996年撰写的《为老人举办金婚庆典》和《悄然兴起的婚补消费》。前者摘自《老，也可以很快乐》（台湾鼎言传播事业有限公司1997版），后者摘自《老年经济学》（复旦大学出版社2005版）。

金色晚晴

1. 校庆献礼：《同爱共辉》

复旦大学百年校庆年，以"学术为魂，庆典为体"的宗旨，举办了一系列的庆典活动。在诸多的庆典活动中，我们有幸参加了4月的金婚庆典。

为回报母校的多年培育和体现金婚庆典以"学术为魂"的宗旨，我们撰写了《同爱共辉》一书，作为向复旦大学一百周年校庆的献礼。

为赶写此书，在金婚节庆前几个月，我们从洛杉矶返回上海。两人把过去的论著找出来，堆满了儿子家的一张大长方桌。每天从早到晚，忙着整理、筛选和编写，并约请20位名家为此书写"序""跋"和"见证历史"。忙碌了几十个昼夜，终于汇编成册，儿子袁道唯定书名为"同爱共辉"。

因为时间紧迫，书稿完成后能否及时出版，又是一个难题。多亏复旦大学出版社和苏荣刚责任编辑的大力支持和奔波，以及复旦大学退休教职工管理委员会一次购买500本的承诺，使这本书终于赶在节庆前出版，带着浓浓的油墨味及时送到庆典会场。

2. 复旦大学首届金婚庆典

复旦大学当时有退休教职工3 100余人，符合参加金婚庆典的有287对。参加者的条件是：夫妇双方或一方在复旦退休，双方健在且婚龄在50年以上，即1955年底前结婚者。我们是1955年1月结婚，正好赶上庆典列车。百年校庆办公室和校退休教职工管理委员会联合举办的金婚庆典，既是对老一辈人生道路的肯定和赞赏，也是给年轻人树立"白头偕老"的好榜样，并为百年校庆增添喜气。

学校为金婚夫妇量身定制唐装，并拍摄12寸的金婚彩照。4月24日，复旦大学洋溢着欢乐的气氛,一场盛大而浪漫的金婚庆典在经过精心布置的喜庆大厅内进行。175对金婚夫妇身着亮丽的唐装,胸佩鲜艳红花,肩并肩,手拉手,一对对依次走过红地毯,进入庆典大厅。庆典开始,会场外鞭炮齐鸣,会场内掌声、欢呼声经久不息,对对金婚夫妇相依相伴,激动不已。接着幼稚园小朋友向金婚夫妇献词和献花,然后是领导讲话,金婚夫妇代表讲话,开香槟酒,切喜庆蛋糕和书法表演。最后是文娱节目,有幼稚园小朋友的舞蹈、大学生的武术操和老年时装队表演等精彩演出。

这次庆典活动,规模之宏大、内容之丰富和气氛之热烈,是空前未有的,实为中国高校之首创。

我们能参加百年校庆的金婚庆典,感到非常兴奋,更有幸的是我们两人还被邀请作为金婚夫妇代表同台发言。我们为执教50年暨金婚纪念并以此献给复旦大学一百周年校庆的《同爱共辉》一书,也在会上举行了首发式,向学校领导赠书,还将书赠送给各位金婚夫妇和来宾。

3. 金婚夫妇代表讲话*

各位领导、各位来宾、各位金婚伉俪：

我们讲三句话。

第一句话"感谢"。感谢学校领导、百年校庆办公室和退管会领导为我们安排了规模宏大、内容丰富、气氛热烈的金婚庆典。

回忆50年前,我们在复旦淞庄(现第六宿舍)结婚时,真是简单得没有办法再简单了,只是向学校借了一间房子,去江湾区人民政府登了记,领了结婚证。它与今天的隆重金婚庆典是个鲜明的对比,这个对比说明,社会经济在发展,复旦大学在前进,人民生活在提高,退休老人在共享。

第二句话"五同"。五同是对我们50年结合的概括：

一同龄,两人都属羊,生于1931年底和1932年初。

二同窗,复旦大学经济学系同班同学。

三同教,1953年毕业后均留校任教。

---

* 2005年4月24日在复旦大学讲话时的原稿。

四同研，从90年代开始，我们两人有一个共同的研究领域，即老年学，袁研究老年社会学、王研究老年经济学。

五同职，我们两人分别担任上海市老龄科研中心老年社会学研究所所长和老年经济学研究所所长。退休后又都担任上海市老龄科研中心学术委员。

"五同"，不仅使我们在生活上有共同语言，而且在教学和科研上也有共同语言。"我们是生活上的伴侣、学术上的知己"。

第三句话"五要"。这是对老人养身之道的总结，我们希望与大家共勉。

一要以健康为中心。人们都希望长寿，现在人类的寿命也确实比过去长多了。20世纪人类的寿命比过去延长30岁，但是我们要的是健康长寿。如果不健康，经常这里痛那里痛，甚至躺在床上不能动，这是"长受罪"，而且这种寿命越长受的罪越多，当然这种状况，我们每个人都不希望出现。用老年学的术语来说，我们要力求平均预期健康寿命同平均预期寿命相接近。

二要糊涂点，潇洒点。不论是老伴之间，还是同子女相处，或与朋友交往，都要大度些，不要斤斤计较，除大是大非原则问题外，家务琐事不妨糊涂点。我们这代人过去在吃穿用方面都很简单，节约惯了，现在年纪大了，条件好了，不妨吃得营养些，穿得漂亮些，用得舒适些。趁身体还能走动，乐得潇洒走一回。

三要忘记年龄，忘记疾病，忘记烦恼。

1. 忘记年龄，不要老想到自己老了什么都不行了，要始终保持一颗年轻的心。从老年学讲，人的年龄有三种：年代年龄、生理年龄、心理年龄。如果一个人身心健康，他的生理年龄和心理年龄就会比年代年龄小。如果身心不健康，情况正好相反，他的生理年龄和心理年龄就会比年代年龄大。

2. 忘记疾病，当然不是说有病不看，有病还是要早看早治，但不要整天想着病，表现出一副病态的样子，而是积极锻炼、平衡膳食和调整心态。日积月累，大病化小，小病化了。

3. 忘记烦恼，整天愁眉苦脸，身心自然不会健康。

四要有"老窝""老本""老伴""老友"。

1. "老窝"，老人最好有自己的家，同子女可分可合。俗话说金窝银窝不如自己草窝。

2. "老本"，我们这代老人，大都有退休金，生活有保障。有人把钱交给子女，用钱时向子女伸手要，不一定好。

3. 老伴，我们今天参加金婚庆典的老人，都很幸福，有个老伴，要珍惜自己的老伴。

4. 老友，老年人要多交朋友，可以摆脱孤独和寂寞。

五要学、笑、跳、叫、俏。

1. 学，老有所学，既能学到新的知识，陶冶情操；又能有效防止大脑衰退。老人还要继续社会化，不能倚老卖老，要活到老，学到老，改造到老。

2. 笑，笑一笑，十年少。

3. 跳，运动、散步、打太极拳、跳舞都很好。

4. 叫，有事不要闷在心里，找亲人、朋友倾诉交谈。也可以唱歌、唱戏，寻找各种乐趣。

5. 俏，老来俏有利于身心健康。

世界卫生组织早先提出"给生命以时间"，希望人们延年益寿，后来又提出"给时间以生命"，要求人们有健康的身体和丰富有意义的生活，争取为社会做更多的贡献。

谢谢大家。

4. 美国南加州复旦大学校友会庆母校百年华诞

7月23日，我们参加了美国南加州复旦大学校友会举行的"复旦大学百年华诞庆生会"，老、中、青三代校友欢聚一堂，气氛热烈、愉快祥和。复旦大学校友总会发来贺电，祝贺"校友在大洛杉矶地区开拓发展事业，取得了丰硕成果。为当地的教育、科技、文化、经贸等做出了贡献，体现了复旦人的聪明才智，为母校增了光、添了彩"。在这次聚会活动中，我们夫妇向与会校友汇报4月份在母校举行的金婚庆典盛况，并播放了刚录制成的、由母校用快递发来的《金婚之歌——庆百年华诞、贺夫妇情深》实况纪录片，反响很大。我们还向洛杉矶校友会赠送了《同爱共辉》一书，洛杉矶校友会特此发给了奖状以资鼓励。

同爱共辉 TONGAI GONGHUI

向南加州校友会赠书（2005年7月）

5. 为老人举办金婚庆典*

在金风送爽、硕果飘香的一九九六年重阳节，五十对金婚夫妇身着盛装，胸佩鲜花，容光焕发地聚集在绿树环抱的上海外滩黄浦公园内。

他们是参加由上海市老龄委、上海市老年基金会、《上海老年报》和上海绿苑礼仪中心等单位为他们举办的"九六驰誉——金婚庆典"活动，赢得了两千名与会者和游客的阵阵掌声。

按照西方流行的说法，夫妇结婚五十周年为金婚。由于过去人口死亡率高，人均寿命短，在一九四九年，中国大陆人口平均寿命只有三十五岁左右，能享有金婚之喜的可谓凤毛麟角。这次参加金婚庆典的银发伉俪来自全市各个系统，他们中有老将军、老干部、老知识分子和普通的老工人。他们

---

* 原载《老，也可以很快乐》，台湾鼎言传播事业有限公司1997年版。

激动地说，今天为我们举办金婚庆典，使我们仿佛回到了年轻时代，并从中体会了尊老敬老的传统美德。

四川成都市在去年妇女节那天，为十五对金婚、六十二对银婚老人举行金婚银婚庆典活动。七十七对老人中，年龄最大的七十九岁，年龄最小的六十岁。他们重新披上婚纱，无不喜气洋洋，似乎重返青春，特别是笑容满面的老新娘们把这一天看作是她们终生难忘的日子。归国华侨文先生搀扶着老伴说："我们已经在人生的旅途上一起走过半个世纪了，什么风风雨雨都经历过，想不到到了晚年还能参加这样一次庆典，让我们在暮年岁月里又一次找回年轻时曾有过的美好和甜蜜。"

一对老工人夫妇回忆说，当年因为经济困难，他们结婚时什么都没有办，连结婚照都没有拍一张。多少年来夫妻俩一直为此感到遗憾。这次参加金婚、银婚庆典，老两口补拍了结婚照，终于如愿以偿。

除集体庆婚典礼外，老年夫妇自己也越来越重视结婚纪念日。

每逢这一天，许多老人都要重温旧梦，庆贺一番。据统计，上海约有百分之二十到二十五的老年人，采取各种形式庆祝结婚纪念日，由此也兴起了老年婚补消费。山东济南皇宫婚纱摄影厅开业以来，前来拍结婚照的顾客中，有百分之二十五是老年夫妇。还有些老人，在结婚纪念日时购买金银珠宝首饰赠送老伴；或老夫妇结伴遨游名山大川，补度蜜月；或双双到昔日谈情说爱的旧地重游，回忆往日温馨，增添今日老夫妻之情。

去年春天，在北京香格里拉大饭店宴会厅里举行了"世界各地金婚老人北京行"婚庆典礼。世界各地的金婚老人们穿上盛装，打扮得年轻又漂亮，个个光彩照人。在一曲威尔第的《饮酒歌》的伴唱下，中外金婚老人双双对对，幸福地互相依偎、互相搀扶着走上台来，互贺他们五十年的金婚庆典。

在晚会上，老人们亲自登台表演，或唱或跳，或吹或弹，尽情抒发他们内心的幸福感情。

宴席间，中国的金婚老人上台献上他们亲自创作的书法、绘画、刺绣、烙画等作品，有《九寿桃》《雄鹰》《富贵牡丹》《松柏与和平鸽》等等。他们将这些作品分送给来自世界各地金婚老人，表现了中外老人深深的友谊和真挚感情。

在这些金婚老人当中，有的已经是九十三岁了，依然精神矍铄、神采奕奕。

他们有的经历过两次世界大战,五十年风风雨雨,同舟共济,相依相伴,闯过人生的一关又一关,终于能够幸福地庆祝自己的金婚典礼。

6. 悄然兴起的婚补消费*

据有关部门对老年商品市场进行抽样调查表明,老年人对生活消费品有七盼:一盼饮食保健化;二盼衣着美观化;三盼家用电器小型化;四盼娱乐用品多样化;五盼交通工具轻便化;六盼装饰高雅艺术化;七盼资讯指导化。上述几个"盼",说明老年人口对老年市场寄以很大希望。中国老年人口如此众多,只要满足其中一部分哪怕是很少的一部分人的一个"盼"或两个"盼",也就会形成一个很庞大很繁荣的老年市场。

而且,随着时代的前进,老年人的观念不断发生变化,对现代生活不断有着新的追求,如近年来,在一些城市中悄然兴起的老年人婚补消费就是一个明显例证。老年人的婚补消费最普遍的要算补拍结婚照。现在60、70岁的老人,甚至50多岁的准老人,在他们年轻结婚时,一切从简,极少有人去拍婚纱照。今天生活条件好了,为了重温往日的恋情,为了今天的恩爱相伴,许多老年夫妇双双赶赴婚纱摄影部去补拍称心如意的结婚照,老人们补拍结婚照的时间大多选在结婚纪念日。除了拍照外,购买首饰赠送给老伴,是老人婚补消费的另一种主要形式。随着生活的富裕,岁月的流逝,他们弥补当年结婚时缺乏戒指等"信物"的缺憾。据山东德州调查显示,金银珠宝首饰越来越多地受到人们的青睐,在这种消费层面中,老年人的婚补消费占据了一定的份额。

---

* 原载《老年经济学》,复旦大学出版社2000年版,标题为另拟,内容有删减。

见证历史

1. 相伴50年，同庆金婚日*

许可臻

最大的喜事莫过于100年华诞，最隆重的婚典莫过于50年金婚。就在复旦大学喜庆百年华诞之际，175对老夫妇今天下午紧挽臂膀，身着艳丽唐装，踏上鲜红地毯，共庆50年金婚。昨天下午，复旦邯郸校区光华楼旁的学生餐厅已彻底"换容"，食堂装点成了华彩的礼堂。今天下午，22位复旦幼稚园的孩子们用稚嫩可爱的童声朗诵一段《童话金婚》，祝贺爷爷奶奶"跨过了50年万顷波涛"："爷爷成亲我没赶上，奶奶出嫁也没告诉咱。今天是个好日子，赶上了爷爷奶奶的金婚大拜堂！老师带我们来祝贺，祝爷爷奶奶身体健康，福寿万年长！"

当年床拼拼就结婚了

为了筹办今天这场可以载入吉尼斯纪录的特大婚典，复旦大学退管会足足忙了半年时间。半年前经退管会统计，复旦3 100余名教职工中，符合金婚年龄的竟已有287对，其中年龄最大的有94岁，最小的也有68岁，还有不少已到了钻石婚的年龄！

"这些算得上金婚的人，50多年前条件很艰苦，许多志同道合的夫妇只不过去区政府登了个记，领了个证，两张床铺拼一拼，就算结婚了。什么喜宴都没有，甚至连张像样的结婚照也没拍。可50多年里，他们在复旦培养了多少国家栋梁，在岗位上倾注了多少心血和汗水，为国家和学校做出了多少贡献呀。我们搞这一活动，既是对老同志人生道路的肯定和赞赏，也是为

---

* 原载上海《新闻晚报》2005年4月24日，此处有删减。

同爱共辉 TONGAI GONGHUI

年轻人树立'白头到老'的好榜样,也为复旦百年校庆增添喜气。"退管会副主任金文英说起搞这次活动的意义,嘴就合不拢了。

既然许多夫妇年轻时没赶上好日子,那今天就该让他们像模像样地再办一次婚礼。结婚时没拍结婚照,金婚时就该补一张喜气洋洋的照片。

50年沧桑铸就一本书

今天的婚典上,还有一对夫妇引人注目,他们就是复旦经济学系毕业后留校的袁缉辉和王爱珠夫妇。袁老的身世可谓传奇,他是袁世凯的曾侄孙。解放后第一个社会学系、第一个社会学研究所、第一本社会学杂志都出自袁缉辉。

说起他们俩的故事,王爱珠把他们50年的结合总结为"五同":一、同龄,两人同属羊;二、同窗,复旦大学经济学系同班同学;三、同教,1953年毕业后均留校任教;四、同研,两位享受国务院颁发的政府特殊津贴教授有着共同的研究课题,即老年学;五、同职,他俩一个担任市老龄科研中心老年社会学研究所所长,一个是老年经济学研究所所长。退休后又都担任上

《同爱共辉》首发式并向学校领导赠书

海老龄科研中心学术委员。

到今天,他们已在大学从教50年,又是金婚50年。今天下午,他们共同上台,为自己执教50年和金婚纪念的新书《同爱共辉》举行首发。回忆50年沧桑,一切都来之不易:1955年他们筑起自己的爱巢时,没有婚宴,只是简简单单的一顿饭,连房间都是向学校借来的,两位的母亲各送来一条缎被,房间里一张床,配上一套食具,就是全部的家当了。说起今天的活动,夫妇俩连说了三句"感谢"。他们说,结婚时候的样子"与今天的隆重金婚庆典真是个鲜明的对比,这个对比说明,社会经济在发展,复旦大学在前进,人民生活在提高,退休老人在共享"。

(作者为上海《新闻晚报》记者)

2. 金婚贺词

马成冬　黄妙琴　吉　人

甜也做苦也做顺也做挫也做共攀学界高峰易也为难也为壮也为老也为同获学术硕果

袁缉辉 王爱珠 金婚与执教50周年纪念

北京老友吉人

第八篇 从金婚到钻石婚

心路回眸

王爱珠　袁缉辉

继2005百年校庆年，复旦大学退管会举办规模宏大、内容丰富、气氛热烈的金婚庆典活动后，2018年，复旦大学校退管会和院系退管会，以做《金婚纪念相册》的形式，开展纪念活动。全校700多对金婚夫妇踊跃参加，凝集成一本本分量重情谊浓的纪念相册。列入《金婚纪念相册——经济学院分册》的15对夫妇中，已有好几对进入钻石婚，我们夫妇是其中之一。刊登在纪念册中的有我们的结婚证书（1955年）、结婚照（1955年）和金婚照（2005年）与钻石婚照（2015年）。时间过得真快，我们从2005年的金婚，到2015年进入钻石婚，至今已经历过15个年头。我们两人也从低龄老人变成高龄老人。

老，越来越老，是人们无法避免的自然规律，我俩也不例外。但是，如

钻石婚全家福（2015年1月，坐者右起：袁缉辉、王爱珠；站者右起：孙女永谐、儿媳许良村、孙女永谆、儿子道唯、女儿王玮、外孙和宁、女婿徐曙光、外孙女和安）

何面对"老",怎样围绕"老"来生活,却大有学问。过去,作为老年学研究者,在文章中多次提到五个"老有"(老有所养,老有所学,老有所为,老有所乐,老有所医);现在,作为两个老人,则是五个"老有"的忠实实践者。

当然,要实现五个"老有",需要全社会的共同努力,才能普遍做到老有所养,养有品质;老有所医,医有保障;老有所学,学有场所;老有所为,为有管道;老有所乐,乐有设施。但是,老年人的自身努力,也是极为重要的。要学会运用法律武器,维护老有所养,保障老有所医;自寻场所,进行老有所学;自找门路,施展老有所为;还要善于自得其乐,助人为乐,使乐充满在晚年生活中。

金色晚晴

1. 老有所养

老有所养这个概念的含义，可以从狭义和广义两个方面理解。从狭义方面说，老有所养仅仅从物质生活层面来看，即指老年人吃饱穿暖，并有一个老窝。从广义方面说，老有所养不仅仅指物质生活，而且还包括精神生活，即老年人需要有一个健康快乐的晚年生活。

吃饱穿暖，在当今社会中，对于大多数老人来说，已不成问题。当然，如何吃好、如何穿好、如何住好，这里面大有学问。这个问题，恕不在此探讨。

成为问题的是，吃饱穿暖后，老人做什么？是整天坐在家里，无所事事；或者只是坐在沙发上看电视、嗑瓜子而已；还是继续发挥余热，有所"学"，有所"为"，有所"乐"？前者是我们通常所说的"消极养老"，后者则是"积极养老"。消极养老和积极养老，虽然只有一字之差，但却反映两种不同的养老方式，它们对提高老年人的生活品质，有着很大的差异。

人们常用"长寿"来祝福老人，希望他们百岁到老。但是，长寿一定要伴随着健康。如果长寿而不健康，整天这里痛那里痛，甚至躺在床上不能动。这种"长寿"就变成"长受罪"了，其寿命越长，受的罪越多。

如何做到健康长寿？这就要求"积极养老"。多年来，我们亲身体会到，积极养老的关键在于一个"学"字，即老有所学。用"老有所学"来带动"老有所为"，增添"老有所乐"。也就是说，寓老有所养于老有所学、老有所为、老有所乐之中，从而丰富晚年生活，达到身心健康的长寿。

在五个"老有"中，老有所养是基础，如果一个老人食不果腹，衣不蔽体，居无定所，又怎能谈得上老有所学、老有所乐呢？所以首先要抓住老有所养这个核心问题。但是，如果只是狭义地理解老有所养，而不考虑老有所学等其他问题，那又怎能充实、丰富和提高老年人的生活品质，实现积极养老的生活方式？由此可见，一定要把"五个老有"结合起来，这才是老人幸福晚年的最大保障。

2. 老有所学

人老了，还是要继续学习新知识、新事物。学什么？我们认为，对老人来说，也有"必修课"和"选修课"。

"必修课"，因人而异。这些年我们都在学英文和电脑，这既是弥补过去在这方面的不足，也是为了赶上时代的需要，特别是像我们移居美国而英文基础又差的老人，学习英文尤其重要。

说来惭愧，虽然学习多年，但进展不大。毕竟年纪大了，内因是记忆力差，外因是缺乏压力，经常是昨天学、今天忘，上午学、下午忘，徘徊在学了忘、忘了学的状况。不过，不管怎样，学总比不学好。日子久了，重复的内容多了，总会有些收获。更重要的是，常学习，勤动脑，不让脑子生锈，对预防阿尔茨海默病也有好处。

袁对学习电脑比较关注，而在英文学习上花的时间少。王对英文投入的时间多，在电脑上面花的功夫少。所以，袁对电脑掌握得比王好，而王在英文上的进步比袁快。真是一分耕耘一分收获，在这里可没有半点不劳而获。

所谓"选修课"，则是根据个人的兴趣和爱好，学习过去想学而没有时间学、过去想做而没有时间做的事。

王从65岁开始学习钩针，在上海老年大学钩针班学习半年。从75岁开始学习串珠，主要是每星期一次在阿凯迪亚购物中心跟朋友们学。从85岁开始学习舞蹈，参加老年公寓举办的每星期一次的舞蹈班。

袁则学习电脑打字、美术编辑和图文排版等方面的知识。其后，又学习摄影，剪辑照片，汇集成册。

3. 老有所为

因为不断地学习新知识新事物，也就不断地有事可做，两人整天忙得很，真可谓"老有所为"。

同爱共辉 TONGAI GONGHUI

学习钩针后，王为自己和孙女钩织毛衣背心、围巾披肩和帽子等数十件，还有许多大小不同、颜色各异的背袋、手机袋和小钥匙包等。虽然手艺不高，造型欠美，但毕竟是自己的作品，穿在身上，拎在手上，总不免有些成就感。当别人问及或给予礼貌性的夸奖时，我会自豪地说"这是我自己做的"。

十多年来，用塑胶珠、玻璃珠和水晶珠串织狗、兔、猪、马、羊、虎、大象、龟、鱼、蛙等十几种动物，累计下来，已上千件。用珍珠串织的项链、手链、耳环和戒指也有上百件。这些作品，除了"自我欣赏"外，还赠送亲朋分享，并参与"义卖捐款"和"联欢抽奖"。

（1）自我欣赏

将这些作品分门别类，陈列在卧室里的一个直立的大玻璃厨柜内，摆在梳妆台上的三个玻璃盒内。另外，我们的书桌上也摆满了小玩意，不时地抬头仰望，煞是好看。

（2）亲朋分享

三个孙女是这些作品的最先和最主要的分享对象。每当新作品出炉，总是先送给她们，请她们鉴定。如果得到她们的肯定，我就会继续做下去。如果她们不喜欢，会很客气地说："奶奶，这个你自己留着，我们不需要。"这时，我就会刹车。偶尔，她们也会主动提出要求做什么，我则尽量满足。有一天在购物中心，双胞胎孙女净净很欣赏我朋友手上戴的四排珍珠手链。她轻轻地对我说："奶奶，你能不能给我做一个这样的手链，我结婚时会戴的。"我立刻说"好"，随即请儿媳即她妈从上海买来大小不同的珍珠，并向朋友请教，一口气做了四个。三个孙女每人一个，我自己也留下一个做样板，以便日后继续做。

2015年净净结婚时，果然戴着这个闪闪发光的珍珠手链。为了配套，我还制作了嵌有四排珍珠的项链，赶在婚礼举行前一天晚宴上给她戴上。虽然得到她的赞美，不过在结婚典礼上，她还是戴着一根细小精制的钻石项链。也许是这种宽大型的珍珠项链，不合年轻人的时尚品位。

不过，我自己还是很欣赏这款式的珍珠项链。在2016年双胞胎孙女谐谐结婚时，我佩戴了这项链，被摄影师捕捉了好几个镜头，拍摄了许多照片。我不知道是否因为这根特殊的项链，吸引了他们的目光，还是因为我是

美国南加州复旦校友2018年春节联欢会（左三为王爱珠，左七为袁缉辉）

某年春节联欢会上与上海交通大学、北京大学两位中奖者合影

新娘的奶奶，得到特别的关照。

除三个孙女外，我还经常将这些作品送给亲朋好友。逢年过节，或与老同学、老朋友聚会时，这些自制的小动物、小饰品，也是送人的好礼物，既省力省钱（免得我伤脑筋另外花钱挑礼物），又很别致。

（3）义卖捐款

做了这么多小工艺品，除了亲朋分享外，总还要让其发挥更大作用。

同爱共辉 TONGAI GONGHUI

2008年中国四川省汶川地震发生后,在朋友中义卖了狗、兔、花篮等几件作品,通过中国驻洛杉矶总领馆将100美元捐给灾区。虽然金额很少,但只要人人献出一颗爱心,灾区重建就会变得更加美好。

其后,2009年台南风灾,2010年海地地震,2011年日本海啸,2012年美国珊迪风灾,也通过义卖,略尽微薄之力。

近几年,因为年老眼力不好,串织少了,也就不再义卖。

(4)联欢抽奖

主要在美国南加州复旦大学校友会的春节联欢会,和我们住的老年公寓的节日派对上进行。

有一年,在美国南加州复旦大学校友会春节联欢会,我总共拿出四件工艺品作为抽奖奖品。巧得很,其中两个奖项分别由我们同桌的上海交通大学代表和北京大学代表获得,真是举桌皆欢。抽奖后,两位代表和我们夫妇合影留念。

抽奖的作品多数为大小不同的狗,因为狗好做,而且珠源丰富,有空时就做几个,以备不时之需。抽奖品除单件外,也有"套装"。龟、兔两个合在一起,意味着龟兔赛跑。不久前,在老年公寓举行的圣诞派对上,送上四件组装。一是龟,意味"长命百岁"。二是蜻蜓,意味展翅高飞,事业有成。三是五彩鱼,意味生活富裕,年年有余。四是一串两颗草莓,意味硕果累累,多吃蔬果,有益健康。

(5)《同爱共辉》增订本与画册

《同爱共辉》2005年在上海复旦大学出版社出版时为简体字,台湾秀威出版公司看到此书后,决定发行该书增订本。但要求繁体字,并商请作者帮助简转繁以及增订工作,以利该书早日出版。为此,袁

南加州复旦校友会串珠义卖(2011年春节)

积极学习电脑打字及编排图书等方面知识，使该书终于在一年不到的时间，即2006年3月，以繁体字版同读者见面。

其后，袁又将多年拍摄的照片分类整理，汇编成《同爱共辉》画册（未出版）。第一册《同爱共辉 双羊八十》，共14页。第二册《同爱共辉续谱新篇》，共50页。这些都是我们多年来真实生活的写照，用图片的形式记录下来，留给儿孙作为纪念，也是一个很有意义的事。

4. 老有所乐

整天忙着学这做那，总感到时间不够用，不知不觉中，一天天一年年地过去了。由于生活充实，心情自然也很愉快。老有所乐的另一个内容是旅游。

（1）国外游

过去我们作为访问学者和参加国际学术交流，去过日本、新加坡、匈牙利、奥地利、意大利、前南斯拉夫、俄罗斯、墨西哥、加拿大等国。晚年由儿子和媳妇陪同又去了英国和法国。2014年我们从洛杉矶飞到巴黎，在巴黎玩了三天，乘火车到伦敦，又玩了三天，再从巴黎飞回到洛杉矶，连路程两天，前后一共八天时间。

由于只有短短三天在巴黎，众多景点中只能有选择性地欣赏。如作为巴黎标志的埃菲尔铁塔、独具特色的卢浮宫、古老的巴黎圣母院和带着胜利象征的凯旋门，都去观赏过。虽然是走马看花，但也目睹了巴黎的秀丽景色和风土人情。令我们难忘的，还有香榭丽舍大道。这是巴黎的最美丽的街道，也是世界著名的名品街。我们乘坐观光巴士，或漫步在人行道上，或坐在商店摆设的椅子上，边品尝巴黎美食，边欣赏巴黎风光，真是惬意。

在伦敦的三天里，我们游览了几个必去的景点。到伦敦的第一天，去了大英博物馆。在这个历史悠久、藏品丰富的博物馆中，逗留了两个多小时，还在那里吃了一顿不寻常的午餐。其后，我们或乘坐红色双层巴士，或步行经过英国国会大厦，仰望钟楼上伦敦的标志性建筑大本钟，聆听其每隔一小时的淳厚钟声。当然，我们也不会错过在著名的伦敦塔和伦敦塔桥上来回走走。我们还乘坐游船，畅游泰晤士河。坐在船上，既可遥看伦敦眼等著名景点，又可欣赏两岸风光。

在伦敦的最后一天，我们去白金汉宫，想目睹皇家卫队的换岗仪式。那天早早赶到白金汉宫外，并占据一个有利位置，方便观赏。未料到天公不作美，气象预报要下雨，而此时距11点半的换岗仪式还有一个多小时，只好匆匆返回旅馆。好在我们会自我安慰，以后在电视上看也一样。果然，日后当我们在电视上看到换岗仪式时，不免有些亲临其境的感觉，因为我们毕竟到过此地呀！

2003年移居美国后，先后去过大峡谷、拉斯维加斯、圣地亚哥、三藩市、芝加哥、佛罗里达和纽约等地，观赏美国境内各地风光和风土人情。去年年底我们去夏威夷乘"美国之傲"邮轮。在夏威夷的八大岛中，我们先后去了瓦胡岛、毛伊岛、夏威夷岛和考爱岛等四个主要岛屿，欣赏了各个岛上的独特风光，感受了清新的空气和宜人的气候，还品尝了当地美食。

在夏威夷的最后一天，临去机场前的最后一刻，应亲戚的盛情邀请，到他府上"幽居"参观。表哥奚会阳先生是一位著名设计师，从他家四层楼房的建造到室内布局，各个房间的不同风格摆设和大大小小的人物造型、动物雕刻，都是他亲自设计和制造的，真是令我们大开眼界，惊羡不已。这为我们的夏威夷之行，画上了一个更加完美的句点。

（2）家门口游

我们经常会去邻近的汉庭顿图书馆游览。汉庭顿图书馆位居洛杉矶的圣玛利诺市，是美国最负盛名的图书馆之一，藏有600万册图书，300万件艺术品，有着来自全世界植物的园林宝地。这是一个著名人文和自然景观的游览胜地，每年有50多万名国内外游客慕名而来。其中的中国流芳园，仿照苏州的园林风格，精心打造小桥流水，亭台楼阁，依依杨柳，荷花睡莲，是中国境外最大的古典中式园林。我们和女儿经常会去那里，欣赏艺术和自然风光的同时，还锻炼了身体。由于园林太大，景点太多，风景太美，一次不可能走完看够。我们每次去都沿着不同的路线，欣赏不同的景点，陶醉在美丽的玫瑰园、茶花园、日本园、澳洲园、沙漠区、雨林区等等。在园林中走累了，可以坐下来休息。肚子饿了，还可以在园林餐厅吃个美味午餐。既饱眼福，又饱口福。

5. 老有所居

老有所居是老有所养的一个重要内容。2003年我们移居美国洛杉矶，常住女儿家，既帮助照顾孙辈，又享受三代同堂之乐。女儿对我们的生活备加关注，吃穿用各方面都考虑周到。近年来，女儿每天早上还给我们煮咖啡，据说这对预防阿尔茨海默病有好处。过去从不喝咖啡的我们，现在也每天早上人手一杯。喝咖啡时还要配上小点心，很有味道。

除了住女儿家外，我们也住老年公寓。在这里有同龄的老年朋友，有共同的老人话题，聚在一起，颇不寂寞。特别是一年四季，还有很多节日派对。从春夏的情人节、复活节、母亲节、父亲节和国庆节，到秋冬的丰收节、祖父母节、感恩节和圣诞节，都会举办节日派对，既有丰富的食物，又有唱歌跳舞，以及抽奖等娱乐活动，颇为热闹。

6. 老有所医

美国的医疗条件很好，对老人颇多照顾。但我们深切体会到，最好的医生还是老人自己。我们除按照医生所嘱，按时吃药和定期检查外，还加自身锻炼，坚持"多动脑，勤用手，管住嘴，迈开腿"。

（1）脑和手脚协调配合

通过学习、手工和跳舞，我们力求做到动脑动手又动脚。特别是舞蹈，有利于在大脑的支配下，将手和脚的动作协调配合。刚开始学习舞蹈时，手和脚的动作配合不起来，常常是大脑关注了手，就管不了脚。相反，大脑关注了脚，又管不了手。所幸的是，经过一年多的对伦巴、桑巴、恰恰、牛仔舞和华尔兹等不同舞步的学习，逐渐学会在大脑支配下，将手和脚的动作协调配合起来。

（2）管住嘴，迈开腿

像我们这些患有高血压和糖尿病的老人，一定既要管住嘴，又要迈开腿。

现在生活条件好了，食品极其丰富。如果管不住自己的嘴巴，看到好吃的就吃,有多少就吃多少,必然会吃出许多疾病。所谓"病从口入",一点也不错。

在管住嘴的同时,还要迈开双脚。我们每天早晚,都抽出一定时间走路。如无特殊情况,力求做到"日行万步"。如果哪一天忍不住多吃些,就要求多走些,以达到吃进去的热量和消耗的热量"收支平衡"。这就是说"馋了嘴,苦了腿"。

由于我们坚持动脑动手又动腿,至今身体还算健康。既提高自己的晚年生活品质,又减轻家人和社会的负担。

过去人们总是把"老"同"弱病残"联系在一起,这确实是许多老人的真实写照。现在这种情况已有很大改变,在我们老年公寓里,许多八九十岁的老人身体都很健康。

7. 双羊八十

2011年12月21日、2012年1月15日,是我们两人的80双庆。除了家人亲朋好友给予多种形式的祝福外,我们专程去上海,参加复旦大学经济学院为70、80、90岁老人举办的祝寿活动。在祝寿会上,学院领导请我们做了关于美国的经济情况和社会保障制度的专题演讲。会后设有丰富的寿宴款待十多位寿星,宴会上学院领导向寿星举杯祝福,感谢他们过去多年的奉献,

王爱珠回校做学术报告
(2011年10月11日)

寿星们也举杯回敬，感谢学院领导对退休老人的关怀。

接着，复旦大学历史系64届在沪学友20多人，也在上海图书馆贵宾室为我们夫妇举办祝寿活动，既献花，又献诗，还有感人肺腑的发言和丰富的寿宴。其后，上海大学社会学系的领导和部分教师也设宴欢迎我们。

在沪期间，我们还参加了经济学系53届在沪十多位老同学的宴请。

随即又应老同学的邀请，赶赴北京，先后参加经济学系53届老同学和历史系64届学友的宴请。

作为回报，我们向许多与会者赠送了自制的手工艺品及"同爱共辉 双羊八十"照片一张，颇受欢迎。

8. 钻石婚全家福

2005年参加复旦大学举办的金婚庆典后，回到洛杉矶，在女儿家的后院，拍摄一张祖孙三代10人的全家福。当时，4个孙辈都还小。双胞胎孙女是中学生，外孙女是小学生，外孙还是一个幼稚园的小宝宝。

时间过得真快，一晃到了2015年的钻石婚。在诸多庆祝活动中，我们认为最有意义的是再拍一张10人全家福，留下一个永恒的纪念。

拍全家福，对于我们这个国内国外、东西南北、时聚时散的10人大家庭来说，并非易事。儿子和女婿工作都很忙，多数时间不在美国，很少时间同时到美国相聚。4个孙辈也不像10年前拍金婚照时那么容易聚在一起。当时双胞胎孙女在三藩市，外孙女在芝加哥，也是各自东西。幸运的是，我们全家10人终于在2015年1月，我们结婚60周年即钻石婚时，聚集在女儿家，摆好三脚架，拍了一张10人照的全家福和与之配套的一张两人照、三张六人照（我们两人与儿子一家、我们两人与女儿一家、我们两人与四个孙辈），张张照片都很好。

9. 孙辈长大成材

双胞胎孙女2012年从加州伯克利大学毕业，工作两年，各自以优异成绩分别考入加州伯克利大学和加州洛杉矶大学攻读硕士研究生。获得硕士学位后，又各自踏入自己喜爱的工作岗位。外孙女和安2017年芝加哥大学经济系毕业后，进入一家全球著名的咨询公司。外孙和宁读高中时，就是一个演讲高手，在地区和全国性的比赛中多次摘冠，2017年进入乔治城大学。

三个孙女大学毕业时，我们都去参加她们的毕业典礼。到和宁大学毕业时，我们已届90高龄，希望去参加他的大学毕业典礼。不知道这个愿望能不能实现？留给日后回答。

10. 四世同堂贺米寿

双胞胎孙女诤诤和谐谐，先后在2015年和2016年结婚成家，各自拥有一个幸福甜蜜的小家庭。令人惊喜的是，幸福甜蜜的喜事接踵而来。2018年7月9日，谐谐夫妇喜获9磅重的男宝宝。同年10月22日，诤诤夫妇也喜获7磅重的千金宝宝。我们的大家庭，也从10人的三代同堂，提升到14人的四代同堂。

到2019年，我们两人都进入八十八米寿。米字拆开，上下各是八，中间是十，故八十八雅称米寿。庆祝米寿的最好方式，对我们来说，不是摆宴席收礼物，而是见到两个极其可爱的曾孙宝宝健康成长。真可谓是"曾孙子女齐报到，四世同堂贺米寿"。

为拍摄四代同堂照，2019新年伊始，我们飞到旧金山，与儿子一家聚集在孙女诤诤家。在会亲、聚餐、游览和拍照的一片欢乐声中，三天一晃而过。从1月4日开始，由儿子驾车，沿着西太平洋加州一号公路南下，先后在伯克利码头和蒙特利海湾等地停留，入住希尔顿逸林酒店、海湾洲际酒店和海岸悬崖酒店等当地知名酒店。一路饱览海光山色，品尝美味海鲜。6日下午回到洛杉矶，结束了这次颇具特色的旅游。

由于新冠病毒疫情蔓延，推迟了本书的出版。但是事情往往有两面性，不好的一面是，书推迟了几个月；好的一面是，迎来了谐谐夫妇的第二个宝宝、我们的第三个曾孙馨元，不久又迎来了诤诤夫妇的第二个宝宝、我们的第四个曾孙馨强。馨元、馨强的出世，使我们这个四代同堂的大家庭，由14人增加到16人。

见证历史

1. 伉俪教授的金色晚年

王 俊

第一次见到袁老师是在复旦大学分校社会学系81级新生报道的第一天。那时袁老师是社会学系的系主任,而我则是一名刚刚跨出中学校门的大学新生。记得袁老师问我的第一句话是:你为什么会选择社会学?我如实告知,高中临毕业填写大学志愿时正巧看到青年报上费孝通先生的一篇谈社会学的文章。这启发了我对社会问题、社会变迁和改良的思考,进而引发了我对社会学这门学科的兴趣,于是就选择了复旦分校社会学系作为我的第一志愿。

袁老师给我的第一印象是一位温文儒雅的学者,让人敬重,但并不让人生畏。在校四年,我虽不出类拔萃,但袁老师还是提携后生,给我机会,把我所撰小文收集在他编辑出版的书里。因为我的毕业论文写的是关于中国式的家庭为主,社会扶助的养老方式,袁老师又成了我的毕业论文指导老师。袁老师治学严谨,一丝不苟。记得论文答辩时袁老师一上来就要我提供一个论据的出处。由于准备不足,一时间我张口结舌,无言以对。他的提问像是一个小木榔头敲在我的头上,让我至今记忆犹新。年轻时从袁老师身上学到的严谨认真的治学态度,让我受益终身。在以后的人生旅程里我都信奉口说有凭、言之有据的原则,无论做人做事,认认真真,踏踏实实。

有缘结识袁老师的夫人,快人快语,大名鼎鼎的复旦经济学教授王爱珠老师是因为他们的爱女玮的缘故。四年同窗,我们性情相投,玮成了我最好的闺蜜。因为是走读,很多同学下课后各自回家,课外的联系并不多,但我俩却总有说不完的话,经常下了课以后就顺道去玮的家接着聊天。第一次见到王老师,那时她刚从南斯拉夫做访问学者回来。我因久闻她的大名,敬慕之余不免有些畏惧。每次去玮家,总是进门叫一声王老师好,出门告辞一下，能避则避，我担心和王老师一聊天，我就会在这位才女教授面前暴露出自己的才疏学浅。

对袁老师和王老师更多的了解是在最近的十几年。为了方便相互的照应，特别是为能经常见到宝贝的第三代，袁老师夫妇退休以后就搬来洛杉矶和女儿同住。而我自从定居洛杉矶以后，周末也常会和先生一起驱车去见我的闺蜜，袁老师夫妇的爱女玮，从而和袁老师夫妇也有了更多的交往，对他们有了更多的了解。此时的他们虽然已经从繁忙的职务上退了下来，但他们的退休生活非常充实和忙碌。他们把活到老、学到老真正体现在他们的行动上。虽是80高龄，袁老师仍旧思维敏捷，整天忙忙碌碌，对新事物一点都不落下。从电脑到智能手机，iPad，袁老师样样都会玩。最近袁老师又学会了用微信和众多的亲朋好友保持联系。虽是退休多年，但他的社会交往依然非常的广泛和活跃。

而王老师更是兴趣广泛，爱好多样，学英文、舞蹈、太极，编织和制作首饰、摆件。王老师心灵手巧，每年我都会收到她自己精心制作的精美手工艺品。那些色彩斑斓的热带鱼，可爱的小熊、小乌龟让我爱不释手。我把她送给我的每一件作品都收藏了起来，希望自己退休以后也能像王老师那样去制作一些手工艺品，让自己的晚年生活像他们那样丰富多彩。

袁老师夫妇还定期和其他有做手工珠宝爱好的朋友交流技术和经验，同时也一起聚餐，增加生活的乐趣。袁老师夫妇的朋友圈不只局限于同龄老年人，他们也非常乐意和比他们年轻的一代交往，而不摆出长者的架子。这些年来袁老师夫妇和我们一起去了圣地亚哥野餐，圣塔巴巴拉参观最早的天主教堂，盖蒂博物馆欣赏名画，曼哈顿海滩观海景。我们和袁老师夫妇一起度过很多的假日和生日，我们也有幸见证了他们的金婚纪念。

袁老师夫妇的幸福晚年生活，不禁让我想起了我大学毕业时的论文，关于中国式家庭养老的模式。我当时的论点是老人与子女之间应该互相帮助，又相对独立，这样的家庭结构既有助于解决老年人的精神孤独的问题，老人在含饴弄孙的同时也适当地减轻了子女在孩子幼小时照顾的压力。袁老师夫妇退休移居美国以后既有着自己的独立居住空间，但又和女儿一家共同生活，享受着天伦之乐。袁老师夫妇虽是老骥伏枥，但精神生活丰富多彩。在他们的身上根本看不到老年人的精神孤独问题。这让我开始反思自己对老年人精神生活的认识。以前我们在谈老年问题时强调家庭和子女要对老年人提供精神上的赡养,就是要对老年人给予足够的精神上的照顾,减轻他们的孤独感。但是看到袁老师夫妇老年生活这么丰富多彩,让我意识到老年人完全可以掌握主动权,培养兴趣爱好,保持社会联系,有着自己的朋友圈,最重要的是保持积极向上的心态,适当地锻炼身体,注意自己的身心健康。

王俊

如果老年人能够意识到他们掌握着主动权,他们可以改变自己的思维方式和生活方式,从被动地等待别人来解决自己的孤独问题到自己积极主动地多些爱好,有着自己的朋友圈,幸福的晚年生活就不再是梦想。袁老师夫妇给了我们一个现实的榜样。

2019年

(本文作者为加州大学洛杉矶分校医疗集团财务部副主任)

2. 昌烨持猴照

十一叔、婶:

安好!

婶母镶编的小猴和小龟已由快递送达。礼品工艺精湛,叹为观止。我们十分喜欢,尤感老人眼力不弱、心灵手巧,实属不易,大家都很敬佩婶婶多才多艺。一切尚希善自珍重。

李道钧　朱莉华

昌烨(属猴)持猴照(2015年7月15日)

3. 各人择之，爱不释手

  袁老师好！王老师亲自编织的礼品，我们已拍照存起来，各人择之，爱不释手。这份沉甸甸的礼物，叫我们做学生的如何承受得起啊！感谢你们！

复旦大学历史学系1959级学生
2020年10月16日

王爱珠亲手制作的饰品

附 录

袁缉辉教授主要著作、论文目录（截至2004年）

《英国政府机构》（编著者之一），上海人民出版社1973年版。

《对外贸易要有一个大发展——驳〈社会主义政治经济学〉有关外贸问题的谬论》（合作），《解放日报》1978年6月30日。

《认真开展社会学的研究》（合作），《解放日报》1979年9月12日。

《是恢复社会学研究的时候了》（合作），《文汇报》1979年10月16日。

《谈谈无产阶级社会学的内容和方法》（合作），《复旦学报（社会科学版）》1979年第6期。

《也评胡绳同志对社会学的"批判"》（合作），《理论探讨》（《文汇报》内刊）1979年第6期。

《社会学文选》（合编），浙江人民出版社1981年版。

《开展社会学教学　培养社会学专门人才》，《社会》（社会学丛刊）创刊号，1981年10月。

《开展老年社会学的研究是一件大事》，《社会》1982年第3期；获上海市高校哲学社会科学研究奖（1976—1982年）。

《坚持马克思主义理论指导，开展社会学问题的研究》（合作），收录于《沿着马克思的理论道路前进——纪念马克思逝世一百周年论文集》，上海人民出版社1983年版。

《对〈马克思、恩格斯的著作中是如何使用"社会学"名称的〉一文质疑》，《社会》1983年第4期。

《中国对老年社会学的研究》，1983年7、8月间在美国耶鲁大学、密苏里堪萨斯大学、加拿大曼尼托巴大学等校的讲演。

《从战略高度研究老年人问题》（上海市社会学学会1983年年会上的学术报告），《社会》1984年第1期。

《美国社会学人类学代表团访华报告——关于上海大学部分》，译自〔美〕《美中交流通讯》第12卷，1984年12月。

《老龄问题》（主编，上海市哲学社会科学"六五"规划重点项目研究成果之一），复旦大学出版社1986年出版。

《老年期是人生的新阶段》《正确树立老年期的生活目标》《全社会都来关心老年人》，收录于《老年生活指南》，上海文化出版社1986年版。

《复旦大学分校社会学系的建立与发展》，收录于《中国社会学和人类学（1979—1983）》，美国夏普出版社1984年版。

《浅析人口老化》，《工人日报》1985年5月17日。

《中国的老年赡养》（第13届国际老年学大会论文），《中国民政》1986年6月；〔日〕《中国研究月报》1986年8月译载。

《应用社会学的发展》（全国应用社会学讨论会论文），《社会科学战线》1986年第2期。

《上海市区高龄老人生活状况调查报告》（合作），《社会学研究》1987年第3期。

《社会问题与社会控制——谈社会治安的综合治理》，《社会科学》1987年第2期。

《中国老年社会保障体系的改革》，收录于《老龄问题国际讨论会文集》，劳动人事出版社1988年出版。

《认真研究我国人口老龄化的趋势及其对策》，《上海大学学报（社会科学版）》1988年第2期。

《老年型地区的社区功能及社会保障》，《社会保障研究资料》1988年第5期。

《人口控制与人口老龄化》，《社会》1988年第5期。

《当代老年社会学》（合著，上海市哲学社会科学"七五"规划重点项目研究成果，"中国老年学研究十年成果优秀奖"），复旦大学出版社1989年版，台湾水牛图书出版事业有限公司1991年版（繁体字）。

《"新世界的老年人"——记第14届国际老年学大会》，《上海老年报》1989年8月25日，《中华老年报》1989年8月30日。

《发展社会福利　促进家庭养老》，收录于《中国内地及香港迈进九十年代社会福利发展研讨会报告书》，1990年。

《老龄问题问答》，《中华老年报》1992年10月31日。

《老龄化对中国的挑战》（两主编之一），复旦大学出版社1991年版；第一编抽印本定名为《社会老年学教程》（"中国老年学研究十年成果优秀奖"），复旦大学出版社1992年第一版、1998年第二版，台湾水牛图书出版事业有限公司1994年版（繁体字）。

《关于老年死亡的几个问题》，《社会学》1991年第1期。

《积极增进老年人的权益》，收录于《退休职工经济实体实用手册》，复旦大学出版社1992年版。

《家庭养老与在家养老》，《社会》1992年第1期。

《"长寿时代的到来——社会走向成熟"——第四届亚大地区老年学大会纪实》，《上海老年报》1992年2月14日。

《开展老年社会学的研究是一件大事》，《社会》1992年第3期。

《中国的老龄化现状与课题》，《上海大学学报（社会科学版）》1992年第5期。

《发展社区服务　支持家庭养老》，《中国社会报》1993年3月23日；"家庭"系编辑所改，作者原写作"居家"。

《老年学与老龄问题》，收录于《老年科学漫话》，知识出版社1993年版。

《老年学——本世纪的朝阳科学》，收录于《怎样安度晚年》，上海中医学院出版社1993年版。

《老年学要为健康的老龄化服务——第15届国际老年学大会主题评述》，《上海老年报》1993年12月17日。

《各涉老部门共同奋斗，迎接老龄化对中国的挑战》，收录于《七十年代的中国社会工作》，1993年。

《金色的晚晴——老年生活质量研究》（两主编之一，上海市地方院校文科科研重点项目，上海市老龄科学研究中心重点项目研究成果），学林出版社1994年版。

《老龄工作必须科学化》，收录于《老年学文集》，中国文联出版公司1994年版。

《新加坡对老人的服务》，《中国老年报》1994年1月19日。

《发展外向型经济讲究有效益有质量的发展速度——学习〈邓小平文选〉第三卷关于对外开放思想的体会》，《上海大学学报（社会科学版）》1994年第2期。

《要注意保护老人的经济利益》，《上海老年报》1994年3月4日。

《精神生活贫乏　家务劳动过重——本市老年人生活质量的调查情况》，《上海老年报》1994年4月1日。

《不同社会经济条件下的养老方式》，《社会工作研究》1994年第4期。

《老年生活质量有待提高》（合作），《社会》1994年第8期。

《市场经济与老年保障》，学林出版社1995年版。

《外向型经济与人文环境》（两主编之一），学林出版社1995年版。

《人老仍须社会化》《为老服务前景广阔》《与其身后厚葬，不如生前厚养》，收录于《跨世纪老人的通信》，上海文化出版社1995年版。

《社会主义市场经济中老年人保护工作的特点》，《上海老龄科学》1995年第1期。

《人口老龄化问题不能不成为中国关注的重大问题》，《上海老年报》1995年7月28日，《中国老年报》1995年10月25日摘登。

《美国退休制度的改革》，《社会》1995年第11期。

《养老的理论与实践》，《中国老年学杂志》1996年第5期（纪念中国老年学学会成立十周年专辑）。

《尽早抓好个人储蓄性养老保险》，《决策参考》1996年第2期。

《强化家庭作用，支持居家养老》，《家庭与老人》，中国文联出版公司1996年版。

《自求多福，攒钱养老》，《社会》1996年第3期。

《别忘了留守老人》，《社会》1996年第5期。

《美国退休制度岌岌可危——美国白宫老年会议热门话题》，《国际观察》

1996年第3期。

《养老问题浅议——从理论和实践结合角度进行的思考》,《社会科学》1996年第6期。

《"社会养老"和"家庭养老"》,《解放日报》1998年1月29日。

《深入开展义务助老志愿活动》,《上海老龄科学》1998年第1期。

《谈家庭养老与社会养老相结合》,之一《加快建立社会养老保障制度》,《中国老年报》1998年2月6日;之二《大力发展社区为老服务》,《中国老年报》1998年2月11日;之三《充分发挥家庭赡养作用》,《中国老年报》1998年2月13日。

《建立居家养老的导向机制》,《文汇报》1998年5月29日。

《加快社会养老保障　强化家庭赡养作用》,收录于《银色的盾牌——老年人权益保障文集》,学林出版社1998年版。

《维系居家养老是国际社会的共识》(合作),收录于《中国的养老之路——全国家庭养老与社会化养老服务研讨论文选集》,中国劳动出版社1998年版。

《老年消费者权益的保障》,收录于《人与发展研讨会论文集》,上海科学技术文献出版社1999年版。

《老龄问题世界大会会徽及其他》,《中国老年报》1999年4月16日。

《留守老人需要理解和支持》,《上海老干部工作》1999年第4期。

《加快工房改造支持居家养老》,《上海退休生活》2003年第2期。

《美国居家照顾服务》《成人日间保健中心》,《上海民政》2004年第5、6期。

王爱珠教授主要著作、论文目录（截至2000年）

《思想问题与反革命问题》,原载上海报刊,后被重庆人民出版社收入《思想与生活》1995年第12辑。

《资本主义只能由社会主义代替——谈谈社会主义兴起的必然性》,收录于《为什么资本主义必然要灭亡?》,上海人民出版社1956年版。

《社会主义革命先取得政权而后再建设社会主义的经济基础,这是否符合基础与上层建筑相互关系的原理?》,《解放日报》1956年4月26日。

《政治经济学教材(社会主义部分)》(姚耐等主编,编写第十一章"消费品的分配"),上海人民出版社,1961年版。

《谈谈社会主义制度下的级差地租》,《文汇报》1962年1月17日。

《什么是级差地租?》,《解放》1962年第2期。

《怎样理解"小生产是经常地、每日每时地自发地和大批地产生着资本主义和资产阶级"?》,《解放日报》1962年10月16日;《浙江日报》10月19日转载。

《经营管理好坏是产生级差地租的因素吗?——与汪旭庄等同志商榷》(合作),《中国经济问题》1962年第10期。

《关于按劳分配的客观必然性》,原载《中国经济问题》1964年第4期,后被收入《建国以来按劳分配论文选(上册)》,上海人民出版社1978年版。

《集镇手工业生产要进一步面向农村》,《学术月刊》1966年第4期。

《社会主义时期没有奖金是不行的——批判〈社会主义政治经济学〉在奖金问题上对列宁论述的篡改》,《复旦学报(社会科学版)》1978年第1期。

《列宁是怎样论述按劳分配的》,《解放日报》1978年2月14日。

《要热心于提高劳动生产率》,《文汇报》1978年2月20日。

《高速度发展社会主义经济具有决定意义》,《解放日报》1978年4月5日。

《政治经济学辞典(下册)》(许涤新主编,参加社会主义部分词条的编写和审稿、定稿,编审组成员),人民出版社1981年版。

《中国和南斯拉夫生产资料所有制异同》(用塞尔维亚语写成),南斯拉夫《自治》杂志1982年第9期。

《南斯拉夫社会所有制的理论和实践》,《世界经济》1983年第4期。

《南斯拉夫社会所有制的形成及其实质》,收录于《南斯拉夫经济与政治》,中国财政经济出版社1983年版。

《从奥地利的社会经济情况看关于资本主义经济的几个基本理论问题》,《复旦学报》(内部发行版)1983年第6期。

《农、轻、重要协调发展——重读〈论十大关系〉》,《复旦学报(社会科学版)》1983年第6期。

《生产资料社会所有制》(译著),复旦大学出版社1984年版。

《社会主义生产是价值产品的生产》,《复旦学报(社会科学版)》1984年第3期。

《社会主义政治经济学研究的回顾与展望》,《复旦学报(社会科学版)》1984年第5期。

《突破传统观念,建立具有中国特色的社会主义经济体制》,收录于《经济学探索的丰硕成果——上海市经济学会1979—1985年获奖论文选》,上海社会科学院出版社1988年版;获1979—1985年上海市经济学会、哲学社会科学联合会优秀学术成果奖。

《深圳的经济发展和社会进步》,《社会》1984年第4期。

《从生产资料所有制结构看深圳特区经济的性质和特点》,《社会科学战线》1985年第4期。

《从社会主义商品经济看发挥城市的经济功能》,《商业经济与管理》1985年第3期。

《社会主义经济理论的重大突破》,《世界经济文汇》1985年第5期。

《关于社会主义国家经济职能的几个问题》,《经济研究》1985年第7期。

《关于"横向联系"的科学定义》,《开发》1986年第3期。

《从发展横向经济联系看苏联东欧的经济体制改革》,《社会科学》1986年第6期。

《横向经济联系与经济体制改革——从苏东国家经济体制改革谈起》,《管理世界》1986年第6期。

《苏联东欧国家体制改革的经验》,《社会科学》1987年第5期;获上海市经济体制改革研究会1986—1988年度优秀学术成果奖。

《社会主义政治经济学》(蒋学模主编,撰写第8、12、14章,7万多字),复旦大学出版社1987年版。

《中国社会主义建设教程》(两副主编之一,撰写第2、3、4、5、6、7章,共10万多字),上海人民出版社1988年版。

《苏联东欧国家及南斯拉夫经济体制改革新特点》,《上海改革》1989年第1期。

《苏联、东欧及南斯拉夫等国的经济体制改革》,《政治教育》1989年第

4期。

《苏联东欧经济改革概论》，复旦大学出版社1989年版，台湾水牛图书出版事业有限公司1991年版（繁体字）。

《社会学——马克思主义关于社会的一般理论基础》（合译，译15万字），上海译文出版社1989年版，台湾水牛图书出版事业有限公司1991年版（繁体字）。

《大力开发满足老年人需要的银发市场》，获上海市老年学学会、老年基金会优秀论文奖，《消费报》（1991年6月29日）和《上海老年报》（1991年9月6日）分别摘要发表。

《试析老年人的需求特点》，《上海老年报》1991年9月6日。

《从经济角度看老年人家庭若干问题》，收录于《老人与家庭——老龄问题与老年学论文集》，上海科学普及出版社1992年版。

《退休职工经济实体实用手册》（三主编之一，与陈佩瑛、周炳坤合作），复旦大学出版社1994年版。

《老有所为，为得其所——从社会生产力再利用论退休职工经济实体的作用》，收录于《退休职工经济实体实用手册》，复旦大学出版社1992年版。

《老年科学漫话》（合作，撰写2篇，5万多字），知识出版社1993年版。

《公有制条件下劳动者同生产资料结合的最佳途径》，《复旦学报（社会科学版）》1993年第2期。

《略论市场经济与人口老龄化问题》，《世界经济文汇》1993年第2期。

《老龄事业要在市场经济中再上新台阶》，《上海老龄科学》1993年第3期。

《录用——量才还是量龄？》，《中华老年报》1993年7月5日。

《不妨晚进晚退》，《上海老年报》1993年7月9日。

《"老来俏"激发你的活力》，《健康报》1994年1月25日。

《老年再婚难中的经济因素》，《上海老年报》1994年2月4日。

《发展老年经济，开展老年经济学研究》，《复旦学报（社会科学版）》1994年第2期。

《新加坡之行的思考》，《大潮文丛（经济·文化）》1994年第3辑。

《从经济看代际矛盾的转移和化解》，《世界经济文汇》1994年第6期；

后被收入《中国"八五"科学技术成果选》。

《上海市区退休职工再就业状况》（合作），《上海老年报》1994年10月14日。

《退休金应当同物价挂钩》，《中国老年报》1994年10月19日。

《挂钩和分享应是离退休职工的合法经济权益》，《江苏经济探讨》1994年第12期；后被收入《中国"八五"科学技术成果选》。

《离退休人员应当分享社会发展成果》，《中国老年报》1995年1月18日。

《想追回自己失去的美是有可能的》《这块"大蛋糕"老人是否也该享用》《银发市场理应加速繁荣》《在家养老需要子女的理解支持》，收录于《跨世纪老人的通信》，上海文化出版社1995年版。

《老年消费的新特点》，《上海老年报》1996年5月31日。

《老年人口的消费倾向》，《上海老年报》1996年7月26日。

《老年市场亟待开发》，《上海老年报》1996年8月30日。

《更新思想观念，繁荣老年市场》，《上海老龄科学》1996年第4期。

《老年经济学》（34.8万字），复旦大学出版社1996年第一版，2000年第二版；获中国老年学会颁发的中国老年学研究十年成果一等奖、教育部颁布的普通高等学校第二届人文社会科学研究成果奖经济学三等奖、1999年度复华教学科研奖。

《退休金实质和形式的矛盾——兼论21世纪退休金改革方向》，《复旦学报（社会科学版）》1996年第5期。

《人生最美夕阳红》，《现代社会保险》1996年第6期。

《勤奋思考 杰出贡献——评蒋学模教授的新著〈走向社会主义市场经济的理论思考〉》，《复旦学报（社会科学版）》1997年第1期。

《老，也可以很快乐》（与袁缉辉合著），台湾鼎言传播事业有限公司1997年版。

《上海市老年保障体系及其运行机制研究》（合作负责"上海市老年保障体系及其运行机制研究"）的分课题"城镇离退休人员分享经济发展和社会进步成果研究"，任课题组组长，参加撰写和定稿），上海科学技术文献出版社1998年版。

《正确理解家庭养老和社会养老的科学涵义——评〈中华人民共和国老

年人权益保障法释义〉若干观点》,《复旦学报（社会科学版）》1998年第2期。

《谈"挂钩"与"分享"》,《上海老干部工作》1998年第11期。

《再谈"挂钩"与"分享"》,《中国老年报》1998年4月8日。

《提高老年人口的消费质量》,《上海老龄科学》1998年第3—4期。

《我国在解决养老问题上的发展方向》,《中国老年报》1998年12月18日。

《继续发挥家庭的养老功能》,《中国老年报》1999年1月6日。

《老年人是社会发展的参与者和受益者——纪念1999年国际老人节》,《上海交通大学学报（社会科学版）》1999年第1期。

《建立人人共享的社会》,《上海民政》1999年第2期。

《老年人参与共享理所当然》,《中国老年报》1999年3月5日。

《老年人共享社会发展成果的理论思考》（合作）,《复旦学报（社会科学版）》1999年第3期。

《居家养老与社区服务》,《中国老年报》2000年3月3日。

《上海市高校退休人员"老有所为"情况的调查报告》（合作），新世纪上海经济发展与退休职工"老有所为"专题研讨会材料，2000年12月。

跋

史家定

当下，上海大学出版社出版发行《同爱共辉——袁缉辉王爱珠执教50年暨金婚钻石婚纪念》一书，可庆可贺！

本人与袁老师同龄，相识之时，他是教师，我乃学生。1957年秋末，反右运动后期，袁老师在教授马列主义基础课的同时，被派到我所在的年级（复旦大学历史系1956级）担任政治辅导员。他风流儒雅，平易近人，给我留下深刻的印象。不久，我也成为复旦政治学系教师；四年后，我们又一起调到新建的复旦资本主义国家经济研究所，成为亦师亦友同事十八载。袁老师离开复旦后，我又与王老师成为复旦经济学院的院友。

2005年，时值复旦大学百年校庆，复旦大学出版社出版发行《同爱共辉——袁缉辉王爱珠教授执教50年暨金婚纪念》一书。翌年及2009年，台海秀威资讯科技股份有限公司出版发行该书增订本与增订二版（繁体字）。现在，2020年，上海大学出版社即将出版新一版《同爱共辉》，第一至五篇，主要论述经济学、社会学、老年学的理论，第六至八篇主要讲述这对伉俪的金色晚晴，即他们的老年生活实践。本书每一篇一般由三个部分组成：第一部分是"心路回眸"，介绍他们在该研究领域的成果；第二部分是"学术撷英"，选录他们的主要论著；第三部分是"见证历史"，由学术前辈、同事、昔日学生对他们的成果或事迹发表评说，或收录一些见证他们美好生活的图文内容。这样的编写方法，使本书更具有可读性。

书中首先介绍了袁、王两位的传略。这对伉俪生平有三奇。

一奇：袁缉辉是李鸿章、袁世凯、段祺瑞的后人。李、袁、段是中国近代历史上具有重大影响的历史人物。如果某个人是上述某一人之后，人们往往就会举目直视,而袁缉辉竟是上述三人之后,这就不得不令人拍案称奇。特别是1949年以后,在以阶级斗争为纲的历次政治运动中,多少知识分子惨遭折磨,家破人亡,而作为三重顶级豪门之后的这对伉俪,却能平安着陆,这是十分不易的!或许,这是他们平时为人低调、不显摆、乐于助人的善报。

二奇:袁、王是一对"三同"伉俪。他们同龄,生日虽非同月同日,也仅相差24天;同窗,是复旦大学经济系的同班同学,毕业后均留校任教;同是享受国务院政府特殊津贴的教授。

三奇:他们不仅是生活上的伴侣,还是学术上默契配合的伙伴。他俩同是上海市老龄科学研究中心学术委员,又分别是该中心下属两个研究所(上海市老年社会学研究所、上海市老年经济学研究所)的首任所长,同是上海市老年学学会理事。他们相互切磋,相互砥砺,相互支援,共同献身于老年学研究,均取得丰硕成果。他们真是珠联璧合,同爱共辉。

"文革"结束后,袁老师作为复旦经济研究所骨干教师,奉调筹建复旦大学分校,担任分校政治系主任。他借改革开放的东风,发挥自己的潜能,为社会学的恢复与发展作出了贡献。

社会学是以具体社会为对象,对社会结构、人类社会行为进行科学研究,因而对国计民生极具重要性的一门社会科学。然而,从上世纪50年代起,却被当作伪科学而惨遭查禁。

胡绳同志在反右运动期间,连续发表四篇批判社会学的文章。20年后,在拨乱反正的年代,他出版《枣下论丛》增订本,竟增收当年批判社会学文章中未发表的更为严厉的部分,引起社会学界的专家学者的议论和忧虑。为此,《人民日报》内刊刊发张子毅同志等的文章《评胡绳同志对社会学的"批判"》,予以批驳。1979年8月,袁缉辉与同事刘炳福联名,在《文汇报》的内刊《理论探讨》上发表《也评胡绳同志对社会学的"批判"》一文。袁、刘认为,胡绳是理论界的学术权威,他对社会学的错误批判的影响若不加以肃清,社会学的研究就很难开展。袁、刘的文章受到学术界的欢迎与好评,他们的文章与张子毅同志等的文章为扫除恢复社会学的思想障碍,起了南北呼应、一唱一和的作用。

接着,袁老师奔走呼吁,组织领导,在既缺人才又缺教材图书资料的基础上，白手起家，为社会学的恢复和发展不懈努力：1980年，在复旦大学分校建立培养大学本科生的社会学系，并担任首任系主任；1981年，创办社会学杂志《社会》（社会学丛刊），1983年起改为双月刊，在社会学界有较大影响；1986年，任上海大学社会学研究所首任所长。

袁老师在社会学研究中，很早就关注老龄化问题。1982年，他与上海市总工会宣传部筹组上海市老年人问题研究会。1983年，他到美国耶鲁大学做访问学者时，就选择老龄问题作为研究的突破口。此后，他们夫妇多次参加老龄问题国际会议，发表了一系列有关老龄问题的论著。特别是袁缉辉发表的《人口老龄化问题不能不成为中国关注的重大问题》（《上海老年报》1995年7月28日，《中国老年报》1995年10月25日转载），该文对屠雨迅先生《老龄化还不是大问题》（《新民晚报》1995年3月17日）进行批评，产生了相当大的影响。某位学术大师在其《谈所谓"老龄化"》（《新民晚报》1997年10月10日）短文中说："60岁以上就是老年，我不知道，这个规定是从哪里来的？是不是国际公认的？"随后，袁缉辉等学者在多次学术会议上指出他的这一谬误。

王爱珠老师是复旦大学经济学系在教学和科研上卓有建树的优秀教师。王教师是入选复旦大学经济学系建系90周年（1922—2012）的20多位"前辈鸿儒"中的唯一女正教授。早在上世纪80年代初，王老师到南斯拉夫作访问学者时，就十分关注社会学，并合作翻译该国大专院校教材《社会学》（塞尔维亚文第10版，见上海译文出版社1989年版、台湾水牛图书出版事业有限公司1991年版）。苏联解体以后，她以政治经济学的深厚功底和参加经济改革研究的宽广阅历，毅然从经济体制改革比较研究转入老年经济学研究。她以马克思主义为指导，以老年经济关系作为研究内容，揭示群体老龄化和个体老龄化过程中形成的诸多经济关系和经济问题，取得了丰硕的学术成果。她在复旦大学经济学系建立老年经济学研究所，担任首任所长。1996年出版中国第一本老年经济学专著《老年经济学》，为创立中国老年经济学作出了开创性贡献。她还为研究生开设老年经济学课程，获得学生高度赞扬和一致好评。她坚持真理，敢于与权威人士开展学术论战（见《正确理解家庭养老和社会养老的科学涵义——评〈中华人民共和国老年人权益保障法释义〉若干观点》，《复旦学报（社会科学版）》1998年第2期》），值得钦佩。

同爱共辉 TONGAI GONGHUI

贤伉俪不仅是老年学的研究者，更是老年学的实践者。他们不仅用老年学理论指导自己的老年生活，还将自己的养老经验上升为理论，指导别人以正确的方式方法过好晚年生活。他们提出，老人应该"积极养老"，而不是"消极养老"。要做到积极养老，关键在于一个"学"字，即要用"老有所学"来带动"老有所为"，促进"老有所乐"，从而达到身心健康的长寿。

他们言行合一，行胜于言。袁老师视力较弱，但仍用心学习电脑知识，掌握电脑打字、电脑编排图书照片的方法。耄耋之年的王老师不仅学习英语和舞蹈，还像小姑娘一样学习钩针，钩织毛衣背心、围巾披肩。她用玻璃、水晶等串编的兔、马、猴、羊、象、龟等各种动物造型，以及花篮、项链、手链，日积月累，无法胜数，除自我欣赏、分赠亲友外，还义卖捐赠。

史家定

汶川地震、台南风灾、海地地震、日本海啸、美国珊迪风灾、新冠疫情等，她都进行捐款。尽管捐款数额不算大，但她的这份爱心却是无价的。

他俩喜爱旅游，注重身体锻炼，日行万步，坚持"多动脑，勤用手，管住嘴，迈开腿"，既提高晚年生活质量，又减轻家人和社会的负担。

由于他们采取积极的养老方式，尽管贤伉俪年届八八米寿，但都身体健康，精神矍铄，思维敏捷。在此，祝愿这对绝配伉俪比翼双飞，天长地久，健康长寿，幸福快乐！

2020年6月

（作者为上海复旦大学世界经济研究所教授）